आप भी बन सकते हैं RAS टॉपर

आप भी बन सकते हैं RAS टॉपर

डॉ. जी. एल. शर्मा (RAS)

प्रभात पेपरबैक्स
www.prabhatbooks.com

प्रकाशक

प्रभात पेपरबैक्स

4/19 आसफ अली रोड, नई दिल्ली–110002

फोन : 23289555 • 23289666 • 23289777 • हेल्पलाइन/ 7827007777

ई-मेल : prabhatbooks@gmail.com ❖ वेब ठिकाना : www.prabhatbooks.com

संस्करण

प्रथम 2018

लेखन एवं मार्गदर्शन

डॉ. जी.एल. शर्मा

संपादन

पुष्पा शर्मा एवं वसुन्धरा शर्मा

अ.मा.पु.स. 978-93-5266-929-5

AAP BHI BAN SAKTE HAIN RAS TOPPER

Dr. G.L. Sharma (RAS)

Published by **PRABHAT PAPERBACKS**
4/19 Asaf Ali Road, New Delhi-110002

ISBN 978-93-5266-929-5

पूजनीय माताजी (अम्मा) और पिताजी (दादा)
को
जिन्होंने अनुशासन एवं प्रशासन का पहला पाठ पढ़ाया।

तथा

मेरी बेटी वसुन्धरा, बेटा जयन्त एवं धर्मपत्नी पुष्पा
को
जिनके हिस्से का बेशकीमती वक्त मैंने इस पुस्तक के सृजन में लगाया।।

RAS Association
RAJASTHAN PRASHASNIK SEVA PARISHAD

भूमिका

राजस्थान प्रशासनिक सेवा (RAS) प्रदेश की सर्वोच्च प्रिमीयर सेवा है, जिसे पाना प्रदेश के अधिकांश होनहार युवाओं का सपना होता है। वास्तव में, जो इस सेवा में चयनित होते हैं वे प्रदेश की बौद्धिक क्रीम होते हैं। इस कैडर के संघ राजस्थान प्रशासनिक सेवा परिषद (RAS Association) का प्रदेश अध्यक्ष बनना मेरे लिए गौरव की बात है। अब यद्यपि मैं आर.ए.एस. से आई.ए.एस सेवा के कैडर में पदोन्नत हो चुका हूँ, लेकिन मैं मन से सदैव RAS कैडर का ही बना रहूँगा।

मैंने यह महसूस किया है कि आर. ए. एस. परीक्षा की समग्र तैयारी और मार्गदर्शन हेतु मानक पाठ्य–सामग्री का अभाव है; जिससे प्रशासनिक सेवाओं में जाने की चाहत रखने वाले अभ्यर्थियों को यहाँ–वहाँ भटकना पडता है। प्रस्तुत पुस्तक ने निःसंदेह इस कमी को पूरा करने का काम किया है। डॉ. जी.एल.शर्मा को इसके लिए विशेष रूप से बधाई देता हूँ।

आर.ए.एस. बैच 2012 के प्रशिक्षण के दौरान आर.ए.एस. एसोसिएशन के अध्यक्ष के रूप में मुझे मोटिवेशनल टॉक के लिए आर.ए.एस. अधिकारियों के प्रशिक्षण केंद्र हरीशचन्द्र माथुर लोक प्रशासन संस्थान (ओ.टी.एस.) जाने का अवसर मिला। वहीं इस पुस्तक के लेखक डॉ. जी. एल. शर्मा से मेरी मुलाकात हुई। डॉ. शर्मा से पूर्व में भी मेरी मुलाकात आर.ए.एस. एसोशिएशन के चुनावों के समय हो चुकी थी। तब भी इन्होंने सर्वसम्मति से अध्यक्ष चुनाव पर सहमति बनाने के लिए मुझसे निवेदन किया था। इन युवा अधिकारियों की कैडर के प्रति ऐसी सद्भावना इनके सकारात्मक दृष्टिकोण को अभिव्यक्त करती है।

युवा आर.ए.एस. अधिकारियों के साथ संवाद के दौरान उनसे बात करके मुझे यह आभास हुआ कि कुछ अधिकारी अपने विशिष्ट गुण, सादगी, जीवटता, आत्मविश्वास और सकारात्मकता के बल पर अपना रास्ता बनाते हैं, ताकि वे अपने सुकृत्यों से दूसरों को प्रेरणा देकर उनका भी मार्ग प्रशस्त कर सकें। आर.ए.एस. सेवा इस उद्देश्य में सहायक सिद्ध होती है और इससे मन में संतोष होता है। मैं यह मानता हूँ कि सिविल सेवा समाज सेवा का सबसे उपयुक्त प्लेटफार्म है। क्योंकि यहाँ से हम लोगों की कुछ मदद करने की स्थिति में रहते हैं और उनकी दुआएं ही हमारे लिए सबसे बड़ा पुरस्कार होता है। किसी ने सच कहा है जो आर.ए.एस. अधिकारियों पर फिट बैठता है–

कुछ लोग वे जो वक्त के साँचे में ढल गए।
और कुछ लोग वे जो वक्त का ढाँचा बदल गए।।

आर.ए.एस. की सेवा में आना अपने आप में महत्वपूर्ण है। मेरा मानना है कि जो लोग अच्छाइयों के लिए बने हैं, उनको बहुत जिम्मेदारी से जीना होता है। यही वजह है कि डॉ. शर्मा ने आर.ए.एस. परीक्षा मे खुद उच्च स्थान पाने के बाद भी अपने दायित्व बोध को समझा और अपने सम्पूर्ण ज्ञान, समझ एवं अनुभव का निचोड़ इस पुस्तक में

प्रस्तुत किया। फलस्वरूप आर.ए.एस. अभ्यर्थियों, विशेषकर नए युवा विद्यार्थियों के लिए यह पुस्तक गागर में सागर साबित होगी।

राजस्थान प्रशासनिक सेवा परिषद् के सम्मेलन में माननीय मुख्यमंत्री वसुन्धरा राजे द्वारा भी डॉ. जी.एल. शर्मा के कार्यो की प्रशंसा की गई। डॉ. शर्मा द्वारा उपजिला कलेक्टर एवं मजिस्ट्रेट के पद पर पिछडे एवं आदिवासी क्षेत्र में रहते हुए संसाधनों की कमी के बावजूद एस.डी.एम. ऑफिस नांगल राजावतान (दौसा) को राजस्थान का दूसरा आई.ए.ओ. सर्टिफाइड (ISO 9001-2015) ऑफिस का दर्जा दिलवाया गया है। डॉ. शर्मा द्वारा प्रदत्त सुशासन और उनकी मेहनत काबिले–तारीफ है।

आर.ए.एस. की परीक्षा उत्तीर्ण करना राजस्थान के हजारों–लाखों युवाओं का एक सपना होता है। इसमें सफलता पाना इतना मुश्किल नहीं है तो इतना आसान भी नहीं है। इस मुश्किल राह में डॉ. शर्मा की पुस्तक 'आप भी बन सकते हैं आर.ए.एस. टॉपर' संपूर्ण तैयारी में आपका निरन्तर और समग्र रूप से मार्गदर्शन करेगी, ऐसा मेरा विश्वास है। इस श्रेष्ठ और प्रासंगिक कार्य के लिए उन्हें मेरी ओर से बहुत–बहुत बधाई तथा आर.ए.एस. परीक्षा में बैठने वाले अभ्यर्थियों को सफलता हेतु हार्दिक शुभकामनाएँ। किसी शायर ने दुरुस्त फरमाया है–

जिन्दगी में इतनी शिद्दत से निभाइए अपना किरदार,
कि पर्दा गिरने के बाद भी तालियाँ बजती रहें।

–पवन अरोडा (IAS)
RAS बैच–1989
अध्यक्ष, राजस्थान प्रशासनिक सेवा परिषद

प्रेरणास्त्रोतों की कलम से

टू द प्वाइंट लिखने वाला विजयी होकर सफलता का वरण करता है

–प्रो. बी.एम.शर्मा पूर्व अध्यक्ष, राजस्थान लोक सेवा आयोग

राजस्थान लोक सेवा आयोग द्वारा आयोजित होने वाली आर.ए.एस. संयुक्त भर्ती परीक्षा राजस्थान के प्रशासनिक क्षितिज में सर्वोच्च स्थान रखती है। अभ्यर्थियों के लिए यह परीक्षा एक युद्ध के समान होती है। समर में जो अधिक व्यवस्थित, सजग, धैर्यशील, तेज, हथियारों से लैस, चौकन्ना, अनुभवी, रणकौशल में कुशल योद्धा होगा वही विजयी होता है। यही स्थिति आर.ए.एस. परीक्षा की भी है जो अपने दिमाग की तेजधार से समय का प्रबंधन कर मुख्य परीक्षा में टू द प्वाइंट लिखता है, वही विजयी होकर सफलता का वरण करता है। **विशेषज्ञों के अनुसार प्रशासनिक सेवा परीक्षा की तैयारी में मस्तिष्क के कुछ लक्षण प्रमुख भूमिका निभाते हैं–**

- **मस्तिष्क की गति**
- **मस्तिष्क की स्पष्टता**
- **नजरिया (परिप्रेक्ष्य)**
- **रुचि (इंटरेस्ट)।**

'आप भी बन सकते हैं RAS टॉपर' के लेखक डॉ. जी. एल. शर्मा, जो मेरे विद्यार्थी रहे हैं, स्वयं एक संस्था हैं। उन्हें समाजशास्त्र के साथ, मनोविज्ञान, विधि एवं राजनीति शास्त्र जैसे विषयों का गहन अनुभव है। आप कई वर्षो से आई.ए.एस., आर.जे.एस. एवं नेट स्लेट की परीक्षाओं के लिए निःशुल्क मार्गदर्शन से जुडे रहे हैं। स्वयं को एक सफल प्रशासनिक अधिकारी सिद्ध करते हुए उन्होंने अपनी सेवा के दौरान कई नवाचार एवं सृजनशील कार्यों को अंजाम दिया है। व्यावहारिक रूप से ऐसा सफल प्रशासनिक अधिकारी ही सफल लेखक बनकर भावी पीढ़ी को लाभान्वित कर सकता है। वास्तव में डॉ. शर्मा का यह प्रयास आर.ए.एस. परीक्षा के अभ्यर्थियों के लिए रामबाण साबित होगा, ऐसा मेरा विश्वास है। इस पुस्तक के मूल मंत्रों का अनुसरण करने वालों को आर.ए.एस. टॉपर बनने में कोई संदेह नहीं होना चाहिए।

राजस्थान प्रशासनिक सेवा परीक्षा के लिए हिंदी में लिखी गई यह पुस्तक अपने कलेवर में सभी महत्वपूर्ण पहलुओं को समाहित करती है। दिलचस्प बात यह है कि डॉ. शर्मा अपनी बात कहते हुए कभी–कभी कुछ कविताओं, सूक्तियों और कहावतों का भी सहारा लेते हैं, जिससे पाठकों की रुचि बनी रहती है। यह पुस्तक परीक्षा की तैयारी में मदद करने के साथ ही सकारात्मकता से भरपूर एक मोटिवेशनल पुस्तक भी हैं। यह आपको आर.ए.एस. बनाने के साथ–साथ एक शानदार व्यक्तित्त्व का धनी भी बनाएगी, आपको ग्रूम करेगी और ग्रेसफुल बनाएगी। लेखक प्रियवर डॉ. शर्मा को और RAS परीक्षा के अभ्यर्थियों को हार्दिक बधाई और शुभकामनाएं!

तरक्कियों की दौड़ में उसी का जोर चल गया,
बना के अपना रास्ता खुद जो भीड़ से निकल गया।

हद इतनी करो कि हद की इन्तेहाँ हो जाए,
कामयाबी इस तरह मिले कि वो भी एक दास्ताँ हो जाए।।

–प्रो. बी.एम.शर्मा, पूर्व अध्यक्ष, राजस्थान लोक सेवा आयोग

कामयाबी का जुनून पैदा कीजिए

विनोद बिहारी शर्मा, पूर्व सदस्य, राजस्थान लोक सेवा आयोग

राजस्थान लोक सेवा आयोग में सदस्य के रूप में कार्य करते हुए मुझे कई अनोखी प्रतिभाओं से रूबरू होने का मौका मिला। इसी श्रृंखला में वर्ष 2004 में राजस्थान न्यायिक सेवा (RJS) के इन्टरव्यू बोर्ड में मैं एक ऐसे अभ्यर्थी का साक्षात्कार ले रहा था, जिसकी वाणी में मानो साक्षात् सरस्वती बैठी हो। ये शख्स कोई और नहीं अपितु इस जादुई पुस्तक के लेखक–मार्गदर्शक डॉ. गोरधन लाल शर्मा थे। RPSC में मेरे 6 वर्ष के कार्यकाल में यह उन गिने चुने बेस्ट इन्टरव्यू में था, जो मुझे आज तक याद हैं। संयोग से डॉ. शर्मा से उसके बाद परिचय हुआ अंतःक्रिया बढ़ी और घनिष्ठता बढ़ती गई। इनकी एक लोकप्रिय पुस्तक "सामाजिक मुद्दे" भी प्रतियोगी परीक्षाओं के अभ्यर्थियों के लिए वरदान साबित हो रही हैं।

प्रियवर डॉ. जी.एल. शर्मा मेरे गृह जिले में उप जिला कलेक्टर के पद पर पदस्थापित होकर नित नए–नए नवाचार करते रहते हैं और समाचार पत्रों में छाए रहते हैं। इनके प्रभावी प्रशासनिक कौशल और संवेदनशीलता के चर्चे अब चौपालों पर होते रहते हैं। मुझे इस पुस्तक " आप भी बन सकते हैं RAS टॉपर" की पाण्डुलिपि पढ़ने का मौका मिला तो मैं स्वयं इतना प्रेरित हुआ और ऐसा फील होने लगा कि मैं भी आई.ए.एस. या आर.ए.एस. की परीक्षा दूँ और टॉप करूँ। निःसंदेह यह पुस्तक गागर में सागर है और उच्च स्तरीय प्रेरणा का संचार करती है।

पिछले कुछ वर्षों में राजस्थान प्रशासनिक परीक्षा के पाठ्यक्रम, उसकी प्रवृत्ति और परीक्षा के ढाँचे में व्यापक परिवर्तन आया है, जिससे हिंदी भाषी अभ्यर्थियों, विशेषकर ग्रामीण पृष्ठभूमि वाले अभ्यर्थियों के चयन पर थोड़ा प्रभाव पड़ा है। इसका कारण संभवतः अचानक आए व्यापक परिवर्तन के अनुरूप सटीक रणनीति और सार्थक मार्गदर्शन का अभाव रहा है।

इसी बीच डॉ. शर्मा का बृहत अनुभव, सटीक रणनीति, प्रभावशाली लेखन–कौशल का तरीका एक निचोड़ के रूप में इस अभिनव पुस्तक में हम सबके सामने है। इस अर्थ मे यह पुस्तक अभ्यर्थियों के लिए आवश्यक ही नहीं बल्कि अनिवार्य है। मेरी राय में यह पुस्तक आर.ए.एस. अभ्यर्थियों के लिए एक मित्र, प्रेरक, मार्गदर्शक और गुरू के रूप में मील का पत्थर है। मुझे विश्वास है लेखक की मेहनत और विश्वास पाठकों के सपनों को साकार करने में सफल होंगे। हार्दिक शुभकामनाएं!

कामयाबी का जुनून है तो रास्ते खुद ही ढूँढने पड़ते हैं।
क्योंकि मंजिलों की फितरत है खुद चलकर नहीं आती।।

–विनोद बिहारी शर्मा, पूर्व सदस्य, राजस्थान लोक सेवा आयोग

परिमार्जन एवं परिष्कार से श्रेष्ठता के पथ का चयन

कन्हैया लाल बैरवा पूर्व सदस्य, राजस्थान लोक सेवा आयोग

आर.ए.एस. की परीक्षा ने अपने सफर में कई पड़ाव पूरे किए हैं। पहले चार अलग–अलग वैकल्पिक विषय लेने होते थे। फिर 1996 से आई.ए.एस के पैटर्न के अनुसार विषय अलग कर दिए गए, जिसमें प्रत्येक विषय के दो–दो पेपर होते थे और अब 2013 से वैकल्पिक विषय हटाकर सभी के लिए एक समान तीन सामान्य अध्ययन के और एक भाषा का पेपर कर दिया है। इससे ग्रेजुएशन की पढ़ाई का कोई ज्यादा असर अब इस परीक्षा में नहीं रह गया। यद्यपि सामान्य अध्ययन सभी विषयों का एक मिलाजुला नाम है, जिसमें इतिहास, भूगोल, अर्थशास्त्र, नागरिक शास्त्र, राजनीति विज्ञान, संविधान, अंतर्राष्ट्रीय सम्बंध, लोक–प्रशासन, विज्ञान एवं करेन्ट अफेयर्स इत्यादि का समावेश होता है। इसलिए आर.ए.एस. की तैयारी ग्रेजुएशन स्तर से ही प्रारम्भ कर देनी चाहिए।

ज्ञान का क्षेत्र असीमित है। ऋग्वेद कहता है कि – आ नो भद्रा कृत्त्वो यन्तु विश्वतः (Let the Knowledge Come from Every Side)। इस प्रकार जीवन में घटनाओं के प्रति जितना हम सजग, जागरूक रहेंगे, उतना हमारा सामान्य ज्ञान बढ़ेगा। इसलिए जीवन में हमारे आस–पास घटने वाली घटनाओं पर गौर करते हुए क्या, क्यों, कैसे, कब और कहाँ के उत्तर ढूँढना ही सामान्य ज्ञान की तैयारी है। घटनाओं, समस्याओं एवं विभिन्न मुद्दों के बारे में जागरूकता ही सामान्य ज्ञान है। अतः जागरूकता बढ़ाकर ही आर.ए.एस. जैसी परीक्षाओं में सफलता प्राप्त की जा सकती है।

समाचार–पत्रों की भूमिका निःसंदेह सबसे महत्वपूर्ण है। संपादकीय न्यूज पेपर्स का सबसे अहम हिस्सा होता है। प्रघटनाओं पर संपादक और उसकी टीम के ऑब्जर्वेशन और कमेट्स विभिन्न मद्दों पर धीरे–धीरे आपके दृष्टिकोण (Perspective) को निर्मित करेंगे। इससे विभिन्न विषयों, घटनाओं और मुद्दों पर मौलिक सुझाव स्वतः आपके दिमाग में आते रहेंगे। "आप भी बन सकते हैं आर.ए.एस. टॉपर" एक सामान्य पुस्तक न होकर एक मार्गदर्शिका, आर.ए.एस. प्लानर तथा प्रेरणास्रोत (Motivational) के रूप में पाठकों को लाभान्वित करेगी, ऐसा मेरा विश्वास है। आर.ए.एस. अधिकारी डॉ.जी.एल.शर्मा को इस अमूल्य उपहार के लिए हृदय से बधाई। मेरी ओर से सभी पाठकों (RAS Aspirants) को हार्दिक शुभकामनाएं....

जीवन में सफलता वे ही पाते हैं,
जो दोषों का परिमार्जन एवं परिष्कार कर,
श्रेष्ठता के पथ का वरण करते हैं।

–कन्हैया लाल बैरवा पूर्व सदस्य, राजस्थान लोक सेवा आयोग

दो शब्द

मंजिलें उसको मिलती हैं जिसके सपनों में जान होती है।
पंखों से कुछ नहीं होता हौंसलों से उड़ान होती है।।

आर.ए.एस. बनने की ललक, जुनून और बेचैनी जिसे मैं आर.ए.एस. की परीक्षा का एडिक्शन कहूँगा, इसे मैंने स्वयं भोगा है। दरअसल आर.ए.एस. परीक्षा में सफलता प्राप्त करने और टॉपर बनने के लिए ऐसा जुनून और एडिक्सन बहुत जरूरी है। जब आप प्रशासनिक सेवा परीक्षाओं की तैयारी शुरू करते हैं तो प्रारम्भ में बहुत अच्छा लगता है, उत्साह भी रहता है। लेकिन कालान्तर में आने वाले कई तरह के पारिवारिक, आर्थिक और सामाजिक दबाव आपको दिग्भ्रमित कर देते हैं। अधिकांश अभ्यर्थी इस दबाव को झेल नहीं पाते और तनाव व डिप्रेशन में आ जाते हैं। इन मनोवैज्ञानिक दबावों को भी मैंने महसूस किया है, झेला है। इस प्रकार आर.ए.एस. परीक्षा की तैयारी के समय आपकी जरूरतों, समस्याओं, दबावों, रुकावटों से मैं बखूबी परिचित हूँ, क्योंकि मैंने इनका सामना किया है।

यह पुस्तक मेरे उन व्यावहारिक पुरुषार्थों और अनुभवों का सार है, जो आपकी अंगुली पकडकर एक टार्च की रोशनी की तरह आपको आपकी मंजिल तक का रास्ता दिखाएगी। यह पुस्तक एक हैण्डबुक और मार्गदर्शिका के रूप में सदैव आपकी टेबिल पर होनी चाहिए। यह आपको कदम–दर–कदम सही रास्ता दिखाती रहेगी। आपके आर.ए.एस. परीक्षा की तैयारी के यज्ञ में यह मेरी तुच्छ आहूति है जो आपको टॉपर बनाने का संकल्प पूरा करेगी।

आई.ए.एस. या आर.ए.एस. की परीक्षा में अच्छी रैंक हासिल कर प्रशासनिक अधिकारी बनना किसी भी युवा का स्वप्न हो सकता है, पर हर किसी के पास पर्याप्त साधन और संसाधन हों, यह जरूरी नहीं। सफलता की राह में कई अड़चनें या रुकावटें हो सकती हैं; किसी के लिए भाषा या माध्यम की वजह से, किसी के लिए ग्रामीण या कस्बाई पृष्ठभूमि की वजह से तो किसी मामले में कमजोर सामाजिक–आर्थिक पृष्ठभूमि के कारण। ऐसे में कभी–कभी निराशा, अवसाद और उलझनें भी पनपने लगती हैं।

सफर में धूप तो होगी, जो चल सको तो चलो।
सभी हैं भीड़ में तुम भी निकल सको तो चलो।।
किसी के वास्ते राहें कहाँ बदलती हैं,
तुम अपने आपको खुद ही बदल सको तो चलो।।

आशावाद और निराशावाद के बीच अहम सवाल यह है कि क्या कोई ऐसा तरीका है, जिससे हम अपनी निराशा से उबरकर सकारात्मक सोच के साथ आगे बढें और सफलता का स्वप्न साकार कर पाएँ। यह पुस्तक दरअसल इसी दिशा में एक छोटा सा प्रयास है। इसके साथ ही समय–समय पर प्राप्त होने वाले सवालों और शंकाओ–संदेहों के निराकरण का ईमानदारी से प्रयास भी इसमें किया गया हैं।

सबसे पहले मैं एक दृष्टांत से अपनी बात शुरू करना चाहता हूँ। वर्ष 2004 का राजस्थान लोक सेवा आयोग में मेरा राजस्थान न्यायिक सेवा (RJS) का साक्षात्कार का

वह दृश्य मेरे सामने बार–बार आता है, जब इन्टरव्यू बोर्ड के चेयरमैन ने पूछा कि हम आपका चयन RJS में कर लेते हैं तो आप (RJS) बनकर क्या करोगे? मैंने कहा – जनता की अपेक्षाओं पर खरा उतरते हुए न्याय करूँगा। एक माननीय सदस्य ने पूछा कि अगर आपका चयन नहीं होता है तब क्या करोगे? लेकिन मेरा उत्तर वही था – जनता की अपेक्षाओं पर खरा उतरते हुए न्याय करूँगा। RJS नहीं बन पाया तो RAS बनकर न्याय करूँगा।

यद्यपि मेरा उस भर्ती में अंतिम रूप से चयन नहीं हो सका, लेकिन मैंने हार नहीं मानी और आर.ए.एस. की तैयारी पर अधिक फोकस करने लगा। और अन्ततः मैं अपनी जिद पूरी करते हुए प्रोपर आर.ए.एस. बनकर ही रहा। ये जिजीविषा और जीवटता शायद मेरे पिताजी से मुझे विरासत में प्राप्त हुई है। क्योंकि मेरे पिताजी का पूरा जीवन संघर्षमय रहा और उन्होंने जो ठान लिया, वह पूरा किया। मेरे संघर्ष की कहानी अभाव और गरीबी की दास्तान है। विद्यालय शिक्षा के समय राज्य स्तरीय विज्ञान मेले में भाग लेने के लिए जब मुझे मेरे पैतृक गाँव खेडली से बीकानेर जाना था, तब पिताजी ने उधार लेकर मुझे नए कपड़े सिलवाए और जेब खर्च के पैसे दिए। मैंने उस राज्य स्तरीय विज्ञान मेले में निबन्ध प्रतियोगिता में प्रथम स्थान प्राप्त किया। जिसके लिए मुझे मुख्यमंत्री राजस्थान सरकार तथा जिला कलेक्टर, अलवर द्वारा भी सम्मानित किया गया।

मेरे संघर्ष की यही कहानी इस पुस्तक का मर्म है। जो शायद युवाओं में नई ऊर्जा, प्रेरणा और कुछ कर गुजरने का जज्बा पैदा करने वाली एक चिंगारी बनकर निकलेगी और उनके जीवन को प्रकाशित करेगी। आर.ए.एस. की तैयारी प्रारम्भ करने वालों को प्रेरणा और मार्गदर्शन देने वाली मानक पुस्तकों का नितांत अभाव है। यह कारण भी इस पुस्तक के लेखन से जुड़ा है। आर.ए.एस. में चयन के बाद अनेक अवसरों पर युवाओं से संवाद के दौरान मैंने यह स्पष्ट तौर पर महसूस किया कि उन्हें नए पैटर्न की अपेक्षा के अनुरूप परीक्षा की समग्र तैयारी के लिए एक मार्गदर्शक पुस्तक की नितांत आवश्यकता है।

इसी दिशा में मेरा यह एक छोटा–सा प्रयास है। कठिन परिस्थितियों के बीच हिम्मत और हौंसला रखते हुए सफलता के शिखर को छुआ जा सकता है। पूर्व प्रधानमंत्री माननीय अटल बिहारी वाजपेयी (1924-2018) ने लिखा है कि–

बाधाएँ आती हैं आएं, घिरें प्रलय की घोर घटाएं,
पावों के नीचे अंगारे, सिर पर बरसें यदि ज्वालाएं
निज हाथों में हँसते–हँसते, आग लगाकर जलना होगा।
कदम मिलाकर चलना होगा।।

आर.ए.एस. परीक्षा में उत्कृष्ट प्रदर्शन के लिए ऐसे कई अनिवार्य पहलू हैं, जिनके प्रति हम जागरूक नहीं हैं। साथ ही, अनजाने में हम बहुत–सी ऐसी गलतियाँ कर बैठते हैं, जिन्हें सही मार्गदर्शन से सुधारा जा सकता है। साथ ही मैंने यह भी महसूस किया कि ऐसे तमाम युवा अभ्यर्थी हैं, जो बाहर जाकर तैयारी नहीं कर सकते। दूर–दराज के गाँवों–कस्बों–शहरों में रहने वाले ऐसे साथियों के लिए ऐसी एक समग्र पुस्तक की आवश्यकता अपरिहार्य हो गई थी। मुझे यह कहने में कोई संकोच नहीं है कि मेरे लिए

यह पुस्तक निःसंदेह एक 'दायित्व–बोध' और 'कमिटमेंट' की तरह है। आर.ए.एस. बनने के बाद यह उत्तरदायित्त्व अधिक प्रबल हो गया था। इस दायित्त्व की परिणति ही यह पुस्तक है।

इस पुस्तक की एक और विशेषता इसे खास बनाती है – इसकी सबके लिए अनुकूलता। यह पुस्तक ऐसे युवा साथियों के लिए तो जरूरी है ही, जो प्रशासनिक अधिकारी बनने का सपना सँजो रहे हैं, साथ ही इसमें ऐसे साथियों के लिए भी बहुत सामग्री है, जो पिछले कुछ समय से प्रशासनिक सेवा परीक्षा की तैयारी में जुटे हैं, पर सकारात्मक परिणाम नहीं ला पा रहे हैं। कुल मिलाकर, अगर आप इसको पढ़कर आत्मसात करोगे तो यह छोटी–सी पुस्तक निश्चित रूप से आपकी तैयारी के नजरिए में सकारात्मक बदलाव लाएगी। यह सकारात्मक बदलाव आपकी लगन और मेहनत के द्वारा ही संभव है, इसके लिए आपको अग्निपथ बनना होगा–

वृक्ष हों भले खड़े, हों घने, हों बडे,
एक पत्र छांह भी माँग मत, माँग मत, माँग मत,
अग्निपथ, अग्निपथ, अग्निपथ।
तू न थकेगा कभी, तू न रुकेगा कभी, तू न मुड़ेगा कभी,
कर शपथ, कर शपथ, कर शपथ,
अग्निपथ, अग्निपथ, अग्निपथ।
यह महान दृश्य है, चल रहा मनुष्य है,
अश्रु स्वेद रक्त से, लथपथ, लथपथ, लथपथ,
अग्निपथ, अग्निपथ अग्निपथ।।

यह पुस्तक प्रशासनिक सेवा परीक्षा की समग्र तैयारी को समर्पित है। दरअसल जितने भी युवा अभ्यर्थी इस प्रतिष्ठित परीक्षा की तैयारी करते हैं, उनमें से ज्यादातर के मन में श्रेष्ठ रैंक लाकर आर.ए.एस. टॉपर बनने का एक सपना छिपा होता है – और होना भी चाहिए। मेरे मन में भी कहीं यह सपना था कि मैं अच्छी रैंक लाऊँ। ईश्वर की कृपा, माता–पिता का आशीर्वाद तथा मित्रों की दुआओं से मुझे अच्छी रैंक मिल भी गई। परन्तु यक्ष प्रश्न यह है कि – टॉपर्स में ऐसा क्या होता है, जो उन्हें टॉपर बनाता है? मैं ऐसे ही कुछ बेहद महत्वपूर्ण पहलुओं पर ध्यान देते हुए संपूर्ण तैयारी का तरीका साझा करना चाहता था। हालाँकि यह भी ध्यान रखें कि टॉपर बनना या रैंक लाना या प्रशासनिक अधिकारी बनना ही सब कुछ नहीं है। तनाव मुक्त और प्रसन्नचित्त रहते हुए एक सार्थक क्वालिटी लाइफ बिताना जीवन में ज्यादा महत्वपूर्ण है। यद्यपि प्रशासनिक अधिकारी बनने के बाद ये थोड़ा कठिन–सा जरूर हो जाता है। इसकी पृथक से चर्चा भी की गई है।

प्रशासनिक सेवा परीक्षाओं की प्रकृति कुछ ऐसी है कि इसमें समग्र दृष्टिकोण, इंटर–डिसीप्लीनरी एंड इंटिग्रेटेड एप्रोच, लेखन कौशल, मोटिवेशन लेवल और व्यक्तित्व–. निर्माण के बगैर अंतिम रूप से अच्छी रैंक के साथ सफलता मिलना बेहद मुश्किल हो जाता है। इस पुस्तक में प्रशासनिक सेवा परीक्षा की तैयारी के उद्देश्य और रणनीति से लेकर ऐसे तमाम अनछुए पहलुओं को शामिल करने की कोशिश की गई है, जो

अभ्यर्थियों को अक्सर परेशान करते हैं। शायद यही बात इस पुस्तक को सबसे अलग और विशिष्ट बनाती है।

मेरे इस प्रयास से यदि एक भी अभ्यर्थी को थोड़ा–सा भी फायदा हुआ या कुछ भी उनका आत्मविश्वास बढ़ा तो मैं खुद को कृतार्थ समझूँगा। इस अपील के साथ कि हमेशा बड़ा सपना देखें, बड़ी सोच और बड़े जज्बे के साथ खुद को साबित करना है। पूर्व राष्ट्रपति डॉ. कलाम कहते हैं कि – सपना वह नहीं होता जो सोते समय देखा जाता है, बल्कि सपना वह होता है जो आपको सोने ही नहीं देता। (Dream is not that which you see while sleeping, it is something that does not let you sleep)

पुस्तक लेखन के दौरान प्रत्यक्ष या अप्रत्यक्ष रूप से प्रेरणा और साहस देने वाले सभी महानुभावों का पुनः आभार! अंत में मुझे कवि दुष्यंत कुमार त्यागी (1933–1975) की ये पंक्तियाँ याद आती हैं–

'इस नदी की धार से ठंडी हवा आती तो है,
नाव जर्जर ही सही लहरों से टकराती तो है।
और एक चिन्गारी कहीं से ढूँढ लाओ यारो !
इस दिए में तेल से भीगी बाती तो है।।'

हार्दिक शुभकामनाओं के साथ..

डॉ. जी. एल. शर्मा (आर.ए.एस.)
drglsras@gmail.com

टापर्स टॉक - स्वर्णिम सफलता के मंत्र

1. **अभिव्यक्ति सुपाठ्य एवं प्रभावी होनी चाहिए** – लिखित परीक्षा में प्रश्नों के उत्तर संक्षिप्त, सुपाठ्य हैण्ड राइटिंग में तथा प्रभावी होने चाहिए। आपका यह उद्देश्य होना चाहिए कि आपको कॉपी चैक करने वाले को प्रभावित करना है जिससे वह अच्छी मार्किंग करे। लिखित परीक्षा का स्कोर ही आपकी रैंक तय करेगा।
–कन्हैया लाल स्वामी, RAS टॉपर 1991

2. **टॉपिक को समझ कर पढ़ें** – किसी भी विषय या टॉपिक की तैयारी डीप में जाकर समझकर करें, उसको विस्तृत रूप से पढें, शॉर्टकट नहीं। आर.ए.एस. जैसी परीक्षा के लिए टॉपिक के बारे में अवधारणात्मक स्पष्टता (Conceptual Clarity) एवं समझ विकसित करना जरूरी है। **–प्रकाश चन्द्र शर्मा, आर.ए.एस. टॉपर 1992**

3. **कमियों को ढूँढकर सुधार करें** – असफलता एक चुनौती है, इसे स्वीकार करो, क्या कमी रह गई देखो और सुधार करो। अपना आत्मावलोकन करना आवश्यक है। हम हमारी कमियों को नहीं देखते और असफलता का ठीकरा दूसरों पर, परिस्थितियों पर या व्यवस्था पर फोड देते हैं। अगर आप ईमानदारी से अपनी कमियों को पहचान कर उनमें सुधार कर लें तो दुनियाँ की कोई ताकत आपको आर.ए.एस. टॉपर बनने से नहीं रोक सकती। **–रश्मि शर्मा, RAS टॉपर 1994**

4. **सरकारी प्रकाशन जैसे आर्थिक समीक्षा आदि अवश्य पढें** – तैयारी के दौरान सरकारी प्रकाशनों की मदद अवश्य लें; जैसे – आर्थिक समीक्षा, प्रशासनिक प्रतिवेदन एवं राजस्थान सुजस। पेपर बनाने में एक्सपर्ट इन विश्वसनीय स्रोतों एवं सामग्री को काम में लेते हैं। **–अरुण कुमार पुरोहित, RAS टॉपर 1996**

5. **चित्र–ग्राफ द्वारा प्रभावी अभिव्यक्ति** – उत्तर बिन्दुओं में देने का प्रयास करें या छोटे–छोटे पैराग्राफ बनाकर लिखें। उत्तर में ग्राफिक या चित्र का उपयोग अच्छा एवं प्रभावी माना जाता है। इससे आपका उत्तर प्रभावी बनेगा। फलस्वरूप स्कोर अच्छा मिलेगा। **–बाबूलाल गोयल, RAS टॉपर 1997**

6. **गलत आँकड़े/तथ्य लिखने से बचें** – लिखित परीक्षा में तथ्यों और आँकड़ों का प्रयोग करने में पर्याप्त सावधानी रखें। गलत आँकड़े लिखने से सदैव बचना चाहिए। कॉपी परीक्षक पर इसका नकारात्मक प्रभाव पडता है। आँकड़े/तथ्य अगर कन्फर्म नहीं हों तो अन्दाजे से गलत आँकड़े/तथ्य नहीं लिखें।
–ललित अग्रवाल, RAS टॉपर 1998

7. **अपडेट रहें** – सामान्य ज्ञान एवं सम–सामयिक मुद्दों पर अप–टू–डेट रहना जरूरी है। इसके लिए राष्ट्रीय एवं प्रादेशिक स्तर के समाचार पत्रों का नियमित अध्ययन आवश्यक रूप से किया जाना चाहिए। अपडेट रहने के लिए छोटे–छोटे नोट्स भी बना सकते हैं। **–महेन्द्र लोढा, RAS टॉपर 1999**

8. **अच्छी व कम किताब पढें** – किसी एक विषय एवं टॉपिक पर एक या दो अच्छी किताबें या नोट्स ही पढें। अधिक पुस्तकें पढ़ने से विषय–वस्तु अच्छी तरह याद नहीं

होती और मिक्स–अप हो जाता है। इसलिए किताबें कम पढ़ें लेकिन अच्छी विश्वसनीय एवं मानक किताबों को ही पढें। **–अनुराग भार्गव, RAS टॉपर 2001**

9. **इंटीग्रेटेड एप्रोच से तैयारी करें** – केवल प्री या मैन्स की तैयारी कभी पृथक–पृथक नहीं हो सकती। आर.ए.एस. की पूरी परीक्षा प्री., मैन्स एवं इंटरव्यू की तैयारी सदैव कम्बाइंड रूप से करनी चाहिए। आपका विशेष फोकस मुख्य परीक्षा एवं इंटरव्यू में अधिकतम स्कोर करने पर होना चाहिए। क्योंकि इसी से आपकी मैरिट तय होती है। **–कृष्णा शुक्ला, RAS टॉपर 2007**

10. **स्वयं पर भरोसा रखें** – डर को दूर करें, अपने आप को ऊर्जावान बनाए रखें। अपनी क्षमताओं पर, अपने आप पर भरोसा करें। आर.ए.एस. की तैयारी से पूर्व और तैयारी के दौरान समय–समय पर टाइम टेबिल जरूर बनाएं और उसे फोलो करने का प्रयास करें। **–विनय पाठक, RAS टॉपर 2008**

11. **धैर्यपूर्वक तैयारी करें** – तैयारी के बीच–बीच में मनोरंजन एवं परिवार के लिए अवकाश का समय (Leisure time) जरूर निकालें। इससे आपका समय खराब नहीं होगा अपितु आपकी कॉन्फीडेंन्स, कंसन्ट्रेशन और मेमोरी कैपेसिटी बढ जाएगी। **–मनोज शर्मा, RAS टॉपर 2010**

12. **कम पढें किन्तु अच्छा एवं प्रभावी पढें** – अधिक पढना महत्वपूर्ण नहीं है, महत्वपूर्ण है प्रभावी रूप से उसे याद रखना। इसलिए कम पढें किन्तु अच्छा और प्रभावी पढें। जो आपको लम्बे समय तक याद रह सके और जिसे परीक्षा के समय आसानी से रिकॉल किया जा सके। **–राधिका, RAS टॉपर 2012**

13. **पिछले प्रश्न–पत्रों का विश्लेषण करें** – पिछले वर्षो के प्रश्न पत्रों को हल करते हुए उनका विश्लेषण करें तथा सिलेबस के अनुसार उनकी वरीयता तय करें। पिछले पेपर्स से आप संभावित एवं महत्वपूर्ण प्रश्नों का अंदाजा लगा सकते हैं। **–अनिल सिंघल, RAS टॉपर 2016**

14. **सूचना क्रांति का लाभ उठाएं** – इंटरनेट का उपयोग करके स्मार्ट तरीके से पढ़ाई करें। सरकारी योजनाओं और कार्यक्रमों की जानकारी के लिए सरकारी वेबसाइट्स का उपयोग करें। यहाँ आपको विश्वसनीय सूचनाएं एवं प्रामाणिक तथ्य मिलेंगे। **–भवानी सिंह, RAS टॉपर 2017**

15. **मॉक टेस्ट एवं टेस्ट सीरीज बेहद महत्वपूर्ण हैं** – मॉक टेस्ट से अभ्यर्थी को परीक्षा की वास्तविक परिस्थितियों से रूबरू होने का मौका मिलता है। इससे परीक्षा का भय, डर और फोबिया दूर हो जाता है। टेस्ट से स्वयं का आकलन और SWOT एनालाइसिस होता है, जिसके अनुसार आप सुधार एवं परिष्करण कर सकते हैं। इसलिए अधिकाधिक मॉक टेस्ट गंभीरता के साथ होने चाहिए। **–राकेश कुमार जायसवाल, IAS, टॉपर RAS बैच 1989**

विषय-सूची

अध्याय-1

राजस्थान प्रशासनिक सेवा–एक परिचय (RAS – An Introduction)

परिचय

राजस्थान प्रशासनिक सेवा (RAS) प्रदेश की सर्वोच्च एवं प्रतिष्ठित सिविल सेवा है। इसकी भर्ती हेतु प्रतियोगी परीक्षा का आयोजन राजस्थान लोक सेवा आयोग (RPSC) अजमेर द्वारा राजस्थान राज्य एवं अधीनस्थ सेवा संयुक्त प्रतियोगी परीक्षा नाम से करवाया जाता है। इस परीक्षा के माध्यम से राजस्थान सरकार में राज्य सेवा एवं अधीनस्थ सेवा के अधिकारियों की भर्ती की जाती है। इन पदों में मुख्य रूप से राज्य सेवा में राजस्थान प्रशासनिक सेवा (RAS), राजस्थान पुलिस सेवा (RPS), राजस्थान लेखा सेवा (R.Ac.S.), राजस्थान ग्रामीण विकास सेवा (RDS/B.D.O), राजस्थान वाणिज्यिक कर सेवा (RCTS/A.C.T.O.), राजस्थान परिवहन सेवा (D.T.O.) राजस्थान सहकारिता सेवा (AR), राजस्थान उद्योग सेवा, राजस्थान देवस्थान सेवा एवं राजस्थान खाद्य एवं आपूर्ति सेवा (DSO) इत्यादि एवं अधीनस्थ सेवा में तहसीलदार सेवा, कनिष्ठ वाणिज्यिक कर अधिकारी, आबकारी निरीक्षक, सहकारी निरीक्षक इत्यादि पद सम्मिलित होते हैं।

राजस्थान राज्य एवं अधीनस्थ सेवाएं (संयुक्त प्रतियोगी परीक्षा द्वारा सीधी भर्ती) के माध्यम से भरी जाने वाली सेवाओं की सूची

❖ राज्य सेवाएं

1. राजस्थान प्रशासनिक सेवा (Raj. Administrative Service)
2. राजस्थान पुलिस सेवा (Raj. Police Service)
3. राजस्थान लेखा सेवा (Raj. Account Service)

4. राजस्थान राज्य बीमा सेवा (Raj. Insurance Service)
5. राजस्थान उद्योग सेवा (Raj. Industries Service)
6. राजस्थान पर्यटन सेवा (Raj. Tourism Service)
7. राजस्थान वाणिज्यिक कर सेवा (Raj. Commercial Taxes Service)
8. राजस्थान सहकारी सेवा (Raj. Co-operative Service)
9. राजस्थान कारागार सेवा (Raj. Jail Service)
10. राजस्थान नियोजन सेवा (Raj. Employment Service)
11. राजस्थान खाद्य एवं नागरिक रसद सेवा (Raj. Food & Civil Service)
12. राजस्थान परिवहन सेवा (Raj. Transport Service)
13. राजस्थान महिला एवं बाल विकास सेवा (Raj. Women & Child Dev. Service)
14. राजस्थान देवस्थान सेवा (Raj. Devasthan Service)
15. राजस्थान ग्रामीण विकास सेवा (Raj. Rural Dev. Service)
16. राजस्थान महिला विकास सेवा (Raj. Women Dev. Service)
17. राजस्थान श्रम कल्याण सेवा (Rajasthan Labour Welfare Service)
18. राजस्थान अल्पसंख्यक मामलात सेवा (Raj. MinorityAffairs Service, Asstt. Director)
19. राजस्थान अल्पसंख्यक मामलात सेवा (Raj. Minority Affairs Service, Distt. Minority Welfare Officer)
20. राजस्थान अल्पसंख्यक मामलात सेवा (Raj. Minority Affairs Service, Programme Officer)
21. राजस्थान आबकारी सामान्य शाखा सेवा (Rajasthan Excise Service, General Branch, Assistant Excise Officer)
22. राजस्थान आबकारी (Preventive Officers) सेवा (Rajasthan Excise, Preventive Branch, Service, AEO, EPF)

❖ अधीनस्थ सेवाएं (Subordinate Services)

1. राजस्थान उद्योग अधीनस्थ सेवा (Raj. Industries Subordinate Service)
2. राजस्थान तहसीलदार सेवा (Raj. Tehsildar Service (Naib Tehsildar)

3. राजस्थान नियोजन अधीनस्थ सेवा (Raj. Subordinate Service (Employment)
4. राजस्थान देवस्थान अधीनस्थ सेवा (Raj. Subordinate Devasthan Service)
5. राजस्थान आबकारी अधीनस्थ सेवा (Raj. Excise Subordinate Service)
6. राजस्थान वाणिज्यिक कर अधीनस्थ सेवा (Raj. Commercial Subordinate Service)
6. राजस्थान खाद्य एवं नागरिक रसद अधीनस्थ सेवा (Raj. Food & Civil Supplies Subordinate Service)
7. राजस्थान सहकारिता अधीनस्थ सेवा (Raj. Co-operative Subordinate Service)
8. राजस्थान महिला एवं बाल विकास अधीनस्थ सेवा (Raj. Women & Child Dev. Subordinate Service)
9. सामाजिक न्याय एवं अधिकारिता अधीनस्थ सेवा (परिवीक्षा एवं कारागृह कल्याण अधिकारी) (Raj. Social Justice & Empowerment Service (Pariviksha & Karagrah Kalyan Adhikari)
10. सामाजिक न्याय एवं अधिकारिता अधीनस्थ सेवा (सामाजिक सुरक्षा अधिकारी) (Raj. Social Justice & Empowerment Service, Samajik Suraksha Adhikari)
11. सामाजिक न्याय एवं अधिकारिता अधीनस्थ सेवा (जिला परिवीक्षा सह–समाज कल्याण अधिकारी) (Raj. Social Justice & Empowerment Service, Pariviksha & Samaj KalyanAdhikari)
12. सामाजिक श्रम कल्याण अधीनस्थ सेवा (Rajasthan Labour Welfare Subordinate Service)
13. राजस्थान अल्पसंख्यक मामलात अधीनस्थ सेवा (Raj. Minority Affairs Subordinate Service, District Minority Welfare Officer)
14. राजस्थान अल्पसंख्यक मामलात अधीनस्थ सेवा (Raj. Minority Affairs Subordinate Service, Programme Officer)

परीक्षा के तीन चरण - प्रारंभिक, मुख्य एवं साक्षात्कार

आर.ए.एस. भर्ती कुल तीन चरणों में होती है, जिसमें लिखित परीक्षा दो चरणों में आयोजित की जाती है। प्रथम एवं द्वितीय चरण में – प्रारम्भिक परीक्षा (प्रीलिम्स/प्री) एवं मुख्य परीक्षा (मेन्स) तथा अंतिम चरण में साक्षात्कार (इंटरव्यू) होता है।

प्रथम चरण में प्रारंभिक परीक्षा होती है जो क्वालिफाईंग प्रकृति की होती है। इसे प्री के नाम से भी जाना जाता है इसमें बहुवैकल्पिक वस्तुनिष्ठ प्रकृति के 200 अंक के 150 प्रश्न होते हैं। इसमें नेगेटिव मार्किंग होती है अर्थात् तीन गलत उत्तर देने के बदले एक सही उत्तर के अंक कम कर दिए जाते हैं। इस परीक्षा में सामान्यतः कुल रिक्तियों के 15 गुणा अभ्यर्थियों को उत्तीर्ण किया जाता है। उल्लेखनीय है कि प्रांरभिक परीक्षा के अंक अंतिम मैरिट में सम्मिलित नहीं किए जाते हैं।

द्वितीय चरण में मुख्य परीक्षा सम्मिलित है जो लिखित एवं वर्णनात्मक होती हैं। मुख्य परीक्षा में चार अनिवार्य प्रश्न पत्र होते हैं। प्रत्येक प्रश्न पत्र 200 अंक का होता है। अतः कुल 800 अंक मुख्य परीक्षा के होते हैं। मुख्य परीक्षा में सम्मिलित अभ्यर्थियों में से सामान्यतः रिक्तियों के दो से तीन गुणा अभ्यर्थियों को साक्षात्कार हेतु बुलावा पत्र (Call Letter) भेजा जाता है।

साक्षात्कार – यह 100 अंकों का होता है। इसमें 3 से 4 सदस्यों के साक्षात्कार बोर्ड द्वारा अभ्यर्थी का व्यक्तित्व परीक्षण किया जाता है। मुख्य परीक्षा (800) एवं साक्षात्कार (100) के कुल 900 अंकों को मिलाकर वरीयता सूची तैयार होती है। अन्तिम चयन इसी वरीयता सूची के आधार पर होता है।

आर.ए.एस. परीक्षा की शुरुआती रणनीति (Early Strategy for RAS Exam)

किसी भी परीक्षा की तैयारी में मुख्य भूमिका तो अभ्यर्थी की होती है, किन्तु यदि उचित समय पर सही मार्गदर्शन, सक्षम सहायता और दिशा मिल जाए तो सफलता सुनिश्चित हो जाती है। वैसे तो कोचिंग करना अनिवार्य नहीं है। अभ्यर्थी स्वयं भी सेल्फ स्टडी कर सकते हैं। लेकिन इसके लिए दृढ़ इच्छा शक्ति (Strong Will Power) होनी चाहिए। कोचिंग से एक माहौल मिलता है और तैयारी का रूटीन बना रहता है। कोचिंग के चयन में सजगता एवं सावधानी रखनी चाहिए।

इसी भूमिका हेतु परिवर्तित परिदृश्य में जो कोचिंग सेंटर उत्तरदायी व विश्वसनीय संस्थान के रूप में गुणवत्तापूर्ण अध्ययन सामग्री के साथ सफल व प्रबुद्ध विषय विशेषज्ञों के माध्यम से पूरी शिद्दत के साथ एक ईमानदार प्रयास कर रहे हैं, उनसे मार्गदर्शन लिया जाना लाभकारी होता है।

आर.ए.एस. के नए पैटर्न के अनुसार इस पुस्तक में व्यवस्थित रूप से मार्गदर्शन दिया गया है। यह पुस्तक आपको गंतव्य तक पहुंचाने में प्रेरणा और सहायक के रूप में प्रतिबद्ध व समर्पित होगी, ऐसा विश्वास है। आर.ए.एस परीक्षा

में सफलता सुनिश्चित करने हेतु सिविल सर्विस एक्सपर्ट एवं मोटिवेटर भाई नवेद अली जैदी (सम्यक) त्रिस्तरीय रणनीति आवश्यक मानते हैं।

1. **ज्ञान का स्तर (Knowledge):** इस स्तर पर पाठ्यक्रम हेतु क्या पढ़ना है, के साथ–साथ यह भी महत्वपूर्ण है कि क्या नहीं पढ़ना। चूंकि समय सीमित है और अध्ययन सामग्री को पढ़कर उसकी गुणवत्ता को परखने में समय व्यर्थ करना घातक हो सकता है। इस हेतु मानक पुस्तकें (अध्ययन सामग्री) एवं स्वाध्याय द्वारा अवधारणात्मक स्पष्टता प्राप्त करना।
2. **तकनीक का स्तर (Technology):** इस स्तर पर प्रश्नों की प्रकृति के अनुकूल उत्तर लेखन, कौन–से भाग को कितना समय देना है। यह रणनीति बनाना आवश्यक है। उच्च प्राप्तांक प्राप्त हो सकने वाले भागों यथा – विज्ञान प्रौद्योगिकी, भूगोल, पर्यावरण, हिन्दी व अंग्रेजी व समसामयिकी को अधिक समय देकर अच्छे अंक प्राप्त किए जा सकते हैं, इन भागों पर विशेष ध्यान दिया जाना चाहिए।
3. **अभ्यास का स्तर (Practice):** इस स्तर पर नियमित जाँच (Test Series) का आयोजन कर विश्लेषणात्मक परीक्षण किया जाना जरूरी है। इस अभ्यास से अभ्यर्थियों में प्रश्नों के उत्तर तलाश करना, उत्तर लेखन एवं लेखन कौशल का विकास और आत्मविश्वास में वृद्धि होगी।

अतः आपके ज्ञान के स्तर को बढ़ाना, अवधारणात्मक स्पष्टता लाना, तकनीक (टेक्नीक) सीखना एवं अभ्यास करना महत्वपूर्ण है। इसके अतिरिक्त इस पुस्तक में तनाव प्रबंधन (Stress Management) एवं पढ़ाई कैसे करें, मुद्दों–तथ्यों को याद कैसे रखें (How to study, How to retain facts in your minds, How to Analyze issues) जैसे बिन्दुओं पर भी फोकस किया गया है। इन पर और भी विशेषज्ञों की सहायता ली जा सकती है। संपादन टीम गंभीर दायित्व के प्रति तत्पर व कटिबद्ध है ताकि प्रतिभाओं को उनका अभीष्ट गंतव्य प्राप्त हो।

❖ सागर में से मोती छाँटने होंगे

अक्सर कुछ नए अभ्यर्थी इस परीक्षा के प्रारूप और पाठ्यक्रम को समझे बिना ही मोटी–मोटी किताबें या कोचिंग संस्थानों में मिलने वाले नोट्स खोलकर बैठ जाते हैं, लेकिन अंततः उन्हें कुछ भी हासिल नहीं होता। ऐसी तैयारी का कोई मतलब नहीं है। असल में इस परीक्षा की तैयारी का मतलब है – सागर में से मोती छांटना। प्रारंभिक परीक्षा की शुरुआती रणनीति के तहत निम्नलिखित खास बातों पर ध्यान देना जरूरी है।

- दिमाग में बैठा लें कि यदि कोई किताब अपनी सामग्री या कोचिंग संस्था अपने नोट्स के बारे में दावा करते हैं कि आपको एक ही बार में आर.ए.एस. अधिकारी बना सकते हैं, तो इस तरह के झांसे में न आएं। इस परीक्षा में कामयाबी किसी एक किताब या केवल कोचिंग के दम पर पाना संभव नहीं है, बल्कि इसके लिए आपके स्तरीय उत्तर लेखन, किसी भी टॉपिक के प्रति आपका मौलिक विश्लेषण और ज्ञान के विस्तृत दायरे का होना बहुत जरूरी है। ठोस तैयारी के लिए टॉपिकों से संबंधित उदाहरणों की जानकारी भी जरूरी है।
- आर.ए.एस. परीक्षा की तैयारी के लिए प्रतिदिन 8 से 10 घंटे का अध्ययन जरूरी है। अध्ययन के इन घंटों को विषयानुसार तरीके से विभाजित करके प्रारंभिक परीक्षा की तैयारी को मुख्य परीक्षा के मुताबिक करना शुरू करें।
- प्रारंभिक परीक्षा का स्वरूप वैसे तो वस्तुनिष्ठ प्रकार का होता है, लेकिन इसके लिए तथ्यों के साथ–साथ अवधारणात्मक समझ जरूरी है। इसलिए इस परीक्षा की तैयारी बिना कोई शॉर्टकट की उम्मीद रखे पूरे पाठ्यक्रम को साथ लेकर करें। जिससे आपकी यह मेहनत मुख्य परीक्षा और साक्षात्कार में भी काम आ सके।
- प्रारंभिक परीक्षा से संबंधित बिंदुओं को पढ़ने से पहले पुराने पेपरों में पूछे गए सवालों का विश्लेषण अवश्य करें, जिससे आपको यह मालूम हो सकेगा कि सवाल कहां और किस प्रकार पूछे जाते हैं। इसके अलावा इस परीक्षा में सामान्य अध्ययन का दायरा काफी बड़ा है, इसलिए इसकी सीमाओं को समझने में भी यह रणनीति कारगर होगी।
- परीक्षा की तैयारी के लिए बहुत अधिक किताबों का संग्रह करने से बचना बहुत जरूरी है। क्योंकि अक्सर देखा जाता है कि जोश में आकर शुरुआती दौर में अभ्यर्थी अत्यधिक किताबें खरीद लेते हैं, लेकिन जब पढ़ने की बारी आती है, तो असमंजस में पड़ जाते हैं कि तैयारी की शुरुआत कहां से करें। इसलिए शुरुआत में उचित संख्या में और मानक किताबें पढ़ें। उन्हीं किताबों को नियमित रूप से दोहराएं।
- इस परीक्षा की तैयारी की शुरुआत सामान्य अध्ययन के विषयों से करें। इसके लिए अभ्यर्थी एन.सी.ई.आर.टी. की किताबों को अधिक प्राथमिकता दें, इससे आप मुख्य परीक्षा में भी सहज महसूस करेंगे।

- कम–से–कम एक राष्ट्रीय समाचार–पत्र व एक मासिक पत्रिका का नियमित अध्ययन करें। इससे करंट अफेयर्स की जानकारी विश्लेषणात्मक तरीके से मिलती रहेगी। ये आपको साक्षात्कार के साथ मुख्य परीक्षा में उत्तर लेखन में मदद करेगी।
- सिलेबस के प्रत्येक खंड को पढ़ें, ताकि जिन खंड़ों में आप कमजोर हैं, वहां से कम–से–कम 50 प्रतिशत सवाल जरूर हल कर सकें। इसके अलावा जो भी पढ़ें, पूरी गंभीरता और गहराई से पढ़ें। यानी तथ्यों का बारीकी से अध्ययन करें।
- जिन बिंदुओं में विरोधाभास हो या जिन्हें याद रखना मुश्किल हो उनके नोट्स बनाएं। साथ ही कुछ संकेतक तय कर लें जो तथ्यों को याद दिलाने में मददगार हों। मिसाल के तौर पर देश के राष्ट्रपतियों के नाम याद रखने के लिए उनके नाम के पहले या किन्हीं अक्षरों को लेते हुए एक जुमला बनाया जा सकता है।
- परीक्षा से पहले अभ्यास पर बल दें। जो सवाल पिछली प्रारंभिक और मुख्य परीक्षाओं में पूछे गए हैं, उन्हें हल करने के अलावा आई.ए.एस. परीक्षा, दूसरे राज्य की राज्य सेवा परीक्षा, इत्यादि के सवालों को हल करेंगे, तो अधिक लाभ मिलेगा।

राजस्थान लोक सेवा आयोग, अजमेर आर.ए.एस. विज्ञप्ति

❖ राजस्थान राज्य एवं अधीनस्थ सेवाएं संयुक्त प्रतियोगी परीक्षा 2018

विज्ञापन संख्या : 02/परीक्षा/RAS-RTS/2018–19 दिनांक : 02.04.2018

आयोग द्वारा राजस्थान राज्य एवं अधीनस्थ सेवाएं (संयुक्त प्रतियोगी परीक्षा द्वारा सीधी भर्ती) नियम, 1999 के अन्तर्गत राजस्थान राज्य एवं अधीनस्थ सेवाएं संयुक्त प्रतियोगी परीक्षा, 2018 के लिए कार्मिक (क–4/2) विभाग द्वारा सूचित पदों हेतु ऑनलाइन आवेदन पत्र (Online Appilication Form) आमंत्रित किए जाते हैं। आवेदक विज्ञापित एक या एक से अधिक सेवाओं के लिए ही आवेदन–पत्र प्रस्तुत करे। शासन से प्राप्त रिक्त पदों (पदों की संख्या में कमी/वृद्धि की जा सकती है) का सेवावार, वर्गवार वर्गीकरण निम्नानुसार है :–

राज्य सेवा के पद (State Service Posts)

क्र. सं.	सेवा का नाम	कुल पद	आरक्षित पद	क्षैतिज आरक्षण											
		सामान्य		अनु. जा.		अनु. जन.		पिछड़ा वर्ग		अति. पिछड़ा वर्ग					
		सा.	म.	सा.	म.	सा.	म.	सा.	म.						
1.	राजस्थान प्रशासनिक सेवा	75	32	13 (3 वि.)	5	3	4	2	11	5 (1 वि.)	0	0	2 (1 HI, 1 LD)	5	
2.	राजस्थान पुलिस सेवा	34	17	7 (1 वि.)	0	0	3	1	5	1	0	0	0	2	
3.	राजस्थान लेखा सेवा	104	37	15 (4 वि., 1 परि.)	12	4 (1 वि.)	10	3 (1 वि.)	16	6 (1 वि.)	1	0	4 (1 BL,1 HI, 2 LD)	7	
4.	राजस्थान राज्य बीमा सेवा	11	5	2	2	0	1	0	1	0	0	0	1 (1 H0I)	0	
5.	राजस्थान उद्योग सेवा	15	7	2	3	0	0	0	3	0	0	0	0	1	
6.	राजस्थान पर्यटन सेवा	0	0	0	0	0	0	0	0	0	0	0	0	0	
7.	राजस्थान वाणिज्यिक कर सेवा	1	1	0	0	0	0	0	0	0	0	0	0	0	

		सा.	म.	सा.	म.	सा.	म.	सा.	म.					
8.	राजस्थान सहकारी सेवा	13	5	2	1	1	0	1	2	1	0	0	2 (1 LD, 1 LV)	1
9.	राजस्थान कारागार सेवा	2	1	0	0	0	0	1	0	0	0	0	0	0
10.	राजस्थान नियोजन कार्यालय सेवा	3	1	0	0	0	0	1	1	0	0	0	0	0
11.	राजस्थान खाद्य एवं नागरिक आपूर्ति सेवा	1	0	0	1	0	0	0	0	0	0	0	0	0
12.	राजस्थान परिवहन सेवा	0	0	0	0	0	0	0	0	0	0	0	0	0
13.	राजस्थान महिला एवं बाल विकास सेवा	77	26	11 (2 वि.)	10	4 (1 वि.)	7	3	12	4 (1 वि.)	0	0	3 (1 BL, 1 HI, 1 LD)	5
14.	राजस्थान देवस्थान सेवा	0	0	0	0	0	0	0	0	0	0	0	0	0
15.	राजस्थान ग्रामीण विकास सेवा	45	15	6 (1 वि.)	6	3	5	1	6	3	0	0	1 (1 H0I,)	3
16.	राजस्थान महिला विकास सेवा	2	2	0	0	0	0	0	0	0	0	0	0	0

		सा.	म.	सा.	म.	सा.	म.	सा.	म.					
17.	राजस्थान श्रम कल्याण सेवा	0	0	0	0	0	0	0	0	0	0	0	0	0
18.	राजस्थान अल्प संख्यक मामलात सेवा	2	2	0	0	0	0	0	0	0	0	0	0	0
19.	राजस्थान आबकारी (सामान्य शाखा) सेवा	12	6	2	1	0	1	0	2	0	0	0	0	1
20.	राजस्थान आबकारी (Preventive Force) सेवा	8	5	1	1	0	0	0	1	0	0	0	0	0

अधीनस्थ सेवा के पद (Subordinate Posts)

क्र. सं.	सेवा का नाम	कुल पद	आर–क्षित पद	क्षैतिज आरक्षण	सामान्य अनुसूचित जाति	अनुसूचित जनजाति	पिछड़ा वर्ग	अति. पिछड़ा वर्ग	निःश–क्तजन	अराज पत्रित			कर्मचारी (NGE)
		सा.	म.	सा.	म.	सा.	म.	सा.	म.	सा.	म.		
1.	राजस्थान उद्योग अधीनस्थ सेवा	5	3	1	1	0	0	0	0	0	0	0	0
2.	राजस्थान तहसीलदार सेवा	126	45	18 (5 वि., 1 परि.)	19	8 (2 वि.)	7	2	19	7 (2 वि.)	1	0	4 (2 B/L, 1 HI, 1 LD)
3.	राजस्थान अधीनस्थ सेवा (नियोजन)	14	6	2	1	1	1	1	1	1	0	0	0
4.	राजस्थान अधीनस्थ देवस्थान सेवा	7	4	1	1	1	0	0	0	0	0	0	0
5.	राजस्थान आबकारी अधीनस्थ सेवा	25	10	3	4	1	3	0	3	1	0	0	0
6.	राजस्थान वाणिज्यिक कर अधीनस्थ सेवा	110	43	18 (4 वि., 1 परि.)	9	3	10	3 (1 वि.)	17	6 (1 वि.)	1	0	4 (2 BL,1 HI, 1 LD)
7.	राजस्थान खाद्य एवं नागरिक रसद अधीनस्थ सेवा	35	15	6 (1 वि.)	4	1	2	1	4	2	0	0	3 (2 BL, 1 HI)

		सा.	म.	सा.	म.	सा.	म.	सा.	म.	सा.	म.		
8.	राजस्थान सहकारी अधीनस्थ सेवा	162	49	20 (5 वि., 1 परि.)	18	7 (2 वि.)	24	9 (2 वि.)	24	10 (2 वि.)	1	0	4 (2 BL,1 HI, 1 LD)
9.	राजस्थान महिला एवं बाल विकास अधीनस्थ सेवा	3	1	0	0	0	2	0	0	0	0	0	1 (1 BL)
10.	राजस्थान सामाजिक न्याय एवं अधिकारिता अधीनस्थ सेवा (परिवीक्षा एवं कारागृह कल्याण अधिकारी)	18	8	3	3	0	1	0	1	1	1	0	0
11.	राजस्थान सामाजिक न्याय एवं अधिकारिता अधीनस्थ सेवा (सामाजिक सुरक्षा अधिकारी)	0	0	0	0	0	0	0	0	0	0	0	0
12.	राजस्थान सामाजिक न्याय एवं अधिकारिता अधीनस्थ सेवा (जिला परिवीक्षा सह समाज कल्याण अधिकारी)	7	3	0	2	0	2	0	0	0	0	0	0

		सा.	म.	सा.	म.	सा.	म.	सा.	म.	सा.	म.		
13.	राजस्थान श्रम कल्याण अधीनस्थ सेवा	14	5	2	2	1	1	0	2	1	0	0	0
14.	राजस्थान अल्प संख्यक मामलात अधीनस्थ सेवा (Distt. Minority Welfare Officer)	16	7	3	2	0	1	0	3	0	0	0	1 (1 B/ LV)
15.	राजस्थान अल्प संख्यक मामलात अधीनस्थ सेवा (Programme Officer)	33	14	5 (1 वि.)	4	1	3	0	5	1	0	0	1 (1 B/ LV)
योग	575	213	82 (16 वि., 3 परि.)	70	24 (4 वि.)	57	16 (3 वि.)	79	30 (5 वि.)	4	0	18 (11 B/ LV, 4 HI, 3 LD)	

राज्य सेवाओं के वेतनमान

क्र.सं.	सेवा का नाम	वेतनमान (Pay Matrix)	क्र.सं.	सेवा का नाम	वेतनमान (Pay Matrix)
1.	राजस्थान प्रशासनिक सेवा	L-14	11.	राजस्थान खाद्य एवं नागरिक आपूर्ति सेवा	L-12
2.	राजस्थान पुलिस सेवा	L-14	12.	राजस्थान परिवहन सेवा	L-12
3.	राजस्थान लेखा सेवा	L-14	13.	राजस्थान महिला एवं बाल विकास सेवा	L-14
4.	राजस्थान राज्य बीमा सेवा	L-14	14.	राजस्थान देवस्थान सेवा	L-12
5.	राजस्थान उद्योग सेवा	L-12	15.	राजस्थान ग्रामीण विकास सेवा	L-14
6.	राजस्थान पर्यटन सेवा	L-12	16.	राजस्थान महिला विकास सेवा	L-14
7.	राजस्थान वाणिज्यिक कर सेवा	L-12	17.	राजस्थान श्रम कल्याण सेवा	L-12
8.	राजस्थान सहकारी सेवा	L-12	18.	राजस्थान अल्प संख्यक मामलात सेवा	L-14
9.	राजस्थान कारागार सेवा	L-12	19.	राजस्थान आबकारी (सामान्य शाखा) सेवा	L-12
10	राजस्थान नियोजन कार्यालय सेवा	L-12	20.	राजस्थान आबकारी (Preventive Force) सेवा	L-12

अधीनस्थ सेवाओं के वेतनमान

क्र.सं.	सेवा का नाम	वेतनमान (Pay Matrix)	क्र.सं.	सेवा का नाम	वेतनमान (Pay Matrix)
1.	राजस्थान उद्योग अधीनस्थ सेवा	L-11	9.	राजस्थान महिला एवं बाल विकास अधीनस्थ सेवा	L-11
2.	राजस्थान तहसीलदार सेवा	L-11	10.	राजस्थान सामाजिक न्याय एवं अधिकारिता अधीनस्थ सेवा (परिवीक्षा एवं कारागृह कल्याण अधिकारी)	L-11
3.	राजस्थान अधीनस्थ सेवा (नियोजन)	L-10	11.	राजस्थान सामाजिक न्याय एवं अधिकारिता अधीनस्थ सेवा (सामाजिक सुरक्षा अधिकारी)	L-11
4.	राजस्थान अधीनस्थ देवस्थान सेवा	L-10	12.	राजस्थान सामाजिक न्याय एवं अधिकारिता अधीनस्थ सेवा (जिला परिवीक्षा सह समाज कल्याण अधिकारी)	L-12
5.	राजस्थान आबकारी अधीनस्थ सेवा	L-10	13.	राजस्थान श्रम कल्याण अधीनस्थ सेवा	L-10
6.	राजस्थान वाणिज्यिक कर अधीनस्थ सेवा	L-10	14.	राजस्थान अल्प संख्यक मामलात अधीनस्थ सेवा (Distt. Minority Welfare Officer)	L-12
7.	राजस्थान खाद्य एवं नागरिक रसद अधीनस्थ सेवा	L-10	15.	राजस्थान अल्प संख्यक मामलात अधीनस्थ सेवा (Programme Officer)	L-11
8.	राजस्थान सहकारी अधीनस्थ सेवा	L-10			

परीक्षा की स्कीम एवं सिलेबस (राजस्थान लोक सेवा आयोग, अजमेर) Scheme and Syllabus of RAS Exam (Rajasthan Public Service Commission)

❖ राजस्थान राज्य एवं अधीनस्थ सेवाएँ सयुंक्त प्रतियोगी (प्रारंभिक) परीक्षा 2018

प्रारंभिक परीक्षा की स्कीम एवं सिलेबस (Scheme and Syllabus of Pre Exam)

प्रारम्भिक परीक्षा में नीचे विनिर्दिष्ट विषय पर एक प्रश्न–पत्र होगा, जो वस्तुनिष्ठ प्रकार का होगा और अधिकतम 200 अंकों का होगा।

परीक्षा का उद्देश्य केवल स्क्रीनिंग परीक्षण करना है। प्रश्नपत्र का स्तरमान स्नातक डिग्री स्तर का होगा। ऐसे अभ्यर्थियों द्वारा, जो मुख्य परीक्षा में प्रवेश के लिए पात्र घोषित किए गए हो, प्रारम्भिक परीक्षा में प्राप्त अंकों को उनका अंतिम योग्यता क्रम अवधारित करने के लिए संगणित नहीं किया जाएगा।

प्रश्नपत्र	विषय	अधिकतम अंक	समय
I	सामान्य ज्ञान और सामान्य विज्ञान	200	तीन घण्टे

नोटः–

1. प्रश्न पत्र में बहुविकल्पीय प्रकार के 150 प्रश्न होंगे व सभी प्रश्न समान अंक के होंगे।
2. मूल्यांकन में ऋणात्मक अंकन किया जाएगा, जिसमें प्रत्येक गलत उत्तर के लिए 1/3 अंक काटे जाएंगे।

❖ निर्धारित नवीन पाठ्यक्रम (New Syllabus)

राजस्थान का इतिहास, कला, संस्कृति, साहित्य, परम्परा एवं विरासत (History, Art, Culture, Literature, Tradition & Heritage of Rajasthan)

- राजस्थान के इतिहास की महत्वपूर्ण ऐतिहासिक घटनाएं, प्रमुख राजवंश, उनकी प्रशासनिक व राजस्व व्यवस्था। सामाजिक–सांस्कृतिक मुद्दे
- स्वतंत्रता आन्दोलन, जनजागरण व राजनीतिक एकीकरण
- स्थापत्य कला की प्रमुख विशेषताएँ – किले एवं स्मारक
- कलाएँ, चित्रकलाएँ और हस्तशिल्प
- राजस्थानी साहित्य की महत्वपूर्ण कृतियाँ, क्षेत्रीय बोलियाँ

- मेले, त्योहार, लोक संगीत एवं लोक नृत्य
- राजस्थानी संस्कृति, परम्परा एवं विरासत
- राजस्थान के धार्मिक आन्दोलन, संत एवं लोक देवता
- महत्वपूर्ण पर्यटन स्थल
- राजस्थान के प्रमुख व्यक्तित्व।

इस भाग की तैयारी के लिए निम्न पुस्तकों (Source Books) की सहायता ली जा सकती है–

- राजस्थान का सांस्कृतिक इतिहास – डॉ. गोपीनाथ शर्मा (राजस्थान हिन्दी ग्रन्थ अकादमी)
- राजस्थान की कला एवं संस्कृति – डॉ. एल. आर. भल्ला
- राजस्थान की धरोहर – कुवंर कनक सिंह राव (पी. सी. पी.)
- राजस्थान सुजस संचय – प्रकाशन विभाग राजस्थान सरकार
- राजस्थान पत्रिका ईयर बुक
- राजस्थान अध्ययन – माध्यमिक शिक्षा बोर्ड अजमेर (कक्षा – 9,10,11 एवं 12)
- राजस्थान आज तक – डॉ. दिनेश शर्मा एवं पुष्पा शर्मा (आचमन प्रकाशन, अजमेर)
- राजस्थान कला एवं संस्कृति – जय सिंह नीरज

अंग्रेजी माध्यम की पुस्तकें (English Medium Source Books)–

- Rajasthan Adhyayan – Part I to IV (RBSE,Ajmer)
- Contemporary Rajasthan – Dr L. R. Bhalla
- Rajasthan History and Culture – Prof. K. G. Sharma (Rajasthan University)
- Rajasthan Aajtak – Dr. Dinesh Sharma (Achaman Parkashan, Ajmer)

❖ भारत का इतिहास (Indian History)

प्राचीनकाल एवं मध्यकाल

- प्राचीन एवं मध्यकालीन भारत के इतिहास की प्रमुख विशेषताएँ एवं महत्वपूर्ण ऐतिहासिक घटनाएं कला, संस्कृति, साहित्य एवं स्थापत्य

- प्रमुख राजवंश, उनकी प्रशासनिक, सामाजिक व आर्थिक व्यवस्था। सामाजिक–सांस्कृतिक मुद्दे, प्रमुख आन्दोलन

आधुनिक काल

- आधुनिक भारत का इतिहास (18वीं शताब्दी के मध्य से वर्तमान तक) – प्रमुख घटनाएँ, व्यक्तित्व एवं मुद्दे
- स्वतंत्रता संघर्ष एवं भारतीय राष्ट्रीय आन्दोलन – विभिन्न अवस्थाएँ, देश के विभिन्न क्षेत्रों के योगदानकर्ता एवं उनका योगदान
- 19वीं एवं 20वीं शताब्दी में सामाजिक एवं धार्मिक सुधार आन्दोलन
- स्वातंत्र्योत्तर काल में राष्ट्रीय एकीकरण एवं पुनर्गठन

इस भाग की तैयारी के लिए निम्न पुस्तकों (Source Books) की सहायता ली जा सकती है–

- आधुनिक भारत का इतिहास – बी. एल. ग्रोवर एवं विपिन चन्द्र
- NCERT की पुस्तकें
- प्राचीन भारत का इतिहास – झा एवं श्रीमाली
- प्रतियोगिता दर्पण का अतिरिक्तांक (इतिहास)

अंग्रेजी माध्यम की पुस्तकें (English Medium Books)

- Ancient History – R. S. Sharma (NCERT)
- Medieval History – Satish Chandra (NCERT)
- Modern History – Vipin Chandra (NCERT)
- Indian Art and Culture – Nitin Singhania

❖ विश्व एवं भारत का भूगोल (Geography of World and India)

विश्व का भूगोल

- प्रमुख भौतिक विशेषताएँ
- पर्यावरणीय एवं पारिस्थितिकीय मुद्दे
- वन्य जीव–जन्तु एवं जैव–विविधता
- अन्तर्राष्ट्रीय जलमार्ग
- प्रमुख औद्योगिक क्षेत्र

भारत का भूगोल

- प्रमुख भौतिक विशेषताएं और मुख्य भू–भौतिक विभाजन
- कृषि एवं कृषि आधारित गतिविधियाँ
- खनिज–लोहा, मैंगनीज, कोयला, खनिज तेल और गैस, आणविक खनिज

प्रमुख उद्योग एवं औद्योगिक विकास

- परिवहन – मुख्य परिवहन मार्ग
- प्राकृतिक संसाधन
- पर्यावरणीय समस्याएँ तथा पारिस्थितिकीय मुद्दे

इस भाग की तैयारी के लिए निम्न पुस्तकों (Source Books) की सहायता ली जा सकती है–

- भारत एवं विश्व का भूगोल – माजिद हुसैन (हिन्दी एवं अंग्रेजी माध्यम)
- पर्यावरण – शंकर आई.ए.एस. बुक्स (हिन्दी एवं अंग्रेजी माध्यम)
- NCERT की पुस्तकें (11वीं एवं 12वीं)
- भूगोल – महेश वर्णवाल

❖ राजस्थान का भूगोल (Geography of Rajasthan)

- प्रमुख भौतिक विशेषताएं और मुख्य भू–भौतिक विभाग
- राजस्थान के प्राकृतिक संसाधन
- जलवायु, प्राकृतिक वनस्पति, वन, वन्य जीव–जन्तु एवं जैव–विविधता
- प्रमुख सिंचाई परियोजनाएँ
- खान एवं खनिज सम्पदाएँ
- जनसंख्या
- प्रमुख उद्योग एवं औद्योगिक विकास की सम्भावनाएँ

इस भाग की तैयारी के लिए निम्न पुस्तकों (Source Books) की सहायता ली जा सकती है–

- राजस्थान का भूगोल – डॉ. एल. आर. भल्ला (हिन्दी एवं अंग्रेजी माध्यम)
- राजस्थान एटलस – मनोहर सिंह कोटड़ा (पिंक सिटी पब्लिशर्स)

❖ भारतीय संविधान, राजनीतिक व्यवस्था एवं शासन प्रणाली (Indian Constitution, Political System & Governance)

संवैधानिक विकास एवं भारतीय संविधान

भारतीय शासन अधिनियम—1919 एवं 1935, संविधान सभा, भारतीय संविधान की प्रकृति, प्रस्तावना (उद्देशिका), मौलिक अधिकार, राज्य के नीति–निदेशक सिद्धांत, मौलिक कर्तव्य, संघीय ढांचा, संवैधानिक संशोधन, आपातकालीन प्रावधान, जनहित याचिका और न्यायिक पुनरावलोकन।

भारतीय राजनीतिक व्यवस्था एवं शासन

- भारत राज्य की प्रकृति, भारत में लोकतंत्र, राज्यों का पुनर्गठन, गठबंधन सरकारें, राजनीतिक दल, राष्ट्रीय एकीकरण
- संघीय एवं राज्य कार्यपालिका, संघीय एवं राज्य विधान मण्डल, न्यायपालिका
- राष्ट्रपति, संसद, सर्वोच्च न्यायालय, निर्वाचन आयोग, नियंत्रक एवं महालेखा परीक्षक, योजना आयोग, राष्ट्रीय विकास परिषद्, मुख्य सर्तकता आयुक्त, मुख्य सूचना आयुक्त, लोकपाल एवं राष्ट्रीय मानवाधिकार आयोग
- स्थानीय स्वायत्त शासन एवं पंचायती राज

लोक नीति एवं अधिकार

- लोक कल्याणकारी राज्य के रूप में राष्ट्रीय लोकनीति
- विभिन्न विधिक अधिकार एवं नागरिक अधिकार–पत्र

इस भाग की तैयारी के लिए निम्न पुस्तकों (Source Books) की सहायता ली जा सकती है–

- भारत की राजव्यवस्था – लक्ष्मीकांत (हिन्दी एवं अंग्रेजी माध्यम)
- भारतीय राजनीतिक व्यवस्था – बी. एल. फड़िया (साहित्य भवन, आगरा)
- NCERT की पुस्तकें
- भारत का संविधान – बी.के. शर्मा

❖ राजस्थान की राजनीतिक एवं प्रशासनिक व्यवस्था (Political and Administrative System of Rajasthan)

- राज्यपाल, मुख्यमंत्री, राज्य विधानसभा, उच्च न्यायालय, राजस्थान लोक सेवा आयोग, जिला प्रशासन, राज्य मानवाधिकार आयोग, लोकायुक्त, राज्य निर्वाचन आयोग, राज्य सूचना आयोग

- लोक नीति, विधिक अधिकार एवं नागरिक अधिकार–पत्र

इस भाग की तैयारी के लिए निम्न पुस्तकों (Source Books) की सहायता ली जा सकती है–

- राजस्थान पत्रिका ईयर बुक
- सुजस पत्रिका (प्रकाशन विभाग, राजस्थान सरकार)
- अन्तर्राष्ट्रीय क्रॉनोलॉजी (मासिक पत्रिका) – पी.एम.सी. पब्लिकेशन, भरतपुर

❖ अर्थशास्त्रीय अवधारणाएँ एवं भारतीय अर्थव्यवस्था (Economic Concepts and Indian Economy)

अर्थशास्त्र के मूलभूत सिद्धान्त

- बजट निर्माण, बैंकिंग, लोक–वित्त, राष्ट्रीय आय, संवृद्धि एवं विकास का आधारभूत ज्ञान
- लेखांकन – अवधारणा, उपकरण एवं प्रशासन में उपयोग
- स्टॉक एक्सचेंज एवं शेयर बाजार
- राजकोषीय एवं मौद्रिक नीतियाँ
- सब्सिडी, लोक वितरण प्रणाली
- ई–कॉमर्स
- मुद्रास्फीति– अवधारणा, प्रभाव एवं नियंत्रण तंत्र

आर्थिक विकास एवं आयोजन

- पंचवर्षीय योजना – लक्ष्य, रणनीति एवं उपलब्धियाँ
- अर्थव्यवस्था के प्रमुख क्षेत्र – कृषि, उद्योग, सेवा एवं व्यापार, वर्तमान स्थिति, मुद्दे एवं पहल
- प्रमुख आर्थिक समस्याएं एवं सरकार की पहल, आर्थिक सुधार एवं उदारीकरण

मानव संसाधन एवं आर्थिक विकास

- मानव विकास सूचकांक
- गरीबी एवं बेरोजगारी–अवधारणा, प्रकार, कारण, निदान एवं वर्तमान फ्लैगशिप योजनाएं
- सामाजिक न्याय एवं अधिकारिता–कमजोर वर्गों के लिए प्रावधान

इस भाग की तैयारी के लिए निम्न पुस्तकों (Source Books) की सहायता ली जा सकती है–

- भारतीय अर्थव्यवस्था – प्रो. लक्ष्मी नारायण नाथूरामका
- भारतीय अर्थव्यवस्था (Indian Economy) सिविल सेवा परीक्षा हेतु उपयोगी – रमेश सिंह (मैक्ग्रा हिल प्रकाशन) (हिन्दी एवं अंग्रेजी माध्यम)
- सी.बी.एस.ई. की पुस्तकें, टी.आर. जैन एण्ड वी. के. ओहरी (11वीं से 12वीं)
- भारतीय अर्थव्यवस्था – उपेन्द्र अनमोल (सी.ए.एल. पब्लिकेशन)
- आर्थिक समीक्षा (Economic Survey)
- केन्द्रीय बजट (Central Budget)

❖ राजस्थान की अर्थव्यवस्था (Economy of Rajasthan)

- अर्थव्यवस्था का वृहत् परिदृश्य
- कृषि, उद्योग व सेवा क्षेत्र के प्रमुख मुद्दे
- संवृद्धि, विकास एवं आयोजना
- आधारभूत–संरचना एवं संसाधन
- प्रमुख विकास परियोजनाएं
- कार्यक्रम एवं योजनाएँ–अनुसूचित जाति, अनुसूचित जनजाति, पिछडा वर्ग, अल्पसंख्यकों, निःशक्तजनों, निराश्रितों, महिलाओं, बच्चों, वृद्धजनों, कृषकों एवं श्रमिकों के लिए राजकीय कल्याणकारी योजनाएँ

इस भाग की तैयारी के लिए निम्न पुस्तकों (Source Books) की सहायता ली जा सकती है–

- राजस्थान की अर्थव्यवस्था – प्रो. लक्ष्मी नारायण नाथूरामका (हिन्दी एवं अंग्रेजी माध्यम)
- आर्थिक समीक्षा राजस्थान (Rajasthan Economic Review)
- राजस्थान बजट (Rajasthan Budget)

❖ विज्ञान एवं प्रौद्योगिकी (Science & Technology)

- विज्ञान के सामान्य आधारभूत तत्व
- इलेक्ट्रॉनिक्स, कम्प्यूटर्स, सूचना एवं संचार प्रौद्योगिकी
- उपग्रह एवं अंतरिक्ष प्रौद्योगिकी

- रक्षा प्रौद्योगिकी
- नैनो–प्रौद्योगिकी
- मानव शरीर, आहार एवं पोषण, स्वास्थ्य देखभाल
- पर्यावरणीय एवं पारिस्थितिकीय परिवर्तन एवं इनके प्रभाव
- जैव–विविधता, जैव–प्रौद्योगिकी एवं आनुवंशिकीय–अभियांत्रिकी
- राजस्थान के विशेष संदर्भ में कृषि–विज्ञान, उद्यान–विज्ञान, वानिकी एवं पशुपालन
- राजस्थान में विज्ञान एवं प्रौद्योगिकी विकास

इस भाग की तैयारी के लिए निम्न पुस्तकों (Source Books) की सहायता ली जा सकती है–

- NCERT की पुस्तकें
- विज्ञान एवं प्रौद्योगिकी – उपेन्द्र अनमोल
- विज्ञान एवं प्रौद्योगिकी – स्पैक्ट्रम तथा विवास पेनोरमा
- सामान्य विज्ञान – शीलवन्त सिंह
- मंथन का अतिरिक्तांक

❖ तार्किक विवेचन एवं मानसिक योग्यता (Reasoning & Mental Ability)

तार्किक दक्षता (निगमनात्मक, आगमनात्मक, अपवर्तनात्मक)

- कथन एवं मान्यताएं, कथन एवं तर्क, कथन एवं निष्कर्ष, कथन–कार्यवाही
- विश्लेषणात्मक तर्कक्षमता

मानसिक योग्यता

- संख्या श्रेणी, अक्षर श्रेणी, बेमेल छांटना, कूटवाचन (कोडिंग–डीकोडिंग), संबधों, आकृतियों एवं उनके उपविभाजन से जुड़ी समस्याएँ

आधारभूत संख्यात्मक दक्षता

- गणितीय एवं सांख्यकीय विश्लेषण का प्रारम्भिक ज्ञान

संख्या से जुड़ी समस्याएँ व परिमाण का क्रम, अनुपात तथा समानुपात, प्रतिशत, साधारण एवं चक्रवृद्धि ब्याज, आंकड़ों का विश्लेषण (सारणी, दण्ड–आरेख, रेखाचित्र, पाई–चार्ट)

इस भाग की तैयारी के लिए निम्न पुस्तकों (Source Books) की सहायता ली जा सकती है–

- NCERT की पुस्तकें
- गणित – आर. एस. अग्रवाल
- तर्कशक्ति – यू. एस. शेखावत

❖ समसामयिक घटनाएं (Current Affairs)

- राजस्थान राज्यस्तरीय, राष्ट्रीय एवं अन्तर्राष्ट्रीय महत्व की प्रमुख समसामयिक घटनाएं एवं मुद्दे
- वर्तमान में चर्चित व्यक्ति एवं स्थान
- खेल एवं खेलकूद संबंधी गतिविधियां

इस भाग की तैयारी के लिए निम्न पुस्तकों (Source Books) की सहायता ली जा सकती है–

- प्रतियोगिता दर्पण (मासिक) (PD – Monthly) – (हिन्दी एवं अंग्रेजी माध्यम)
- दृष्टि (The Vision) (मासिक) – (हिन्दी एवं अंग्रेजी माध्यम)
- सिविल सर्विसेज क्रॉनिकल (मासिक) (हिन्दी एवं अंग्रेजी माध्यम)
- अन्तर्राष्ट्रीय क्रॉनोलॉजी (मासिक) – पी. एम. सी. पब्लिकेशन, भरतपुर
- सामाजिक मुद्दे – डॉ. जी. एल. शर्मा (रावत पब्लिकेशन)

राजस्थान लोक सेवा आयोग, अजमेर

❖ राजस्थान राज्य एवं अधीनस्थ सेवाएँ संयुक्त प्रतियोगी (मुख्य) परीक्षा

मुख्य परीक्षा की योजना एवं पाठ्यक्रम (Scheme and Syllabus of Main Exam)

(क) मुख्य परीक्षा में प्रविष्ट किए जाने वाले अभ्यर्थियों की संख्या, विभिन्न सेवाओं और पदों की उस वर्ष में भरी जाने वाली रिक्तियों (प्रवर्गवार) की कुल अनुमानित संख्या का 15 गुणा होगी, किन्तु उक्त रेंज में उन समस्त अभ्यर्थियों को, जिन्होंने अंकों का वही प्रतिशत प्राप्त किया है, जैसा आयोग द्वारा किसी निम्नतर रेंज के लिए नियत किया गया था, मुख्य परीक्षा में प्रवेश दिया जाएगा।

(ख) लिखित परीक्षा में निम्नलिखित चार प्रश्न–पत्र होंगे जो वर्णनात्मक/विश्लेषणात्मक होंगे। अभ्यर्थी को नीचे सूचीबद्ध समस्त प्रश्नपत्र देने होंगे जिनमें संक्षिप्त, मध्यम, दीर्घ उत्तर वाले और वर्णनात्मक प्रकार के प्रश्नों वाले प्रश्नपत्र भी होंगे। सामान्य हिन्दी और सामान्य अंग्रेजी का स्तरमान सीनियर सैकेण्डरी स्तर का होगा। प्रत्येक प्रश्न–पत्र के लिए अनुज्ञात समय 3 घण्टे होगा।

प्रश्न पत्र	प्रश्न पत्र विषय	अधिकतम अंक	अवधि
1	सामान्य अध्ययन–I	200	3 घंटे
2	सामान्य अध्ययन– II	200	3 घंटे
3	सामान्य अध्ययन– III	200	3 घंटे
4	सामान्य हिन्दी एवं सामान्य अंग्रेजी	200	3 घंटे

प्रश्न-पत्र-I

सामान्य ज्ञान एवं सामान्य अध्ययन
(General Knowledge and General Studies)

इकाई 1 - इतिहास (History)

खंड 'अ' – राजस्थान का इतिहास, कला, संस्कृति, साहित्य परम्परा और धरोहर
Part A - History, Art, Culture, Literature, Tradition and Heritage of Rajasthan)

- प्रागैतिहासिक काल से 18 वीं शताब्दी के अवसान तक राजस्थान के इतिहास के प्रमुख सोपान, महत्वपूर्ण राजवंश, उनकी प्रशासनिक एवं राजस्व व्यवस्था।
- **19वीं – 20वीं शताब्दी की प्रमुख घटनाएं** : किसान एवं जनजाति आन्दोलन, राजनीतिक जागृति, स्वतन्त्रता संग्राम और एकीकरण।
- **राजस्थान की धरोहर** : प्रदर्शन व ललित कलाएं, हस्तशिल्प व वास्तुशिल्प, मेले, पर्व, लोक संगीत व लोक नृत्य।
- राजस्थानी साहित्य की महत्वपूर्ण कृतियाँ एवं राजस्थान की बोलियाँ।
- राजस्थान के संत, लोक देवता एवं महत्वपूर्ण विभूतियाँ।

इस भाग की तैयारी के लिए निम्न पुस्तकों (Source Books) की सहायता ली जा सकती है–

- राजस्थान का सांस्कृतिक इतिहास – डॉ. गोपीनाथ शर्मा (राजस्थान हिन्दी ग्रन्थ अकादमी)
- राजस्थान कला एवं संस्कृति – डॉ. एल. आर. भल्ला
- राजस्थान सुजस संचय – प्रकाशन विभाग राजस्थान सरकार
- राजस्थान पत्रिका ईयर बुक
- राजस्थान अध्ययन – माध्यमिक शिक्षा बोर्ड अजमेर (कक्षा – 9, 10, 11 एवं 12)
- राजस्थान आज तक – डॉ. दिनेश शर्मा एवं पुष्पा शर्मा (आचमन प्रकाशन, अजमेर)
- राजस्थान धरोहर – कुंवर कनक सिंह राव (पी. सी. पी.)
- राजस्थान कला एवं संस्कृति – जय सिंह नीरज
- राजस्थान भाषा साहित्य एवं संस्कृति – हर्षदान हर्ष (आशीर्वाद पब्लिकेशन)
- राजस्थान का स्वतंत्रता संग्राम – बी. एल. पनाडिया (हिन्दी ग्रन्थ अकादमी)

अंग्रेजी माध्यम की पुस्तकें (English Medium Books)

- Rajasthan Adhyayan – Part I to IV (RBSE, Ajmer)
- Contemporary Rajasthan – Dr L. R. Bhalla
- PCP Encyclopaedia of Rajasthan
- Rajasthan History and Culture – Prof. K. G. Sharma (Rajasthan University)
- Rajasthan Aajtak – Dr. Dinesh Sharma (Achaman Parkashan, Ajmer)

खंड 'ब' – भारतीय इतिहास एवं संस्कृति (Indian History & Culture)

- भारतीय धरोहर : सिन्धु सभ्यता से लेकर ब्रिटिश काल तक के भारत की ललित कलाएँ, प्रदर्शन कलाएँ, वास्तु परम्परा एवं साहित्य।
- प्राचीन एवं मध्यकालीन भारत के धार्मिक आन्दोलन और धर्म दर्शन।
- 19वीं शताब्दी के प्रारम्भ से 1965 ईस्वी तक आधुनिक भारत का इतिहास : महत्वपूर्ण घटनाक्रम, व्यक्तित्व और मुद्दे।
- भारत का राष्ट्रीय आन्दोलन – इसके विभिन्न चरण व धाराएं, प्रमुख योगदानकर्ता और देश के भिन्न–भिन्न भागों से योगदान।
- 19वीं – 20वीं शताब्दी में सामाजिक – धार्मिक सुधार आन्दोलन।

- स्वातंत्र्योत्तर सुदृढीकरण और पुनर्गठन – देशी रियासतों का विलय तथा राज्यों का भाषायी आधार पर पुनर्गठन।

इस भाग की तैयारी के लिए निम्न पुस्तकों (Source Books) की सहायता ली जा सकती है–

- आधुनिक भारत का इतिहास – बी. एल. ग्रोवर एवं विपिन चन्द्र
- NCERT की पुस्तकें
- प्राचीन भारत का इतिहास – झा एवं श्रीमाली
- प्रतियोगिता दर्पण का अतिरिक्तांक (इतिहास)
- भारतीय संस्कृति – पुष्पा बिष्ट सिन्हा

अंग्रेजी माध्यम की पुस्तकें (English Medium Books)

- Ancient History – R. S. Sharma (NCERT)
- Medieval History – Satish Chandra (NCERT)
- Modern History – Vipin Chandra (NCERT)
- Indian Art and Culture – Nitin Singhania
- India After Gandhi – Ramchandra Guha
- India History and Culture – IAS Refresher Series (Ascent Book Company)

खंड 'स' – आधुनिक विश्व का इतिहास (1950 ईस्वी तक)
(History of Modern World, up to 1950 AD)

- पुनर्जागरण व धर्म सुधार।
- प्रबोधन व औद्योगिक क्रांति।
- एशिया व अफ्रीका में साम्राज्यवाद और उपनिवेशवाद।
- विश्व युद्धों का प्रभाव।

इस भाग की तैयारी के लिए निम्न पुस्तकों (Source Books) की सहायता ली जा सकती है–

- एन.सी.ई.आर.टी बुक – विश्व इतिहास
- विश्व का इतिहास – जैन एवं माथुर
- World History – B. V. Rao

इकाई 2 – अर्थव्यवस्था (Economics)

खण्ड 'अ' – भारतीय अर्थव्यवस्था (Indian Economy)

- **अर्थव्यवस्था के प्रमुख क्षेत्र** : कृषि, उद्योग और सेवा – वर्तमान स्थिति, मुद्दे एवं पहल
- **बैंकिंग** : मुद्रा–पूर्ति और उच्चाधिकार प्राप्त मुद्रा की अवधारणा, केन्द्रीय बैंक एवं वाणिज्य बैंकों की भूमिका एवं कार्यप्रणाली, अनर्जक परिसंपत्ति, वित्तीय समावेशन, मौद्रिक नीति – अवधारणा, उद्देश्य और साधन।
- **लोक वित्त** : भारत में कर सुधार प्रत्यक्ष एवं अप्रत्यक्ष कर, परिदान, नकद हस्तांतरण और अन्य संबंधित मुद्दे, भारत की वर्तमान राजकोषीय नीति।
- **भारतीय अर्थव्यवस्था में हाल के रुझान** : विदेशी पूंजी की भूमिका, बहुराष्ट्रीय कंपनियां, सार्वजनिक वितरण प्रणाली, प्रत्यक्ष विदेशी निवेश, निर्यात–आयात नीति, 12वाँ वित्त आयोग, गरीबी उन्मूलन योजनाएं।

इस भाग की तैयारी के लिए निम्न पुस्तकों (Source Books) की सहायता ली जा सकती है–

- भारतीय अर्थव्यवस्था – प्रो. लक्ष्मी नारायण नाथूरामका
- भारतीय अर्थव्यवस्था (Indian Economy) – रमेश सिंह (मैक्ग्रा हिल प्रकाशन) (हिन्दी एवं अंग्रेजी माध्यम)
- NCERT की पुस्तकें
- आर्थिक समीक्षा भारत (Economic Survey India)
- केन्द्रीय बजट (Central Budget)
- भारतीय अर्थशास्त्र – उपेन्द्र अनमोल (सी.ए.एल. पब्लिकेशन)

खण्ड 'ब' – वैश्विक अर्थव्यवस्था (World Economy)

- वैश्विक आर्थिक मुद्दे और प्रवृत्तियाँ : विश्व बैंक, अंतर्राष्ट्रीय मुद्रा कोष और विश्व व्यापार संगठन की भूमिका।
- विकासशील, उभरते और विकसित देशों की संकल्पना।
- वैश्विक परिदृश्य में भारत।

इस भाग की तैयारी के लिए निम्न पुस्तकों (Source Books) की सहायता ली जा सकती है–

- NCERT की पुस्तकें

- प्रतियोगिता दर्पण अर्थव्यवस्था विशेषांक
- सामाजिक मुद्दे – डॉ. जी. एल. शर्मा (रावत पब्लिकेशन)

खण्ड 'स' – राजस्थान की अर्थव्यवस्था (Economy of Rajasthan)

- राजस्थान के विशेष संदर्भ में कृषि, बागवानी, डेयरी और पशुपालन।
- औद्योगिक क्षेत्र – संवृद्धि और हाल के रुझान।
- राजस्थान के विशेष संदर्भ में संवृद्धि, विकास और आयोजना।
- राजस्थान के सेवा क्षेत्र में वर्तमान में हुए विकास एवं मुद्दे।
- राजस्थान की प्रमुख विकास परियोजनाएं – उनके उद्देश्य और प्रभाव।
- राजस्थान में आर्थिक परिवर्तन के लिए सार्वजनिक निजी भागीदारी मॉडल।
- राज्य का जनांकिकी परिदृश्य और राजस्थान की अर्थव्यवस्था पर इसका प्रभाव।

इस भाग की तैयारी के लिए निम्न पुस्तकों (Source Books) की सहायता ली जा सकती है–

- राजस्थान की अर्थव्यवस्था – प्रो. लक्ष्मीनारायण नाथूरामका (हिन्दी एवं अंग्रेजी दोनों माध्यम)
- राजस्थान आर्थिक समीक्षा (प्रकाशन विभाग, राजस्थान सरकार) (हिन्दी एवं अंग्रेजी दोनों माध्यम)

इकाई 3. समाजशास्त्र, प्रबंधन एवं व्यावसायिक प्रशासन (Sociology, Management & Business Administration)

खण्ड 'अ' – समाजशास्त्र (Sociology)

- भारत में समाजशास्त्रीय विचारों का विकास
- सामाजिक मूल्य
- जाति वर्ग और व्यवसाय
- संस्कृतिकरण
- वर्ण, आश्रम, पुरुषार्थ एवं संस्कार व्यवस्था
- धर्मनिरपेक्षता
- मुद्दे एवं सामाजिक समस्याएं
- राजस्थान के जनजातीय समुदाय – भील, मीणा एवं गरासिया

इस भाग की तैयारी के लिए निम्न पुस्तकों (Source Books) की सहायता ली जा सकती है–

- NCERT की पुस्तकें (11वीं और 12वीं)
- समाजशास्त्र – डी. डी. शर्मा एवं एम. एल. गुप्ता (साहित्य भवन आगरा)
- समाजशास्त्र (आर.ए.एस. मुख्य परीक्षा हेतु) – डॉ. जी. एल. शर्मा (च्यवन प्रकाशन)
- भारतीय समाज – श्यामाचरण दुबे

खण्ड 'ब' – प्रबंधन (Management)

- प्रबंधन – क्षेत्र, अवधारणा, प्रबंधन के कार्य – योजना, आयोजन, स्टाफ, निर्देशन, समन्वय और नियंत्रण, निर्णय लेना : अवधारणा, प्रक्रिया और तकनीक।
- विपणन की आधुनिक अवधारणा, विपणन मिश्रण – उत्पाद, मूल्य, स्थान और संवर्धन।
- धन के अधिकतम करण की अवधारणा एवं उद्देश्य वित्त के स्त्रोत – छोटी और लंबी अवधि पूंजी संरचना, पूंजी की लागत।
- नेतृत्व और प्रेरणा की अवधारणा और मुख्य सिद्धांत, संचार प्रक्रिया, भर्ती, चयन, प्रेरणा, प्रशिक्षण एवं विकास और मूल्यांकन प्रणाली के मूल सिद्धांत।

इस भाग की तैयारी के लिए निम्न पुस्तकों (Source Books) की सहायता ली जा सकती है–

- NCERT की पुस्तकें
- प्रबंधन – पी.डी. शर्मा
- प्रबधंन – सुरेन्द्र कटारिया
- लोक प्रशासन एवं प्रबंधन – राजकुमार कस्वां (RAS)

खण्ड 'स' – लेखांकन एवं अंकेक्षण (Accounting & Auditing)

- वित्तीय विवरण विश्लेषण की तकनीक, कार्यशील पूंजी प्रबंधन के मूल सिद्धांत, जवाबदेही और सामाजिक लेखांकन।
- अंकेक्षण का अर्थ एवं उद्देश्य, आंतरिक नियंत्रण, सामाजिक, प्रदर्शन और कार्यकुशलता अंकेक्षण।
- विभिन्न प्रकार के बजट एवं उनके मूल सिद्धांत, बजटीय नियंत्रण।

इस भाग की तैयारी के लिए निम्न पुस्तकों (Source Books) की सहायता ली जा सकती है–

- व्यावसायिक अर्थशास्त्र – डॉ. मुकेश माथुर (राजस्थान हिन्दी ग्रन्थ अकादमी)
- लेखांकन एवं अंकेक्षण NCERT कॉमर्स कक्षा – 12 की पुस्तकें।
- Accounting and Auditing (NCERT) Class – 12th
- Fundamentals of Accounting and Auditing – M. C. Shukla (ICSI)

प्रश्न-पत्र-II

इकाई 1. प्रशासकीय नीतिशास्त्र (Administrative Ethics)

- **नीतिशास्त्र एवं मानवीय मूल्य**–महापुरुषों, समाज सुधारकों तथा प्रशासकों के जीवन से प्राप्त शिक्षा। परिवार, सामाजिक एवं शैक्षणिक संस्थाओं का मानवीय मूल्यों के पोषण में योगदान।
- **नैतिक समप्रत्यय**–ऋत एवं ऋण, कर्तव्य की अवधारणा, शुभ एवं सद्गुण।
- **निजी एवं सार्वजनिक संबंधों में नीतिशास्त्र की भूमिका**–प्रशासकों का आचरण, मूल्य एवं राजनैतिक अभिवृत्ति – सत्यनिष्ठा का दार्शनिक आधार।
- भगवद् गीता का नीतिशास्त्र एवं प्रशासन में इसकी भूमिका।
- गांधी का नीतिशास्त्र।
- भारतीय एवं विश्व के नैतिक चिंतकों एवं दार्शनिकों का योगदान।
- तनाव प्रबंधन।
- उपरोक्त विषयों पर आधारित केस अध्ययन।
- **संवेगात्मक बुद्धि**–अवधारणाएं एवं उनकी उपयोगिताएं।

इस भाग की तैयारी के लिए निम्न पुस्तकों (Source Books) की सहायता ली जा सकती है–

- NCERT की पुस्तकें
- प्रशासकीय नीतिशास्त्र – पी. डी. शर्मा (रावत प्रकाशन)
- Administrative Ethics – P.D. Sharma (Rawat)
- नीतिशास्त्र के मूल सिद्धांत – वी.पी. वर्मा
- Ethics, Integrity & Aptitude –Arihant
- EQ at Work – Dr. Dalip Singh (Sage)

इकाई 2. सामान्य विज्ञान एवं प्रौद्योगिकी
(General Science & Technology)

- नैनो तकनीकी – संकल्पना तथा उसके अनुप्रयोग, भारत का नैनो मिशन
- नाभिकीय तकनीकी – आधारभूत संकल्पना, रेडियो ऐक्टिवता तथा उसके अनुप्रयोग, विभिन्न प्रकार के नाभिकीय रियक्टर, असैन्य तथा सैन्य उपयोग, भारत में नाभिकीय तकनीकी विकास के लिए संस्थागत संरचना।
- दूरसंचार – आधारभूत संकल्पना, आमजन के सामाजिक–आर्थिक विकास के लिए दूरसंचार का अनुप्रयोग, भारतीय दूरसंचार उद्योग – संक्षिप्त इतिहास सहित, भारतीय दूरसंचार नीति तथा टेलीकॉम रेग्यूलेटरी अथॉरिटी ऑफ इण्डिया।
- विद्युत चुम्बकीय तरंगें, संचार व्यवस्था, कम्प्यूटर के आधारभूत तत्व, प्रशासन में सूचना तकनीकी, ई–गवर्नेंस, ई–वाणिज्य (ई–कॉमर्स) का उपयोग।
- रक्षा – भारतीय मिसाइल कार्यक्रम के संदर्भ में मिसाइल के प्रकार, विभिन्न रासायनिक और जैविक हथियार, DRDO की विभिन्न क्षेत्रों (हथियार के अतिरिक्त) में भूमिका।
- द्रव्य की अवस्थाएँ।
- कार्बन के अपररूप।
- pH मापक्रम तथा pH का दैनिक जीवन में महत्व।
- संक्षारण तथा उसका निवारण।
- उत्प्रेरक।
- साबुन और अपमार्जक – साबुन की शोधन क्रिया।

इस भाग की तैयारी के लिए निम्न पुस्तकों (Source Books) की सहायता ली जा सकती है–

- NCERT की पुस्तकें
- विज्ञान एवं प्रौद्योगिकी – उपेन्द्र अनमोल (सी.ए.एल. पब्लिकेशन)
- विज्ञान एवं प्रौद्योगिकी – स्पैक्ट्रम तथा विवास पेनोरमा
- सामान्य विज्ञान – शीलवन्त सिंह
- मंथन का अतिरिक्तांक
- भारत 2018 (संदर्भ ग्रन्थ) प्रकाशन विभाग भारत सरकार

इकाई 3. पृथ्वी विज्ञान (भूगोल एवं भू-विज्ञान)
(Earth Science - Geography & Geology)

खण्ड 'अ' – विश्व (World)

- प्रमुख भौतिक भू–आकृतियाँ : पर्वत, पठार, मैदान, झीलें एवं हिमनद
- भूकंप एवं ज्वालामुखी : प्रकार, वितरण एवं उनका प्रभाव
- पृथ्वी एवं भूवैज्ञानिक समय सारिणी
- समसमायिक भू–राजनीतिक समस्याएं

खण्ड 'ब' – भारत (India)

- प्रमुख भौतिक : पर्वत, पठार, मैदान, झीलें एवं हिमनद
- भारत के प्रमुख भू–आकृतिक प्रदेश
- जलवायु : मानसून की उत्पत्ति, ऋतुओं के अनुसार जलवायु दशाएं, वर्षा का वितरण एवं जलवायु प्रदेश।
- प्राकृतिक संसाधन : (क) जल, वन एवं मृदा संसाधन
  (ख) शैल एवं खनिज– प्रकार एवं उनका उपयोग
- जनसंख्या : वृद्धि, वितरण, घनत्व, लिंगानुपात, साक्षरता, नगरीय एवं ग्रामीण जनसंख्या

खण्ड 'स' – राजस्थान (Rajasthan)

- प्रमुख भौतिक भू–आकृतियाँ : पर्वत, पठार, मैदान, नदियाँ एवं झीलें
- प्रमुख भू–आकृतिक प्रदेश
- प्राकृतिक वनस्पति एवं जलवायु
- पशुपालन, जंगली जीव–जन्तु एवं उनका संरक्षण
- कृषि–प्रमुख फसलें
- **खनिज संसाधन** – (क) धात्विक खनिज : प्रकार, वितरण एवं उनका औद्योगिक उपयोग
  (ख) अधात्विक खनिज : प्रकार, वितरण एवं उनका औद्योगिक उपयोग
- ऊर्जा संसाधन : परम्परागत एवं गैर–परम्परागत स्रोत
- जनसंख्या एवं जनजातियाँ

इस भाग की तैयारी के लिए निम्न पुस्तकों (Source Books) की सहायता ली जा सकती है–

- NCERT की पुस्तकें
- भारत का भूगोल – डॉ. डी.आर. खुल्लर
- भूगोल – सिविल सेवा हेतु – महेश वर्णवाल
- भूगोल – सविन्दर सिंह
- राजस्थान का भूगोल – हरिमोहन सक्सेना
- राजस्थान का भूगोल – डॉ. एल. आर. भल्ला

प्रश्न-पत्र-III

सामान्य ज्ञान एवं सामान्य अध्ययन
(General Knowledge and General Studies)

इकाई 1. भारतीय राजनीतिक व्यवस्था, विश्व राजनीति एवं समसामयिक मामले (Indian Political System, World Politics and Current Affairs)

- **भारतीय संविधान** : निर्माण, विशेषताएँ, संशोधन, मूल ढाँचा
- **वैचारिक सत्व** : उद्देशिका, मूल अधिकार, राज्य नीति के निदेशक तत्व, मूल कर्तव्य
- **संस्थात्मक ढाँचा**–I : संसदीय प्रणाली, राष्ट्रपति, प्रधानमंत्री एवं मंत्री परिषद्, संसद
- **संस्थात्मक ढाँचा**–II : संघवाद, केन्द्र–राज्य संबंध, उच्चतम न्यायालय, उच्च न्यायालय, न्यायिक पुनरावलोकन, न्यायिक सक्रियता।
- **संस्थात्मक ढाँचा**–III : भारत निर्वाचन आयोग, नियंत्रक एवं महालेखा परीक्षक, संघ लोक सेवा आयोग, नीति आयोग, केन्द्रीय सतर्कता आयोग, केन्द्रीय सूचना आयोग, राष्ट्रीय मानव अधिकार आयोग
- **राजनीतिक गत्यात्मकताएँ** : भारतीय राजनीति में जाति, धर्म, वर्ग, नृजातीयता, भाषा एवं लिंग की भूमिका, राजनीतिक दल एवं मतदान व्यवहार, नागरिक समाज एवं राजनीतिक आंदोलन, राष्ट्रीय अखंडता एवं सुरक्षा से जुड़े मुद्दे, सामाजिक–राजनीतिक संघर्ष के संभावित क्षेत्र।
- **राजस्थान की राज्य–राजनीति** : दलीय प्रणाली, राजनीतिक जनांकिकी, राजस्थान में राजनीतिक प्रतिस्पर्द्धा के विभिन्न चरण, पंचायती राज एवं नगरीय स्वशासन संस्थाएँ।

- शीत युद्धोत्तर दौर में उदीयमान विश्व–व्यवस्था, संयुक्त राज्य अमेरिका का वर्चस्व एवं इसका प्रतिरोध, संयुक्त राष्ट्र एवं क्षेत्रीय संगठन, अंतर्राष्ट्रीय आतंकवाद एवं पर्यावरणीय मुद्दे।
- भारत की विदेश नीति : उद्विकास, निर्धारक तत्व, संयुक्त राज्य अमेरिका, चीन, रूस एवं यूरोपीय संघ के साथ भारत के संबंध, संयुक्त राष्ट्र, गुट निरपेक्ष आंदोलन, ब्रिक्स, जी– 20, जी–77 एवं सार्क में भारत की भूमिका।
- दक्षिण एशिया, दक्षिण–पूर्व एशिया एवं पश्चिम एशिया में भू–राजनीतिक एवं रणनीतिक विकास तथा उनका भारत पर प्रभाव।
- समसामयिक मामले : राजस्थान, राष्ट्रीय एवं अंतर्राष्ट्रीय महत्व की समसामयिक घटनाएं, व्यक्ति एवं स्थान, खेलकूद से जुड़ी हाल की गतिविधियाँ।

इस भाग की तैयारी के लिए निम्न पुस्तकों (Source Books) की सहायता ली जा सकती है–

- NCERT की पुस्तकें
- भारतीय राजनीतिक व्यवस्था – बी. एल. फड़िया
- भारतीय राजव्यवस्था – के. लक्ष्मीकांत (मैक्ग्रा हिल प्रकाशन), हिन्दी एवं अंग्रेजी माध्यम
- अन्तर्राष्ट्रीय सम्बंध – पुष्पेष पंत
- सामाजिक मुद्दे – डॉ. जी. एल. शर्मा (आर.ए.एस.), रावत पब्लिकेशन
- लोक प्रशासन एवं प्रबंधन – राजकुमार कस्वां (आर.ए.एस.)
- लोक प्रशासन – पी. डी. शर्मा
- प्रबंधन एवं नीतिशास्त्र – पी. डी. शर्मा (हिन्दी एवं अंग्रेजी माध्यम)
- आन्तरिक सुरक्षा – अशोक कुमार एवं विपुल (टाटा मैक्ग्रा हिल)
- प्रतियोगिता दर्पण (मासिक) (PD – Monthly) – (हिन्दी एवं अंग्रेजी माध्यम)
- दृष्टि (The Vision) (मासिक) – (हिन्दी एवं अंग्रेजी माध्यम)
- अन्तर्राष्ट्रीय क्रॉनोलॉजी (मासिक) – पी. एम. सी. पब्लिकेशन, भरतपुर

इकाई 2. लोक प्रशासन एवं प्रबंधन की अवधारणाएँ, मुद्दे एवं गत्यात्मकता (Concepts, Issues and Dynamics of Public Administration and Management)

- **प्रशासन एवं प्रबंध** – अर्थ, प्रकृति एवं महत्व, विकसित एवं विकासशील समाजों में लोक प्रशासन की भूमिका, एक विषय के रूप में लोक प्रशासन का विकास, नवीन लोक प्रशासन, लोक प्रशासन के सिद्धांत।

- **अवधारणाएँ** – शक्ति, सत्ता, वैधता, उत्तरदायित्व एवं प्रत्यायोजन।
- **संगठन के सिद्धांत** – पदसोपान, नियंत्रण का क्षेत्र एवं आदेश की एकता।
- **प्रबंधन के कार्य** – निगमित शासन एवं सामाजिक उत्तरदायित्व।
- **लोक प्रबंधन के नवीन आयाम** – परिवर्तन का प्रबंधन
- **लोक सेवा के आधारभूत मूल्य एवं अभिवृत्ति** – लोक सेवा सत्यनिष्ठा, निष्पक्षता, गैर–पक्षधरता एवं समर्पण, सामान्य एवं विशेषज्ञ संबंध।
- **प्रशासन पर विधायी एवं न्यायिक नियंत्रण** – विधायी एवं न्यायिक नियंत्रण की विभिन्न पद्धतियाँ एवं तकनीक।
- **राजस्थान में प्रशासनिक ढाँचा एवं प्रशासनिक संस्कृति** – राज्यपाल, मुख्यमंत्री, मंत्रिपरिषद्, राज्य सचिवालय एवं मुख्य सचिव।
- **जिला प्रशासन** – संगठन, जिलाधीश एवं पुलिस अधीक्षक की भूमिका, उपखण्ड एवं तहसील प्रशासन।
- **प्रशासनिक विकास** – अर्थ, क्षेत्र एवं विशेषताएँ
- राज्य मानवाधिकार आयोग, राज्य निर्वाचन आयोग, राज्य वित्त आयोग, लोकायुक्त, राजस्थान लोक सेवा आयोग एवं राजस्थान लोक सेवा अधिनियम, 2011।

इस भाग की तैयारी के लिए निम्न पुस्तकों (Source Books) की सहायता ली जा सकती है–

- लोक प्रशासन – प्रो. सुरेन्द्र कटारिया
- प्रबंधन – प्रो. एस. पी. माथुर (राजस्थान हिन्दी ग्रन्थ अकादमी)
- संगठनात्मक व्यवहार – डॉ. पी.सी. जैन (राजस्थान हिन्दी ग्रन्थ अकादमी)

इकाई 3. खेल एवं योग, व्यवहार एवं विधि

खण्ड 'अ' – खेल एवं योग

- भारत में खेलों की नीतियां।
- राजस्थान राज्य क्रीड़ा परिषद्।
- राष्ट्रीय खेल पुरस्कार (अर्जुन पुरस्कार, द्रोणाचार्य पुरस्कार, राजीव गांधी खेल रत्न पुरस्कार, महाराणा प्रताप पुरस्कार इत्यादि)
- सकारात्मक जीवन पद्धति – योग।
- भारत के श्रेष्ठ खिलाड़ी।

- खेलों में प्राथमिक उपचार।
- भारतीय खिलाड़ियों की ओलम्पिक में भागीदारी एवं पैरा–ओलम्पिक खेल।

इस भाग की तैयारी के लिए निम्न पुस्तकों (Source Books) की सहायता ली जा सकती है–

- योग – स्वस्थ जीवन की राह (एन. सी. ई. आर. टी.)
- स्वास्थ्य एवं शारीरिक शिक्षा (एन. सी. ई. आर. टी.)
- Yoga – A Healthy way of living (NCERT)
- Health and Physical Education (NCERT)

खण्ड 'ब' – व्यवहार (Behaviour)

- **बुद्धि** : संज्ञानात्मक बुद्धि, सामाजिक बुद्धि, संवेगात्मक बुद्धि, सांस्कृतिक बुद्धि और हॉवर्ड गार्डनर के विविध बुद्धि सिद्वान्त।
- **व्यक्तित्व** : मनोविश्लेषण सिद्वान्त, शीलगुण व प्रकार सिद्वान्त, व्यक्तित्व निर्धारण के कारक और व्यक्तित्व मापन विधियाँ।
- **अधिगम और अभिप्रेरणा** : अधिगम की शैलियां, स्मृति के मॉडल और विस्मृति के कारण, अभिप्रेरणा का वर्गीकरण व प्रकार, कार्य अभिप्रेरणा के सिद्वान्त और अभिप्रेरणा का मापन
- **जीवन की चुनौतियों का सामना करना** : तनाव– प्रकृति, प्रकार, कारण, लक्षण, प्रभाव, तनाव प्रबंधन और सकारात्मक स्वास्थ्य का प्रोत्साहन।

इस भाग की तैयारी के लिए निम्न पुस्तकों (Source Books) की सहायता ली जा सकती है–

- NCERT की पुस्तकें
- शिक्षा मनोविज्ञान – पी. डी. पाठक
- आधुनिक मनोविज्ञान – अरुण कुमार सिंह (भारती भवन)
- Introduction to Psychology – Morgan and King (MGH)

खण्ड 'स' : विधि (Law)

- विधि की अवधारणा – स्वामित्व एवं कब्जा, व्यक्तित्व, दायित्व, अधिकार एवं कर्तव्य।
- वर्तमान विधिक मुद्दे – सूचना का अधिकार, सूचना प्रौद्योगिकी विधि साइबर अपराध सहित (अवधारणा, उद्देश्य, प्रत्याशाएं), बौद्धिक सम्पदा अधिकार (अवधारणा, प्रकार एवं उद्देश्य)।

- स्त्रियों एवं बालकों के विरुद्ध अपराध – घरेलू हिंसा, कार्यस्थल पर यौन उत्पीड़न, लैंगिक अपराधों से बालकों का संरक्षण अधिनियम, 2012, बाल श्रमिकों से संबंधित विधि।
- **राजस्थान में महत्वपूर्ण भूमि विधियां–**
  (क) राजस्थान भू–राजस्व अधिनियम, 1956
  (ख) राजस्थान काश्तकारी अधिनियम, 1955

इस भाग की तैयारी के लिए निम्न पुस्तकों (Source Books) की सहायता ली जा सकती है–

- विधिशास्त्र एवं विधि सिद्धांत – डॉ. विजय नारायण मणि त्रिपाठी
- सामाजिक मुद्दे – डॉ. जी. एल. शर्मा (आर.ए.एस.), रावत पब्लिकेशन
- बौद्धिक संपदा अधिकार विधि (IPR) – डॉ. एम. के. भण्डारी (सेन्ट्रल लॉ पब्लिकेशन) (हिन्दी एवं अंग्रेजी माध्यम)
- Rajasthan Tenancy Act, 1955 (Diglot Bare Act)
- Rajasthan Land Revenue Act, 1956 (Diglot Bare Act)
- Jurisprudence and Legal Theory – Dr. N.V. Paranjape
- Cyber Law and Cyber Crimes Simplified – Adv. Prashant Mali
- Law Relating to Intellectual Property Rights – V.K. Ahuja

प्रश्न-पत्र-IV

सामान्य हिन्दी एवं सामान्य अंग्रेजी
(General Hindi and General Englih)

सामान्य हिन्दी

इकाई 1. सामान्य हिन्दी : कुल अंक 120, इस प्रश्न पत्र का उद्देश्य अभ्यर्थी की भाषा–विषयक क्षमता तथा उसके विचारों की सही, स्पष्ट एवं प्रभावपूर्ण अभिव्यक्ति की परख करना है।

भाग 'अ'

(अंक 50)

- **संधि एवं संधि–विच्छेद** – दिए हुए शब्दों की संधि करना और संधि–विच्छेद करना
- **उपसर्ग** – सामान्य ज्ञान, उपसर्गों से शब्दों की संरचना तथा शब्दों में से उपसर्ग एवं शब्द पृथक् करना

- **प्रत्यय** – सामान्य ज्ञान, दिए हुए प्रत्ययों से शब्द बनाना और शब्दों में से शब्द एवं प्रत्यय पृथक् करना
- पर्यायवाची शब्द
- विलोम शब्द
- समश्रुत भिन्नार्थक शब्द–दिए हुए शब्द–युग्म का अर्थ–भेद
- वाक्यांश के लिए सार्थक शब्द
- शब्द शुद्धि
- वाक्य शुद्धि
- मुहावरे – मुहावरों का वाक्य में सटीक प्रयोग
- कहावत/लोकोक्ति – केवल भावार्थ
- पारिभाषिक शब्दावली – प्रशासन से संबंधित अंग्रेजी शब्दों के समानार्थ हिन्दी पारिभाषिक शब्द

भाग 'ब'

(अंक 50)

- **संक्षिप्तीकरण** – गद्यावतरण का उचित शीर्षक एवं लगभग एक–तिहाई शब्दों में संक्षिप्तीकरण (गद्यावतरण की शब्द सीमा लगभग 100 शब्द)
- **पल्लवन** – किसी सूक्ति, काव्य पंक्ति, प्रसिद्ध कथन आदि का भाव विस्तार (शब्द सीमा–लगभग 100 शब्द)
- **पत्र–लेखन** – सामान्य कार्यालयी पत्र, कार्यालय आदेश, अर्द्धशासकीय पत्र, अनुस्मारक
- **प्रारूप–लेखन** – अधिसूचना, निविदा, परिपत्र, विज्ञप्ति
- **अनुवाद** – दिए हुए अंग्रेजी अनुच्छेद का हिंदी में अनुवाद। (शब्द सीमा–लगभग 75 शब्द)

भाग 'स'

(अंक 20)

- किसी सामयिक एवं अन्य विषय पर निबंध लेखन (शब्द सीमा लगभग–250 शब्द)

इस भाग की तैयारी के लिए निम्न पुस्तकों (Source Books) की सहायता ली जा सकती है–

- NCERT की पुस्तकें
- सामान्य हिन्दी – डॉ. राघव प्रकाश
- व्यावहारिक हिन्दी – डॉ. इन्दिरा अशोक
- हिन्दी व्याकरण – डॉ. हरदेव बाहरी
- शुद्ध हिन्दी (पॉकेट बुक) – डॉ. हरदेव बाहरी
- हिन्दी निबंध – मंथन विशेषांक
- निबंध दृष्टि – डॉ. विकास दिव्यकीर्ति एवं निशांत जैन
- सामाजिक मुद्दे (निबंध के लिए) – डॉ. जी. एल. शर्मा (रावत पब्लिकेशन)

General English

(Total marks 80)

Part A: Grammar & Usage

(20 Marks)

- Correction of Sentences : 10 sentences for correction with errors related to : Articles & Determiners
- Prepositions
- Tenses & Sequence of Tenses
- Modals
- Voice-Active & Passive
- Narration-Direct & Indirect
- Synonyms & Antonyms
- Phrasal Verbs & Idioms
- One Word Substitute
- Words often Confused or Misused

Part B: Comprehension, Translation & Precis Writing

(30 Marks)

- Comprehension of an Unseen Passage (250 Words Approximately) 05 Questions based on the passage. Question No. 05 should preferably be on vocabulary.
- Translation of five sentences from Hindi to English.
- Precis Writing (a short passage of Approximately 150-200 words)

Part C: Composition & Letter Writing

(30 Marks)

- Paragraph Writing-Any 01 Paragraph out of 03 given topics (approximately 200 words)
- Elaboration of a given theme (Any 1 out of 3, approximately 150 words)
- Letter Writing or Report Writing (approximately 150 words)

इस भाग की तैयारी के लिए निम्न पुस्तकों (Source Books) की सहायता ली जा सकती है।

- General English for RAS – B. K. Rastogi
- English –Arihant Publication
- NCERT Books English Grammar

तैयारी के दौरान सदैव याद रखने वाले टिप्स

इन्हें सप्ताह में एक बार अवश्य दोहरा लें, जिससे आपको अपने सही या गलत ट्रैक का पता चलता रहेगा।

- पाठ्यक्रम (Syllabus) के प्रत्येक बिंदु को ध्यानपूर्वक पूरा पढ़ें।
- मन लगाकर नियमित पढ़ाई करें और समय–समय पर रिवीजन करते रहें।
- अच्छी स्तरीय एवं अच्छे लेखक और अच्छे प्रकाशकों की मानक पुस्तकें पढ़ें।
- स्वमूल्यांकन हेतु मॉक टेस्ट (Mock Test) देते रहें। इससे आपको अपनी असलियत का पता चल जाएगा।
- उत्तर लिखने का अभ्यास नियमित रूप से करें। उत्तर हमेशा स्पष्ट और व्यवस्थित तथा साफ–सुथरा लिखें। यह लिखित परीक्षा में अच्छे स्कोर लाने के लिए आवश्यक है।
- अखबार जरूर पढ़ें, इससे आप करेंट अफेयर्स के लिए अपडेट रहते हो।
- जिस टॉपिक पर कॉन्सेप्ट क्लीयर नहीं हो उस टॉपिक को दोस्तों के साथ डिस्कस करें तथा एक्सपर्ट से मार्गदर्शन जरूर लें। सिविल सेवा परीक्षाओं में अवधारणात्मक स्पष्टता (Conceptual Clarity) का होना अति आवश्यक है।
- आर.ए.एस की तैयारी अन्य तकनीकी या प्रबंधन परीक्षाओं यथा – IIT, CPMT, CAT, GATE, GRE इत्यादि से सरल है। बशर्ते आप पूरे मनोयोग, समर्पण और व्यवस्थित रूप से इसकी तैयारी में जुटे रहे हैं।

- किसी एक विषय या टॉपिक पर एक ही मानक पुस्तक या विश्वसनीय नोट्स या सेल्फ मेड नोट्स पढ़ें। एक ही टॉपिक पर कई सारी किताबें और नोट्स पढ़ने से मस्तिष्क में फिगर मेमोरी नहीं बन पाती और वो मैटर याद नहीं होता तथा परीक्षा के समय आसानी से रि–कॉल नहीं हो पाता है।
- एक विषय/टॉपिक पर दस पुस्तकें एक बार पढ़ने के बजाय एक ही पुस्तक/नोट्स को दस बार पढ़ना बेहतर होगा।
- आपकी लिखित परीक्षा और साक्षात्कार के मार्क्स आर.ए.एस की मैरिट को तय करते हैं। इसलिए लिखित परीक्षा (मेन एक्जाम) की तैयारी स्वयं अभ्यास करते हुए करें।
- जिस प्रकार स्विमिंग पूल में कूदे बिना किताबों से तैरना नहीं सीख सकते, उसी प्रकार बिना स्वयं प्रैक्टिस किए लिखित परीक्षा (15 शब्द, 50 शब्द, 100 शब्द) की सफल तैयारी संभव नहीं है।
- प्रश्नों के उत्तर लिखने के अभ्यास से अभिव्यक्ति की कला का विकास होगा जो अच्छे अंक लाने में निर्णायक भूमिका निभाती है। करत–करत अभ्यास के जड़ मति होत सुजान। रसरी आवत जात के सिल पर पड़त निसान।।
- हैण्ड राइटिंग साफ–सुथरी एवं सुपाठ्य (Legible) होनी चाहिए। उत्तर लिखने में काटा–पीटी नहीं करनी चाहिए। आपकी हैण्ड राइटिंग आपके स्कोर को प्रभावित करती है।
- आर.ए.एस की तैयारी कम्बांइड तौर पर ही की जानी चाहिए। प्री, मेन्स एवं इंटरव्यू की एक साथ तैयारी चलती है। क्योंकि प्री का लगभग पूरा सिलेबस मेन्स में समाहित है और इंटरव्यू में तो कुछ भी पूछा जा सकता है।
- जब आप कोई बहुवैकल्पिक प्रश्न को तैयार करते हैं तो उस प्रश्न का उत्तर 15 शब्दों में, 500 शब्दों में और 100 शब्दों में कैसे लिख सकते हैं, इसकी आउट लाईन्स अवश्य बना लें। यह प्रैक्टिस और आदत आपको मुख्य परीक्षा के उत्तर लेखन में मदद करेगी।
- प्री परीक्षा में बहुवैकल्पिक प्रश्नों के उत्तर देने में दो प्रकार की प्रविधियाँ अपना सकते हैं – 1. सकारात्मक मैथड, 2. नकारात्मक मैथड।
    1. सकारात्मक मैथड के अनुसार सबसे ज्यादा संभावित सही उत्तर तय किया जाता है।
    2. नकारात्मक मैथड से यह कंफर्म किया जाता है कि कौन–से विकल्प सही नहीं हो सकते। ऐसे एक–एक विकल्प को नेगेटिवली एक्जामिन करके सही विकल्प तक पहुँचा जा सकता है।

- मुख्य परीक्षा में प्रश्नों की प्रकृति परिवर्तित होती रहती है। इसलिए प्रश्नों की डिमांड के अनुसार उत्तर लिखना चाहिए तभी अच्छे मार्क्स मिलते हैं।
- उदाहरण के लिए कई प्रश्न अप्रत्यक्ष (Indirect) रूप से पूछे जाते हैं–
    1. व्याख्या कीजिए (Describe)
    2. समझाइए (Explain)
    3. टिप्पणी कीजिए (Comment)
    4. समालोचना कीजिए (Critical Appreciation)
    5. समीक्षा कीजिए (Review or Scrutinise)
    6. विवेचन करें (Interpretation)
    7. सुझाव दीजिए (Suggestions)
    8. परीक्षण कीजिए (Examine)

इनके उत्तर प्रश्न की डिमांड के अनुसार देना चाहिए। परीक्षक फिल इन द ब्लैंक्स चाहता है। इसलिए टू दि पाइंट उत्तर लिखने से ही अच्छा स्कोर मिलता है।

- मुख्य परीक्षा वास्तव में संक्षिप्तीकरण की कला (Art of Summarisation) और वृद्धिकरण की कला (Art of Expansion) का मुशायरा है। इसलिए संक्षिप्तीकरण एवं वृद्धिकरण की कला विकसित कीजिए।
- उत्तर लेखन में शब्द–सीमा (Word Limit) का ध्यान रखा जाना चाहिए। अनावश्यक अधिक लिखना शब्द–सीमा के उल्लंघन के साथ–साथ आपके समय की भी बर्बादी है। इससे आपके पास बड़े प्रश्नों के लिए समय नहीं बच पाता है।
- मुख्य परीक्षा में टाइम–मैनेजमेंट की महत्वपूर्ण भूमिका होती है। इसलिए टू दि पाइंट कंसाइज और अकोर्डिंग टू द डिमांड ऑफ द क्वेश्चन ही लिखना चाहिए। अनावश्यक भूमिका बनाकर लिखने से बचें।
- आप राजस्थान की प्रीमियर एंड टॉप सिविल सेवा आर.ए.एस. की परीक्षा देने जा रहे हैं। अतः आपका प्रजेंटेशन और एटीट्यूड भी उसी स्टैण्डर्ड का होना चाहिए। सकारात्मक दृष्टिकोण (Positive Perception) आपके उत्तरों में झलकना चाहिए।
- मुख्य परीक्षा में कुछ नवाचार युक्त एवं सृजनशील सुझावात्मक बातें (Creative and Suggestive) जरूर लिखें जिससे लगे कि आप में आर.ए.एस. जैसे अधिकारी के गुण ओ.एल.क्यू. (Officer Like Qualities) मौजूद हैं।

- सामान्य ज्ञान एवं समसामयिक मुद्दों पर अप–टू–डेट रहना जरूरी हैं। इसके लिए राष्ट्रीय एवं प्रादेशिक स्तर के न्यूज पेपरों का नियमित अध्ययन आवश्यक रूप से किया जाना चाहिए।
- प्री–परीक्षा के सभी टॉपिक तथा मुख्य परीक्षा के चारों प्रश्न–पत्रों पर बराबर–बराबर ध्यान देना चाहिए। अभ्यर्थी अक्सर चौथा प्रश्न–पत्र (हिन्दी एवं अंग्रेजी) को पर्याप्त समय नहीं देते हैं। भाषा का पेपर नए पैटर्न में महत्वपूर्ण और निर्णायक भूमिका निभाता है। इसलिए हिन्दी और अंग्रेजी की तैयारी भी नियमित रूप से करते रहें।
- तैयारी का समय–समय पर रीविजन आपकी गाह्य शक्ति (Retention Power) बढ़ा देता है। इसलिए वीकली नियमित रीविजन अति आवश्यक है।
- रेग्यूलर रीविजन मनोविज्ञान के सिद्धान्तों पर आधारित है। नियमित समय अन्तराल (दो दिन, सात दिन, 30 दिन) पर किसी चीज का रीविजन हो जाए तो वह हमारी शॉर्ट टर्म मेमोरी से लॉन्ग टर्म मेमोरी में एन्टर कर जाती है और उसके स्थायित्व की तथा शीघ्र रिकॉल की संभावनाएं प्रबल हो जाती हैं।
- एकाग्रता और सुकून महसूस करते हुए पढ़ाई करें। पढ़ाई वाले कमरे में दर्पण न रखें इससे एकाग्रता कम होती है। पढ़ाई करते वक्त पूर्व या उत्तर दिशा में मुँह करके पढ़ें इससे सकारात्मक ऊर्जा प्राप्त होती है। तनाव मुक्त रहने के लिए प्रतिदिन 6 से 8 की घंटे की गहरी नींद (Sound Sleep) जरूर लें। पानी का सेवन खूब करें।
- किसी एक पुस्तक या नोट्स का हम जब नियमित रीविजन करते हैं तो आपको परीक्षा में उस पुस्तक/नोट्स का पेज नम्बर (पृष्ठ) तक, लाइन तक दिखाई दे जाती है। इसे मनोविज्ञान की भाषा में फिगरल मेमोरी (Figural Memory) कहा जाता है।
- सामान्य ज्ञान, विज्ञान एवं भूगोल, नागरिक शास्त्र और भाषा के सभी चारों प्रश्न–पत्रों की मन लगाकर, डूबकर पढ़ाई करें। तैयारी को बोझ नहीं समझकर एन्जॉय करना चाहिए, पूरी तरह डूबकर पढ़ना चाहिए। इससे आपकी अधिगम (Learning) क्षमता और पुनःप्राप्ति क्षमता (रिट्रीव – Retrieve) शार्प रहती है।
- अपने परिवार और साथियों के मोबाइल नम्बर तथा गाड़ी नम्बर इत्यादि याद रखने का अभ्यास करें। इससे मेमोरी शार्प होती है।
- आर.ए.एस. की परीक्षा धैर्य की भी परीक्षा है। धैर्यपूर्वक और निरन्तर लगे रहने से लक्ष्य की प्राप्ति अवश्यंभावी होती है।

आर.ए.एस. टापर्स एक दृष्टि में

क्र.सं.	आर.ए.एस. बैच	नाम	जन्म तिथि	गृह जिला
1.	आर.ए.एस. टॉपर बैच 1989	श्री राकेश कुमार जायसवाल	22/05/1962	कोटा
2.	आर.ए.एस. टॉपर बैच 1991	श्री कन्हैया लाल स्वामी	26/01/1968	चूरू
3.	आर.ए.एस. टॉपर बैच 1992	श्री प्रकाश चन्द शर्मा	05/07/1965	जयपुर
4.	आर.ए.एस. टॉपर बैच 1994	रश्मि शर्मा	08/08/1970	झुंझुनू
5.	आर.ए.एस. टॉपर बैच 1996	अरूण पुरोहित	08/01/1966	जोधपुर
6.	आर.ए.एस. टॉपर बैच 1997	बाबू लाल गोयल	02/01/1970	सीकर
7.	आर.ए.एस. टॉपर बैच 1998	श्री ललित अग्रवाल	14/12/1971	जयपुर
8.	आर.ए.एस. टॉपर बैच 1999	श्री महेन्द्र लोढा	21/07/1966	अजमेर
9.	आर.ए.एस. टॉपर बैच 2001	श्री अनुराग भार्गव	30/09/1978	अलवर
10.	आर.ए.एस. टॉपर बैच 2006	श्री विभू कौशिक	20/02/1975	फरीदाबाद
11.	आर.ए.एस. टॉपर बैच 2007	कृष्णा शुक्ला	05/07/1978	बूंदी
12.	आर.ए.एस. टॉपर बैच 2008	विनय पाठक	16/08/1987	उदयपुर
13.	आर.ए.एस. टॉपर बैच 2010	मनोज कुमार	24/02/1976	अलवर
14.	आर.ए.एस. टॉपर बैच 2012	राधिका देवी	31/12/1986	नागौर
15.	आर.ए.एस. टॉपर बैच 2016	अनिल सिंघल	05/04/1981	भरतपुर
16.	आर.ए.एस. टॉपर बैच 2017	भवानी सिंह चारण	21/04/1992	पाली

क्यों करें आर.ए.एस. की तैयारी?

एक कतरा हूँ, मुझे ऐसी सिफ्त दे मौला।
कोई प्यासा नजर आ जाए तो दरिया हो जाऊँ।।

किसी कवि की उक्त पंक्तियाँ जीवन में कुछ अलग करने को प्रेरित करती हैं। आप वक्त के साँचे में ढलना चाहते हो या वक्त के ढाँचे को बदलने का जज्बा रखते हो। अगर कुछ कर गुजरने की कुव्वत है तो आइए मेरे साथ चलिए..! यह पुस्तक आपके जीवन को बदलने की क्षमता रखती है। बस हमें आपके समर्पण की जरूरत है।

प्रत्येक व्यक्ति अपने जीवन में सार्थकता की तलाश करता है। उसकी कोशिश होती है कि वह अपनी अभिरुचि, प्रतिभा, रुचि और योग्यता के मुताबिक एक बेहतर और अनुकूल कैरियर अपनाकर उसमें अपना यथासंभव योगदान कर सके। ऐसा कैरियर, जहाँ उसके अरमानों को उड़ान भी मिले और अपने काम से संतोष भी; जहाँ उसे यथासंभव पूर्णता और सार्थकता का अहसास भी मिले और एक सम्मानजनक आजीविका भी। प्रत्येक व्यक्ति के भीतर स्वाभाविक तौर पर यह चाह भी होती है कि वह अपने व्यक्तित्व का विकास करते हुए कुछ नया और कुछ अच्छा कर सके। इंसान की यह बड़े सपने देखने की चाहत ही तो है, जो उसे एक दिन उपलब्धि के सर्वोच्च शिखर पर ले जाती है। डॉ. कलाम ने यूँ ही नहीं कहा, "सपने देखो ! सपने विचारों में बदलते हैं और विचार कर्म में।"

जीवन का यह लक्ष्य नहीं है धारा के साथ ही बहना।
धारा के विपरीत चला जो वह महामानव कहलाया।।
परों से तो परिंदे भी भर सकते हैं उड़ानें,
हौसलों से उड़ने वालों ने इतिहास बनाया।।

इसी प्रकार वक्त के ढ़ाँचे को बदलने की ताकत मानव में है और एक सफल प्रशासनिक अधिकारी यह बखूबी कर सकता है–

कुछ लोग वे, जो वक्त के साँचों में ढल गए।
और कुछ लोग वे, जो वक्त के ढाँचे बदल गए।।

हमारे संविधान के अनुच्छेद 51–A (i) के अन्तर्गत मौलिक कर्तव्यों में लिखा है–

"व्यक्तिगत और सामूहिक गतिविधियों के सभी क्षेत्रों में उत्कर्ष की ओर बढ़ने का सतत प्रयास करें, जिससे राष्ट्र निरंतर बढ़ते हुए प्रयत्न और उपलब्धियों की नई ऊँचाइयों को छू ले।"

इस संवैधानिक मौलिक कर्तव्य की मूल भावना यही है कि प्रत्येक नागरिक, चाहे वह किसी भी क्षेत्र में कार्यरत हो, अपने व्यक्तिगत जीवन और सार्वजनिक जीवन दोनों में बेहतरी की कोशिश करे और अपने निरंतर प्रयासों के माध्यम से आगे बढ़ता जाए। राष्ट्र कवि रामधारी सिंह दिनकर ने कुरूक्षेत्र में लिखा है–

जीवन उनका नहीं युधिष्ठिर जो इससे डरते हैं,
यह उनका जो चरण रोप निर्भर होकर लड़ते हैं।
धर्मराज! कर्मठ मनुष्य का पथ संन्यास नहीं है,
मानव जिस पर चलता है वो धरती है आकाश नहीं है।।

संघ लोक सेवा आयोग या राज्य लोक सेवा आयोगों की सिविल सेवा परीक्षाओं को उत्तीर्ण कर सिविल सेवाओं का हिस्सा बनना किसी भी व्यक्ति के लिए जीवन में सार्थकता की तलाश के लिए बेहतर कैरियर चुनने की चाहत का एक बेहतरीन विकल्प हो सकता है। परन्तु सवाल यह है कि जब कुछ अच्छा और नया करने या जीवन को सार्थक बनाने तथा सम्मानजनक आजीविका को अपनाने के ढेर सारे विकल्प हमारे सामने उपलब्ध हैं तो सिविल सेवाओं (आई.ए.एस., आर.ए.एस., आई.पी.एस., आर.पी.एस. आदि) को ही क्यों चुनें? इसमें कोई संदेह नहीं है कि किसी भी क्षेत्र या परीक्षा की तैयारी से पहले इस प्रश्न का ठीक–ठाक जवाब हमारे मन में जरूर होना चाहिए कि हम इस क्षेत्र में क्यों जाना चाहते हैं?

किसी भी क्षेत्र या परीक्षा में बेहतर प्रदर्शन करने के लिए अदम्य इच्छा, लगन, जुनून और जीवटता का होना एक अनिवार्य आवश्यकता है और यह भी स्पष्ट है कि पर्याप्त मोटिवेशन लेवल और उत्साह के बिना सफलता की राह में अभ्यर्थी के ठहरने और भटकने की गुंजाइश भी रहती है, लिहाजा सिविल सेवा परीक्षा की तैयारी से पहले और इसके दौरान ठीक–ठाक अभिप्रेरणा और सकारात्मक सोच की जरूरत है।

भारतीय सिविल सेवाओं को देश का 'स्टील फ्रेम' कहा जाता है, क्योंकि ये देश के संविधान के मूल्यों और विधान के नियमों के मुताबिक देश के आम नागरिक के जीवन से जुड़े लगभग सभी क्षेत्रों ↔ यथा खेती–किसानी, उद्योग, रोजगार, कानून–व्यवस्था, रेल और डाक, सूचना प्रौद्योगिकी, ऊर्जा, विज्ञान, शिक्षा, स्वास्थ्य, भूमि, राजस्व, संस्कृति, वंचित वर्गों का कल्याण आदि में योजनाओं के कार्यान्वयन और समुचित नियमन के माध्यम से बड़े स्तर पर अपना योगदान करती हैं।

आर.ए.एस. जैसी सिविल सेवाओं की एक और बड़ी खासियत है ↔ इसके कार्यक्षेत्र की विविधता। उपर्युक्त विभिन्न क्षेत्रों समेत शायद ही नागरिकों के जीवन का कोई ऐसा पक्ष हो, जहाँ सिविल सेवाएँ योगदान न करती हों। इन तमाम कार्यक्षेत्रों में बेहतर काम कर हम अपनी प्रतिभा व योग्यता का भरपूर उपयोग करते हुए देश समाज के निर्माण में अपनी प्रभावी भूमिका निभा सकते हैं।

प्रशासनिक अधिकारी बनने के पीछे कई महत्वपूर्ण प्रेरक तत्त्व हैं– आत्मसंतोष का भाव और अपने अस्तित्व की पूर्णता के करीब पहुँचने की अनुभूति। क्या आपने कभी उस सुख की कल्पना की है, जब आप किसी गरीब व बेसहारा वृद्धा के जीवन में प्रभावी बदलाव लाकर उसकी रुकी हुई पेंशन दोबारा शुरू करवा सकें; जब लोक सेवा कल्याणकारी योजनाओं के प्रभावी कार्यान्वयन के माध्यम से आप

वचिंत वर्गों, अनुसूचित जाति/जनजाति, पिछड़े वर्गों, अल्पसंख्यकों, विकलांगों, महिलाओं, बच्चों, वरिष्ठ नागरिकों, भूमिहीन किसानों, असंगठित क्षेत्र के मजदूरों और युवाओं के जीवन में सकारात्मक बदलाव ला सकें। इसलिए सिविल सेवाओं को समाज सेवा कहा गया है –

आए हो निभाने को जब किरदार जमीं पर,
तो कुछ ऐसा कर चलो कि जमाना मिसाल दे।

सिविल सेवा में आकर हम उस अंतिम व्यक्ति के जीवन में कुछ अहम परिवर्तन एवं खुशहाली लाने का काम कर सकते हैं। इसके अलावा भारतीय संविधान के आदर्शों और मूल्यों से दिशा लेकर 'विधि का शासन' लागू करने की दिशा में प्रयास कर आने वाली पीढ़ियों को बेहतर माहौल उपलब्ध कराने की मुहिम का अभिन्न हिस्सा बन पाएँ और आजादी की लड़ाई के सेनानियों की भावनाओं के अनुरूप इक्कीसवीं सदी में देश के विकास को पंख लगाने की प्रक्रिया का हिस्सा बनकर भारत को विकसित राष्ट्र और पुनः विश्व गुरु बनने के सपने को साकार करने की ओर कदम बढ़ाएँ।

कैरियर के अनेक क्षेत्र उत्कृष्ट निष्पादन के कायल होते हैं। इन क्षेत्रों में कार्यरत सभी लोग, जैसे– शिक्षक, डॉक्टर, इंजीनियर, सी.ए., आर्किटेक्ट, वकील, पत्रकार, लेखक, कलाकार, बैंकर, प्रबंधक, व्यवसायी, उद्योगपति, समाज–सेवी आदि अपने–अपने हिस्से की भूमिका निभा रहे हैं; पर सिविल सेवाओं की यह विशेषता है कि ये बड़े प्लेटफॉर्म पर नीति–निर्माण, निर्णयन, कार्यान्वयन के माध्यम से उच्च स्तर पर प्रत्यक्ष व अप्रत्यक्ष रूप से योगदान करने का अवसर प्रदान करती हैं। मिसाल के तौर पर, भीलूड़ा (डूँगरपुर) के आर.ए.एस. अधिकारी श्री विजयेश पंड्या का उदाहरण हमारे सामने है। कंप्लीट डेफ विजयेश उपजिला कलेक्टर बनकर सर्जरी करवाकर सशक्त बने और अब दिव्यांगों की सेवा में अपने आप को समर्पित कर रखा है।

इसी प्रकार आर.ए.एस. 2012 बैच के सुभाष कुमार, डॉ. दिनेश राय सापेला, डॉ. बिन्जाराम विश्नोई, (डॉ. भास्कर) महावीर सिंह, भावना शर्मा, चम्पा लाल, डॉ. अवि गर्ग, डॉ. कुलराज मीणा, पुष्कर मित्तल, राजकुमार कस्वा, रविन्द्र कुमार, शीराज़ अली ज़ैदी, सुमित्रा पारीक जैसे अधिकारी जीवन में विषम परिस्थितियों से संघर्ष कर राज्य की सर्वोच्च सेवा में चयनित होकर समाज और परिवार का सम्मान बढ़ा रहे हैं। इनका जीवन संघर्ष इनकी कार्यशैली में लोगों को बड़ी राहत एवं सेवा की शीतलता के रूप में रूपांतरित होकर परिलक्षित हो रहा है। ये सभी संघर्षशील जीवन की तपन से तपकर कुंदन के रूप में समाज सेवा में रत हैं।

इसे ही रहीम दास जी कहते हैं – घिस–घिस कर सालिगराम बनना। किसी कवि ने सच कहा हैं–

"तुम्हारे दिल की चुभन जरूर कम होगी।
किसी के पाँव का काँटा निकालकर तो देखो।।

यह संतोष और आत्म–संतुष्टि का भाव आई.ए.एस. या आर.ए.एस. बनने के बाद, सेवा करने के बाद आता है, यही हमारी सबसे बड़ी दौलत और सबसे बड़ी कमाई है।

गांधीजी का जंतर, जिसे हम स्कूल में पढ़ा करते थे। इस जंतर को साकार करने और जीवन के उद्देश्य को पाने के लिए प्रशासनिक सेवाओं में कैरियर उत्तम लक्ष्य है। गांधीजी के उस सपने को पूरा करने की दिशा में सिविल सेवाएँ बेहतर विकल्प हो सकती हैं। गांधीजी ने कहा था –

"मैं तुम्हें एक जंतर देता हूँ। जब भी तुम्हें कोई संदेह हो तो यह परीक्षण करो। अपने मन में उस सबसे गरीब और कमजोर आदमी का चेहरा लाओ, जिसे तुमने कभी देखा हो, फिर तुम सोचो कि तुम जो भी कदम उठाते हो, वह उसके लिए कितना उपयोगी होगा?

गांधीजी के इस सपने को साकार करने की दिशा में उठाया गया एक कदम भी असीमित संतोष और अपरिमित सुख दे सकता है। सिविल सेवाएँ हर रोज ऐसे अवसर उपलब्ध कराती हैं, जब हम गांधीजी के इस सपने को पूरा करने की राह में छोटा ही सही, पर कदम बढ़ा जरूर सकते हैं।

सामाजिक प्रतिष्ठा और सम्मान के साथ प्राधिकार (Authority) प्रशासनिक सेवाओं का सबसे बड़ा आकर्षण है। इसमें कोई संदेह नहीं है कि सिविल सेवाएँ किसी भी युवा के लिए एक बेहद प्रतिष्ठित और सम्मानजनक कैरियर विकल्प हैं। यह जॉब केवल एक 'नौकरी' न होकर 'सेवा' है। सिविल सेवा परीक्षा की तैयारी केवल उपर्युक्त कारणों से ही नहीं की जा सकती।

अगर आपने खुली आँखों से आई.ए.एस./आर.ए.एस. बनने का सपना देखा है और आप में उस सपने को पूरा करने का जोश, लगन जज्बा और जुनून है; अगर आप देश–दुनिया के घटनाक्रम के प्रति जागरूकता रखते हैं, यदि आप में अपने देश व समाज के प्रति सरोकार और संवेदना का भाव है तो जुट जाइए अपने इस सपने को पंख लगाने के लिए। उम्मीदों का आसमान आपकी प्रतीक्षा कर रहा है। जिन्दगी के इन संघर्षपूर्ण पलों को जीने के बाद अफसरों का समानुभूति, परानुभूति (Empathy) का अनुभव कर जनता के प्रति संवेदनशील होना लाजिमी है। निदा फाजली साहब ने लिखा भी है–

"अपना गम ले के कहीं और न जाया जाए,
घर में बिखरी हुई चीजों को सजाया जाए।
घर से मस्जिद है बहुत दूर, चलो यूँ कर लें,
किसी रोते हुए बच्चे को हँसाया जाए।।"

आने वाले कल का इन्तजार सदैव नुकसान देता है। आज के सुनहरे वक्त का जितना इस्तेमाल कर सकते हैं, करना चाहिए। हमारी ये आदत होती है कि इस टॉपिक को कल से या एक तारीख से शुरू करूँगा। और वह कल या एक तारीख बहुत लम्बी होती है। हम वर्तमान अवसर को खो देते हैं। इसीलिए कबीर दास जी कहते हैं कि –

काल करे सो आज कर, आज करे सो अब।
पल में परलय होयगी, बहुरी करेगा कब।।

अंग्रेजी में भी एक कहावत है–

Beautiful Tomorrow never comes,
When it comes its Already today
In the hunt of beautiful tomorrow
Don't waste your wonderful today
Use it best -

इसलिए आज ही, अभी संकल्प कीजिए और शुरू कर दीजिए आपके सपनों को साकार करने वाली यात्रा। दृढ़ इच्छा शक्ति (Strong Will Power) के आगे तो बाधाओं के पहाड़ भी ढह जाते हैं।

उत्तिष्ठत जाग्रत प्राप्य वरान्निबोधत....

शुभकामनाएं....

❖ विश्वास और धैर्य बनाए रखें
– विभू कौशिक, आर.ए.एस. टॉपर 2006

सिविल सेवा परीक्षा और विशेष रूप से आर.ए.एस. की तैयारी की लंबी, उबाऊ और थकावट भरी प्रक्रिया में बहुधा ऐसा होता है कि आपकी अपनी काबिलियत या खुद पर ही आस्था डगमगाने लगती है। कभी–कभी ऐसा भी लगता है कि यह परीक्षा 'मेरे बस का रोग' नहीं है। ऐसा महसूस होना स्वाभाविक है और इसमें कोई दिक्कत भी नहीं है। पर कुछ अभ्यर्थी अनास्था के संकट का बुरी तरह शिकार होकर व्यथित व उद्विग्न हो जाते हैं और परीक्षा से जुड़े हर

पहलू को लेकर एक आंशकापूर्ण और नकारात्मक नजरिए का निर्माण कर लेते हैं। अनास्था इस हद तक कि 'मेरा तो चयन हो ही नहीं सकता' या 'मैं कभी अच्छे उत्तर नहीं लिख सकता' आदि। इस किस्म की अनास्था निश्चित रूप से चिंता का विषय हो सकती है।

खुदी को कर बुलंद इतना कि हर तकदीर से पहले,

खुदा बंदे से खुद पूछे बता तेरी रज़ा क्या है। –अल्लामा इकबाल

जब मैं अतीत में मुड़कर खुद को देखता हूँ तो मुझे याद आता है कि मुझे परीक्षा प्रणाली, अपने माध्यम, अपने विषय, अपनी काबिलियत और सबसे बढ़कर खुद पर भरपूर आस्था रही है। अक्सर मुझे लगता है कि इस तरह की आस्था परीक्षा में बेहतर प्रदर्शन में सहायता करती है। उदाहरणार्थ, यदि कोई अभ्यर्थी यह तय ही कर ले कि 'हिंदी में लिखे गए मेरे उत्तर ठीक से जाँचे ही नहीं जाएँगे' या इतने लम्बे–लम्बे उत्तर तो मैं निर्धारित इतने कम समय में लिख ही नहीं पाऊँगा! तो क्या वह परीक्षा के दौरान पूर्ण मनोयोग से अपना 100 प्रतिशत देकर अच्छा उत्तर लिख पाएगा! निश्चित रूप से यह संदेहास्पद ही है। इसीलिए कई कवियों ने विश्वास और धैर्य को सफलता की रीढ़ बताया हैं। कवि सोहन लाल द्विवेदी लिखते हैं–

'डुबकियाँ सिन्धु में गोताखोर लगाता है,
जा जाकर खाली हाथ लौट कर आता है।
मिलते नहीं सहज ही मोती गहरे पानी में,
बढ़ता दूना विश्वास इसी हैरानी में।'
मुट्ठी उसकी खाली हर बार नहीं होती।
कोशिश करने वालों की कभी हार नहीं होती।।'

आलोक–यह रचना (लहरों से डरकर नौका पार नहीं होती, कोशिश करने वालों की कभी हार नहीं होती) हरिवंशराय बच्चन या निराला की नहीं अपितु राष्ट्रकवि पद्मश्री सोहन लाल द्विवेदी (1906–1988) की है। वे पहले हिन्दी कवि थे जिन्हें राष्ट्रकवि के नाम से सर्वप्रथम अभिहित किया गया।

अक्सर यह देखने में आता है कि हम अपने प्रतिस्पर्धा वाले साथियों से छुपकर तैयारी करते हैं। अपनी तैयारी, रणनीति, नोट्स, स्टडी मैटेरियल हम दूसरों से शेयर नहीं करते हैं। ये दृष्टिकोण ठीक नहीं है। स्वस्थ प्रतिस्पर्धा रखें और अपनी चीजों को शेयर करें उससे वो मैटेरियल आपका पक्का हो जाएगा, याद हो जाएगा और आपका रीविजन हो जाएगा।

प्रसिद्ध कवि–शायर उदय प्रताप सिंह "दद्दा" ने दुरुस्त फरमाया है–

गंध उपवन की विरासत है, इसे संचित न कर।

बाँटने के सुख से अपने आपको वंचित न कर।।

संजोने का मजा तो बिखराने में है, जिंदगी की सार्थकता बीज बन जाने में है।।

अंग्रेजी में भी बहुत खूब कहा गया है–

Forget your own worries, by creating a little happiness for others...

Because when you are good to others, you are best to yourself...

फोकस करना जरूरी है–रणवीर सिंह, मार्गदर्शक एवं प्रेरक वक्ता

आर.ए.एस. जैसी सिविल सेवा परीक्षाओं में सफलता के लिए यह जरूरी है कि आपका तैयारी पर प्रॉपर फोकस हो, कंसंट्रेशन हो और कंसिस्टेंसी के साथ आप तैयारी करें।

एक उदाहरण से मैं इसे समझाता हूँ – विज्ञान के छात्र–छात्राओं पर एक प्रयोग किया गया। 10 विद्यार्थियों को एक पेपर और उत्तल लैंस (Convex Lense) देकर धूप में 10 मिनट के लिए बैठाया गया और टास्क दिया कि उन्हें धूप को लैंस से कंसन्ट्रेट करके पेपर को जलाना है। 10 मिनट बाद 5 बच्चे साबुत पेपर लेकर आए, 3 आधा जला हुआ और 2 पूरा जलाकर लेकर आए। जिन बच्चों ने साबुत पेपर दे दिया, वे लैंस को फोकस नहीं कर पाए और जिन विद्यार्थियों ने पेपर जला दिया उन्होंने पूरी तरह फोकस करके धूप रूपी ऊर्जा से पेपर जला दिया।

इस प्रकार आई.ए.एस./आर.ए.एस. जैसी परीक्षाओं का रिजल्ट और आउटपुट इन तीन चीजों पर ही निर्भर करता है–

1. फोकस (Focus)
2. कन्संट्रेशन (Concentration)
3. कंसिस्टेंसी (Consistency)

और तीनों को पाने के लिए मेहनत, लगन, परिश्रम एवं समर्पण का कोई विकल्प नहीं है। यह सब अनुशासन और शिद्दत के साथ किया जाए तो दुनिया की कोई ताकत आपको सफल होने से नहीं रोक सकती।

जिन्दगी में इतनी शिद्दत से निभाओ अपना किरदार।

कि परदा गिरने के बाद भी तालियाँ बजती रहें।।

जीवन में कैरियर की उड़ान के लिए 4E जरूरी होते हैं। इनमें अगर आपको महारत हासिल हो जाती है तो आप कैरियर के शिखर पर पहुँच सकते हैं। –प्रवीण भाटिया, भाटिया आश्रम, सूरतगढ़

आर.ए.एस. परीक्षा में टॉपर बनना मुश्किल नहीं है। टॉपर आप जैसे साधारण लोग ही होते हैं, लेकिन उनके उद्यम और कर्म असाधारण होते हैं। शिक्षा, परीक्षा, अनुभव और नैतिकता इन चारों का मेल जीवन में महत्वपूर्ण होता है। ये आपके जीवन में कैरियर की उड़ान को शिखर तक पहुँचा सकते हैं। इन्हें लोकप्रिय तौर पर 4E कहा जाता है–

1. शिक्षा (Education)
2. परीक्षा (Examination)
3. अनुभव (Experience)
4. नैतिकता (Ethics)

लेकिन इन 4E के अलावा एक चीज अति महत्वपूर्ण है, वह है Consistency यानि शिद्दत से, मन लगाकर बिना नागा के लगातार नियमित ईमानदारी से किया गया प्रयास। एक ही काम को लगातार Consistency के साथ करोगे, सफलता जरूर मिलेगी। एक विषय/टॉपिक पर एक ही किताब या नोट्स को कंप्लीट पढ़ो, बजाय 10 किताबों के। उदाहरण के लिए – 200 फीट पर पानी का स्रोत है और कुंआ खोदना है तो एक ही जगह 200 फीट खोदोगे तो पानी निकलेगा। अगर हम 20–20 फीट के 10 कुंए खोदते हैं तो पानी नहीं निकलेगा अर्थात् वांछित परिणाम नहीं आएगा जबकि मेहनत उतनी ही हो गई। जफर गोरखपुरी ने लिखा है कि–

जो प्यासे हो तो अपने साथ रखो अपने बादल भी,
ये दुनिया है! विरासत में कुंआ कोई नहीं देगा।
हौसले हों अगर बुलन्द, तो मुठ्ठी में हर मुकाम है,
मुश्किलें और मुसीबतें तो जिन्दगी में आम हैं।
ख्वाब भले टूटते रहें मगर, हौसले फिर भी जिन्दा हों,
हौसला अपना ऐसा बनाए रखो, जहाँ मुश्किलें भी शर्मिंदा हों।।

आर.ए.एस. की तैयारी के कुछ टिप्स

बहुत ज्यादा किताबें आखिरकार 'सामग्री आपदा' बन जाती हैं और परीक्षार्थी इस आपदा को सुलझाने में बहुत समय व्यतीत कर देता है, जो उसकी सफलता में

एक बाधा के रूप में सामने आता है। किसी भी विषय या टॉपिक की कोई एक या दो मौलिक एवं मानक पुस्तक पढ़ें।

किताब में सबसे पहले उसके अध्याय और अध्याय में दिए गए शीर्षक पढ़ें। उसके बाद उससे बनने वाले सवालों पर विचार करें। इसके बाद उसे कम–से–कम दो बार पढ़ें। पहली बार पढ़ते समय महत्वपूर्ण तथ्यों के नोट्स बनाते चलें।

विषयानुसार किताबों के साथ–साथ प्रदेश, देश और विदेश में होने वाली सभी क्षेत्रों की हलचलों पर नजर बनाए रखें।

सामयिक घटनाओं की पृष्ठभूमि पर भी ध्यान देना बहुत ही जरूरी है। मिसाल के तौर पर उत्तराखंड बाढ़ के बारे में पढ़ते समय आपदा प्रबंधन, मौसम भविष्यवाणी, इसके जुड़े संस्थान, उत्तराखंड की भौगोलिक विशेषताओं आदि के बारे में जानकारी जुटाएं। ऐसे तथ्य प्रारंभिक परीक्षा से लेकर साक्षात्कार तक मददगार होते हैं।

टेलीविजन और रेडियो पर समाचार सुनने के बाद लोकसभा–राज्यसभा के अलावा अन्य निजी चैनलों पर होने वाली खास मुद्दों पर बहसों को जरूर सुनें।

इंटरनेट का भरपूर उपयोग करें। इससे आप अपडेट रह सकते हो।

लिखने मे कोताही कभी न बरतें, जहां भी मौका मिले खूब लिखते रहें। यदि विषय आपकी रुचि का नही। तो भी लिखने की कोशिश करें, जिससे आपकी लेखन शैली में अनुशासन आएगा।

जीवन में दो ही व्यक्ति असफल होते हैं–

एक जो सोचते हैं पर करते नहीं।

और दूसरे जो करते हैं पर सोचते नहीं।।

जीवन में सफलता के मार्गदर्शक सिद्धांत
– विनय पाठक, आर.ए.एस. टॉपर 2007

सिविल सेवा परीक्षा ही नहीं, जीवन के प्रत्येक क्षेत्र में सफलता की ऊँचाइयाँ छूने के लिए भारतीय दर्शन के तीन सिद्धांत मुझे विशेष तौर पर आकर्षित करते हैं और मेरी इस सफलता में इन तीनों सिद्धांतों का सर्वाधिक महत्वपूर्ण योगदान है। इनमें पहला सिद्धांत है– गीता का 'निष्काम कर्मयोग'। 'गीता' में कहा गया है–

"कर्मण्येवाधिकारस्ते मा फलेषु कदाचन

मा कर्मफलहेतुर्भूः मा ते संगोत्स्व कर्मणिः।"

सामान्य भाषा में इस 'निष्काम कर्मयोग' के सिद्धांत को इस रूप में समझा और बताया जाता है– 'कर्म करते रहो, फल की इच्छा मत करो।' इस सिद्धांत का शाब्दिक अभिप्राय ही ग्रहण करने पर अक्सर यह प्रश्न उठता है कि जब फल की इच्छा ही नहीं है तो कर्म करने के लिए प्रेरणा कहाँ से लाएँ।

वैज्ञानिक एवं तार्किक दृष्टिकोण से जहाँ तक मैं इस अद्‌भुत सिद्धांत को समझ पाया हूँ, 'निष्काम कर्मयोग' फल की इच्छा रखने पर प्रतिबंध नहीं लगाता, बल्कि यह तो फल की प्राप्ति के लिए बिना आसक्त हुए कर्म में लगे रहने की प्रेरणा देता है। धर्मवीर भारती ने 'अंधा युग' गीति नाट्‌य में 'निष्काम कर्मयोग' की शक्ति को इस प्रकार व्यक्त किया है–

"जब कोई भी मनुष्य
अनासक्त होकर चुनौती देता है इतिहास को,
उस दिन नक्षत्रों की दिशा बदल जाती है।
नियति नहीं है पूर्व निर्धारित
उसको हर क्षण मानव–निर्णय बनाता–मिटाता है।"

श्रीमद्‌भागवत गीता के इस मूल मंत्र को अपनाकर अगर अनासक्त होकर पूर्ण मनोयोग से परीक्षा की तैयारी का सकारात्मक प्रभाव परीक्षा के हर स्तर पर पड़ता है। जैसे– प्रारंभिक परीक्षा देने के बाद कुछ अभ्यर्थी उसके फल में अत्यधिक आसक्त होकर आगे मुख्य परीक्षा की तैयारी में न जुटकर व्यर्थ की अटकलों में महीनों का समय व्यर्थ कर देते हैं, ऐसा ही मुख्य परीक्षा देने के बाद भी होता है, जब हम इंटरव्यू की तैयारी को उचित समय नहीं दे पाते। इस आसक्तिपूर्ण तैयारी का यह भी दुष्प्रभाव होता है कि हम सिविल सेवा परीक्षा की तैयारी में रोज जो कुछ नया सीखते हैं, उसे एंजॉय नहीं करते, उसका आंनद भी नहीं उठा पाते। लिहाजा, सिविल सेवा परीक्षा की तैयारी की प्रक्रिया में स्थिर व मजबूत बने रहने के लिए व्यक्तित्व में 'निष्काम कर्मयोग' का समावेश एक श्रेष्ठ विकल्प है।

सफलता का दूसरा मार्गदर्शक सिद्धांत है– स्वीकारोक्तिपूर्ण उपागम, जो जैन दर्शन के अनेकांतवाद व स्यादवाद पर आधारित है। संक्षेप में, इस अनूठे सिद्धांत का अभिप्राय है कि 'सत्य को सभी लोग अपने–अपने भिन्न दृष्टिकोणों से देखते हैं, परंतु कोई भी नजरिया न तो पूरी तरह सही है और न ही पूरी तरह गलत।' आपको एक हाथी और सात अंधों वाला उदाहरण याद है? सड़क पर बैठे एक हाथी के विभिन्न अंगों को स्पर्श कर सात अंधे व्यक्ति हाथी का स्वरूप वैसा ही

अलग–अलग समझते हैं जैसे कोई झाड़ू समझता है तो कोई पंखा। स्वीकार्यता पर आधारित परिप्रेक्ष्य यह सिखाता है कि सिर्फ अपने ही विचार को सही मानना और दूसरों के विचारों को सिरे से नकारने का आग्रह स्वयं में गलत है। इस तरह अनेकांतवाद दूसरों के विचारों का सम्मान करना और स्वीकार्यता (Acceptance) सिखाता है। इस तरह से हम पाते हैं कि 'स्वीकार करना' (Acceptance) सभी समस्याओं के हल की कुंजी है। यह उदारवादी दृष्टिकोण सफलता और विजय की ओर ले जाता है।

खुले दिलों–दिमाग वाला, सकारात्मक नजरिये वाला अनेकांतवाद सिद्धांत आर.ए.एस. एवं अन्य सिविल सेवा परीक्षा में हर कदम पर साथ निभाता है। मुख्य परीक्षा और इंटरव्यू में तो अनेकांतवाद का विचार एक संजीवनी है। जब हम किसी प्रश्न का उत्तर लिखते या बताते समय अतिवादी (Extremist) हुए बगैर, संतुलित तरीके से दूसरों के विचारों का सम्मान करते हैं तो उसका एक सकारात्मक प्रभाव पड़ना तय ही है। परीक्षा में सफलता के पहले भी और बाद भी दूसरों के विचारों और नजरिए का सम्मान करना सहिष्णुता को बढ़ावा देता है और हर क्षेत्र में सफलता की राह को आसान बनाता है।

जीवन में सफलता का तीसरा मार्गदर्शक सिद्धांत है– बौद्ध दर्शन का 'मध्यम मार्ग'। इसे 'Middle Path' या 'Golden Mean' भी कहा जाता है। बुद्ध दोनों अतियों की उपेक्षा कर बीच का रास्ता निकालने की सलाह देते हैं। वैदिक वाङ्मय का एक सूत्र है– 'अति सर्वत्र वर्जयेत्' (Excess of everything is bad), यानी अधिकता हर चीज की बुरी होती है। मध्यम मार्ग हर तरह की समस्याओं के सरल और मैत्रीपूर्ण समाधान की राह सुझाता है।

आर.ए.एस. तथा अन्य सिविल सेवा परीक्षा की तैयारी में मध्यम मार्ग, एकीकृत दृष्टिकोण (Integrated Approach) और संतुलित मत (Balanced View) के निर्माण में मदद करता है। यदि हमारे व्यक्तित्व में संतुलन का तत्व शामिल हो तो जीवन के प्रत्येक क्षेत्र में सहजता के साथ सफलता की राह आसान हो जाती है। मध्यम मार्ग के सिद्धांत का प्रयोग परीक्षा की तैयारी में हर मोर्चे पर किया जा सकता है। जैसे– सहज और सरल भाषा का प्रयोग करना; न अधिक कठिन और न ही अधिक कामचलाऊ भाषा; शब्द सीमा का पालन करना; और न अधिक लंबा उत्तर न ही अधिक छोटा; बहुविकल्पीय प्रश्न के उत्तर देते समय अति से बचते हुए निकटतम सही उत्तर चुनना; इंटरव्यू में रेडिकल होने से बचना आदि। इस प्रकार सिविल सेवा परीक्षा में सफलता की संभावना बढ़ाने के लिए 'निष्काम

कर्मयोग','अनेकांतवाद' और 'मध्यम मार्ग' के सिद्धांतों का व्यक्तित्व में समावेश एक बेहतरीन रास्ता है।

भारतीय दर्शन के उक्त तीन दार्शनिक सिद्धांतों–'निष्काम कर्मयोग', स्वीकार्यवाद, (अनेकांतवाद) और 'मध्यम मार्ग' के अतिरिक्त कुछ और ऐसे प्रभावी तरीके या नुस्खे हो सकते हैं, जो आर.ए.एस. की प्रतिस्पर्धा से उपजने वाले तनाव से बचने और इस प्रतिष्ठित तथा अपेक्षाकृत कठिन तीनों चरणों–प्रिलिम्स, मेन्स और इंटरव्यू में सफलता की राह को कुछ आसान और सहज बनाने में मदद कर सकते हैं।

प्रकृति ने प्रत्येक व्यक्ति को कुछ विशेषताएँ और गुण प्रदान किए हैं तो स्वाभाविक तौर पर कुछ कमियाँ भी। यद्यपि यह तय है कि हमारी कमियाँ या खूबियाँ समय के साथ बदलती रहती हैं और कुछ प्रयासों से अपनी कमियों और नुकसान पहुँचाने वाली आदतों से निजात भी पाई जा सकती है; परंतु इसके लिए खुद को पहचानना और खुद के प्रति एक समझ विकसित करना जरूरी है। दूसरे शब्दों में, इसी को 'आत्म–निरीक्षण' या 'आत्मान्वेषण' कहते हैं।

मंजिल की तलाश में माँझी बनना होगा
– प्रियव्रत सिंह चारण, आर.ए.एस. बैच 2012

मंजिलें उन्हीं को मिलती हैं, जो अपने निशां राहों पर छोड़ते हैं। यह आर.ए.एस. परीक्षा के लिए विशेष रूप से लागू होती है। मनुष्य को अपने जीवन के लक्ष्य की ओर अवश्य दृष्टिपात करना चाहिए। अगर वह ठान ले तो पत्थर में से भी पानी निकाल सकता है। दशरथ माँझी (1929–2007) (The Montain Man) जिसने अपने गाँव गहलौर (गया, बिहार) में 110 मीटर की सुरंग पहाड़ में से निकाल दी, वह भी अपने टाँकी–हथौड़े के दम पर। दशरथ माँझी ने अपने स्वयं के दम पर 22 वर्षों के कठोर श्रम से अपने लक्ष्य को प्राप्त किया। कुछ पाने के लिए उद्यम तो करना पड़ेगा। और मनुष्य के लिए कोई भी कार्य असंभव नहीं है। दशरथ माँझी इसके उदाहरण हैं।

पथिक की पथरीली राहें अमर रहे,
मंजिल की मूल्यता तब है,
जब कुछ इसी तरह का सफर रहे।
हारकर न बैठ पथिक चलायमान बन,
काँटे ही नहीं, अब राह में अंगारे भी होंगे।

मिली है कब जन्नत आसान राहों पर,
डूबने वालों अभी तो बहुत दूर किनारे होंगे।
आकाश की इतनी ऊँचाइयों पर अचरज न कर,
ये मेहनतकश परिन्दें होंगे।
राहगीरों से राहों की अजीब सी रंजिश है,
अडिग, अटल होशियार हो चल।।

स्वॉट एनालाइसिस (SWOT Analysis) – निर्मल गहलोत, मार्गदर्शक जोधपुर

आत्म–निरीक्षण के लिए किसी को उपदेश देना जितना आसान है, उसे व्यावहारिक तौर पर खुद अमल में लाना उतना ही कठिन है। खुद का अन्वेषण और विश्लेषण करना बड़ी हिम्मत का काम है और बड़े–बड़े तीसमार खाँ इस काम मे असफल हो जाते हैं। इसका सीधा सा मनोवैज्ञानिक कारण यह है कि हम ऐसे लोगों का साथ ज्यादा पसंद करते हैं, जो हमें एप्रिशिएट करता रहे या हमारी कमियों को नजरअंदाज करे। अपने आलोचकों का सम्मान करने का साहस तो कबीर जैसों में ही होता है–

निंदक नियरे राखिए, आँगन कुटी छवाय।
बिन पानी साबुन बिना, निर्मल करे सुभाय।।

यदि आर.ए.एस. या अन्य सिविल सेवा परीक्षा की तैयारी के विशेष संदर्भ में बात करें तो यह समझना अनिवार्य ही है कि हमारे व्यक्तित्व में खुद की ताकत और कमजोरियों को पहचानने का हुनर शामिल होना चाहिए। खास तौर पर, यदि तैयारी के शुरुआती दौर में ही यह मालूम हो जाए तो अपनी विशेषताओं व गुणों को और निखारा जा सकता है और कमियों पर होमवर्क करके उन्हें काफी हद तक बेअसर किया जा सकता है। लोक प्रशासन में इसे ही स्वॉट विश्लेषण (SWOT – Strength, Weakness, Opportunities & Threats) कहा गया है। इसमें अभ्यर्थी अपनी ताकत, कमजोरी, अवसर एवं चुनौतियों की पहचान कर सफलता का वरण कर सकते हैं।

आर.ए.एस. परीक्षा सम्बंधी कुछ मिथक/धारणाएं और उनका विवेचन - शैलेन्द्र सिंह, मार्गदर्शक सिविल सेवा परीक्षा

सिविल सेवा परीक्षाओं के सम्बंध में कुछ मिथक और पूर्व–धारणाएं अफवाहों के रूप में प्रचलित हो जाती हैं। उनका निराकरण करना जरूरी है। इन मिथकों के

कारण अच्छे काबिल विद्यार्थी भी निराशा और नकारात्मकता में डूब जाते हैं। कुछ प्रमुख मिथक एवं उनका असली विवेचन निम्न प्रकार है–

1. **आर.ए.एस. परीक्षा एक जुआ है – सेलेक्शन के चांस बहुत कम हैं।**

   आर.ए.एस. परीक्षा की तैयारी करना एक जुआ है। यह बहुत बड़ा मिथक है। पढ़ाई करना कभी जुआ नहीं हो सकता। किन्हीं विपरीत परिस्थितियों के कारण चाहे अंतिम रूप से चयन नहीं हो परन्तु पढ़ाई और उसके प्राप्त ज्ञान–सूचनाएं–जागरूकता आपके जीवन भर काम आने वाली चीज है। क्योंकि यह वर्तमान युग ज्ञान युग है। जिसके पास नॉलेज है वह हर क्षेत्र में आगे रहेगा, चाहे नौकरी हो, बिजनेस हो, मार्केटिंग हो या राजनीति हो। इसलिए आर.ए.एस. परीक्षा की तैयारी करना जुआ बिल्कुल नहीं है। इस प्रक्रिया के माध्यम से आप बहुत कुछ सीखते हैं। हाँ कॉम्पिटीशन टफ जरूर है इसलिए मैरिट में सेलेक्शन तो चुनिंदा टॉप बन्दों का ही होता है। पिरामिड की चोटी हमेशा खाली रहती है। वहाँ भीड़ नहीं होती। यह चोटी आपका इन्तजार कर रही है।

2. **आर.ए.एस. की परीक्षा बहुत टफ एक्जाम है।**

   निस्संदेह आर.ए.एस. की परीक्षा आसान नहीं है। लेकिन अन्य बड़े–बड़े एक्जाम CAT, GMAT, GATE, GRE इत्यादि परीक्षाओं से ज्यादा टफ नहीं है। आप एक बार तैयारी शुरू करें सब कुछ आसान लगने लगेगा।

3. **सिविल सेवा परीक्षाओं की तैयारी के लिए दिन–रात एक करना पड़ेगा – बहुत मेहनत करनी पड़ती है।**

   जीवन में मेहनत का कोई विकल्प नहीं है। इसलिए आर.ए.एस. बनने के लिए भी आपको मेहनत करनी होगी। व्यवस्थित रूप से आप तैयारी करें, आपको इसमें मजा आने लगेगा और आप स्वतः ही आनंदपूर्वक दिन–रात अपनी तैयारी में डूब जाओगे।

4. **सिविल सेवा परीक्षाओं में अंग्रेजी माध्यम वालों का चयन ज्यादा होता है।**

   यह कथन पूरी तरह मिथक है। माध्यम का चयन से कोई लेना–देना नहीं है। अगर आप रिकॉर्ड देखेंगे तो पाएंगे कि आर.ए.एस. टॉपर्स और टॉप 10 में अधिकांश हिन्दी माध्यम के ही होते हैं। माध्यम कोई भी हो आप की अभिव्यक्ति और विषयवस्तु श्रेष्ठ होनी चाहिए।

5. **आर.ए.एस. की सफलता हेतु शुरू से ही फर्स्ट डिवीजन होना चाहिए।**

   अकादमिक रिकॉर्ड का आर.ए.एस. की सफलता से कोई सह–सम्बंध नहीं है। एवरेज और एवरेज से भी नीचे ट्रैक रिकॉर्ड वाले अभ्यर्थी आर.ए.एस. में

अच्छी रैंक पर चयनित होते हैं। अतः यह मिथक है कि प्रारम्भ से फर्स्ट डिवीजन वाले ही आर.ए.एस. बनते हैं।

6. **आर.ए.एस. की परीक्षा में सफल होने के लिए जैक और चैक जरूरी है।**

जैक और चैक वाला मिथक माउथ पब्लिसिटी से फैलता है। जो सेलेक्ट नहीं होता वह बहाने लगाता है और सबसे सरल बहाना जैक–चैक का होता है। इसलिए अफवाहों पर ध्यान नहीं देते हुए, अपनी तैयारी को अनवरत जारी रखें आपको मंजिल जरूर मिलेगी। **विश्वास, मेहनत और समर्पण** सिविल सेवा की तैयारी के मुख्य किरदार हैं।

7. **आर.ए.एस. परीक्षा के लिए स्कूलिंग से ही तैयारी करनी चाहिए थी।**

स्कूलिंग से कोई तैयारी नहीं होती। दरअसल जब आपको कैरियर के चयन में फैसला लेना होता है तभी आप यह निश्चय करते हो कि आपको कौन–सा रास्ता चुनना है। जन्म से, बचपन से, स्कूल से ही तैयारी केवल लफ्फेबाजी वाले बयान हैं। हकीकत में जब आप अपने कैरियर के प्रति सजग होते हैं तभी आपकी तैयारी शुरू होती है और वो स्टेज सीनियर सैकण्डरी के बाद ही आती है। जब जागो तभी सवेरा होता है। जब आप आर.ए.एस. बनने का दृढ़ निश्चय कर लेते हैं, तभी से आपकी तैयारी शुरू हो जाती है। इसलिए दृढ़ निश्चय कर के संकल्प लीजिए और अपनी तैयारी शुरू कर दीजिए।

8. **परिवार में कोई गाइड करने वाला नहीं था।**

पारिवारिक पृष्ठभूमि का कोई विशेष महत्व नहीं है। हाँ आपके परिवेश और वातावरण का असर आपके कैरियर पर अवश्य पड़ता है। आर.ए.एस. या आई.ए.एस. परीक्षाओं में आपको स्वयं को तैयारी करके परीक्षा पास करनी होती है। आपके परिवारजन या रिश्तेदार यह काम नहीं कर सकते। परामर्श, मार्गदर्शन (गाइडेन्स) का निश्चित रूप से प्रभाव पड़ता है।

9. **आर.ए.एस. में सफलता के लिए कोचिंग ज्वाइन करना जरूरी है।**

सफलता के लिए कोचिंग अनिवार्य नहीं है। हाँ कोचिंग संस्थान आपकी सफलता में एक गाइड और कैटेलिस्ट का काम अवश्य करते हैं। जो आपके भटकाव को कम कर देते हैं और दिनचर्या को व्यवस्थित करने का काम करते हैं। एक बार कोचिंग करने से आपको ये मलाल नहीं रहता कि मैंने कोचिंग नहीं की, काश कोचिंग कर लेता तो शायद सफल हो जाता। इस प्रकार कोचिंग संस्थान निश्चित रूप से एक मार्गदर्शक की भूमिका निभाते हैं। जिससे आपका भटकाव कम हो जाता है।

10. **सिविल सेवा परीक्षाओं की तैयारी के लिए "द हिन्दू" पढ़ना जरूरी है।**

    द हिन्दू अंग्रेजी का निष्पक्ष और विश्लेषणात्मक अखबार है। इसमें अच्छे लेख आते हैं। लेकिन कोचिंग की तरह हिन्दू भी आर.ए.एस. में सफल होने और टॉप करने के लिए अनिवार्य नहीं है। इससे आपकी तैयारी में निखार अवश्य आता है।

इस प्रकार कई अफवाह, मिथक और धारणाएं प्रचलित होती रहती हैं। इन पर आँख बन्द करके विश्वास नहीं करना चाहिए। अपनी मेहनत और प्रज्ञा पर विश्वास रखते हुए लक्ष्य प्राप्ति की ओर अग्रसर होते रहें, आपको सफलता अवश्य मिलेगी। पूर्व प्रधानमंत्री अटल बिहारी वाजपेयी (1924-2018) की प्रेरणादायक कविता हमें विपरीत परिस्थितियों में डटे रहने के लिए प्रेरित करती है–

बाधाएँ आती हैं आएं घिरे प्रलय की घोर घटाएं,
पावों के नीचे अंगारे, सिर पर बरसें यदि ज्वालाएं
निज हाथों में हँसते–हँसते, आग लगाकर जलना होगा।
कदम मिलाकर चलना होगा।।

नियमितता एवं समय प्रबंधन सफलता की कुंजी हैं – प्रकाश शर्मा, आर.ए.एस. टॉपर 1992

किसी भी परीक्षा की तैयारी में समय प्रबंधन का बहुत बड़ा स्थान होता है। इतने कम समय में कुल नौ परचों की तैयारी आसान नहीं है। लेकिन इसे आसान बनाया जा सकता है समय प्रबंधन से। समय प्रबंधन अभ्यर्थी अपनी क्षमता के अनुरूप ही कर सकते हैं। मुख्य परीक्षा के लिए प्रतिदिन कम–से–कम दस घंटे का समय पढ़ाई को अवश्य दें। नए पैटर्न के अनुसार चारों पेपर पर बराबर फोकस करते हुए पर्याप्त समय दें। भाषा का चौथा पेपर बहुत महत्वपूर्ण है। इसका नियमित अभ्यास करते रहें।

- पढ़ाई के घंटों में नियमितता रखें। एक दिन 14 घंटे और दूसरे दिन 2 घंटे पढ़ने की बजाय रोजाना 10 घंटे ही पढ़ें। टू डू लिस्ट बनाकर फॉलो करें।
- पढ़ाई समूह में करें। इससे संदेह भी जल्दी स्पष्ट होंगे और पढ़ने में आनंद भी आएगा। हर दिन के लिए लक्ष्य बनाएँ और उसे पूरा करें।

- भाषा पर कमांड बनाने के लिए पढ़ना, लिखना, सुनना, बोलना और तार्किक बहस इन पाँच नियमों का पालन करें।
- आर.ए.एस. का बड़ा कार्यक्षेत्र होता है, उसे किसी भी क्षेत्र में भेजा जा सकता है। इसलिए सामान्य घटनाक्रम से जुड़े हर विषय को गहराई से पढ़ें।
- किसी भी टॉपिक की मूल अवधारणा समझने के लिए एन.सी.ई.आर.टी. तथा माध्यमिक शिक्षा बोर्ड राजस्थान की किताबें पढ़ें। हमेशा लक्ष्य पर निगाह रखें।
- खाली समय में जीत आपकी (शिव खेड़ा), (You can win) जैसी प्रेरणादायी पुस्तकें पढ़ें। टाइम मैनेजमेंट एवं समय पाबंदी (Punctuality) अवश्य रखें।

❖ नियमित लेखन-अभ्यास

कई बार ऐसा होता है कि प्रश्न का उत्तर जानने के बावजूद आप लिख नहीं पाते हैं। इसकी दो वजह हैं, लिखने में पिछड़ जाना या प्रश्नों के उत्तर देने में समय प्रबंधन का अभाव। लिखने में पिछड़ने का मतलब है कि समय के अनुसार अपनी लेखन गति को नहीं बढ़ा पाना। इसको दूर करने के लिए स्वयं का बना हुआ या किसी पुस्तक या पत्रिका में दिए गए मॉडल प्रश्न को निर्धारित समय में सतत हल करने का अभ्यास करना चाहिए। परीक्षा कक्ष में समय प्रबंधन के अभाव या शब्द सीमा का पालन नहीं करने से भी प्रश्न छूट जाते हैं। उलझन व भटकाव से बचते हुए प्रश्नों के सटीक उत्तर दें। कवि वृन्द ने सत्य कहा है कि–

करत करत अभ्यास के जड़मति होत सुजान।
रसरी आवत जात से सिल पर पड़त निसान।।

पत्थरों के सीने पर सफलता की प्रतिध्वनि – सुभाष कुमार, आर.ए.एस. बैच 2012

कमजोर होते हैं वो लोग जो शिकवा किया करते हैं,
उगने वाले तो पत्थर का सीना चीर के भी उगा करते हैं।

आर.ए.एस. की तैयारी और सफलता दोनों को समभाव बनाकर ही मंजिल पाई जा सकती है। मुख्य परीक्षा में बैठने वाले करीब 15 हजार अभ्यर्थियों में से मात्र 5 या 6 हजार बंदे ही सीरियस होते हैं, जो आर.ए.एस. को अपने कैरियर का लक्ष्य बना चुके होते हैं। इनमें से करीब एक हजार (वेकेन्सी के अनुसार) सेलेक्ट होते हैं। बाकि 5 हजार पुनः परीक्षा देते हैं और कुछ सीरियस बंदे नए जुड़ जाते

हैं। यह क्रम निरन्तर चलता रहता है। इनमें से जो आशंकाओं के बादलों के बीच सफलता की बरसात करने में सफल होगा वही विजयी कहलाएगा। लेकिन इसके लिए कोई शॉर्टकट नहीं है। आपको मन लगाकर तैयारी करनी होगी और करीब एक साल तक लोहे के चने चबाने होंगे तभी आप पूरी जिंदगी हलवा खा पाएंगे।

मुझको आशंकाओं पर काबू पाना है।

पत्थरों के सीने में
प्रतिध्वनि जगाते हुए
परिचित उन राहों में एक बार
विजय–गीत गाते हुए जाना है।।

राजस्थान प्रशासनिक सेवा परीक्षा प्रदेश की गौरव है और इसमें टॉपर बनना सौभाग्य। प्रत्येक सफलता के अपने मापदंड होते हैं। जीवन में कुछ प्रतिमान और मापदंड ऐसे हैं जो मानव को महामानव और इतिहास–पुरुष बना देते हैं। यद्यपि इनको अपनाना सरल नहीं है। जो लोग महान हुए हैं उन्होंने इन प्रतिमानों–मानदंडों और मापदंडों को अपनाया है। चाणक्य से लेकर गाँधीजी, कलाम साहब, सचिन तेंदुलकर और अमिताभ बच्चन तक इनको फॉलो करते आए हैं। इन मापदंडों को आत्मसात् कर आप सफलता के शिखर तक पहुँच सकते हैं। आर.ए.एस. में टॉपर बनना तो एक पड़ाव मात्र है।

❑❑

अध्याय-2

प्रारंभिक परीक्षा : तैयारी की दिशा (Preliminary Examination : Direction of Preparation)

प्रारंम्भिक परीक्षा (Preliminary Exam)

प्रारंम्भिक परीक्षा इस पूरी प्रक्रिया का पहला और अहम चरण है। यह एक स्क्रीनिंग टेस्ट है, जिसका उद्देश्य कम गंभीर प्रत्याशियों को प्रतियोगिता से बाहर करना है। प्री टेस्ट एक छलनी का काम करता है जो वेस्ट को निकालकर अलग कर देता है और सही माल को रख लेता है। प्रारंभिक परीक्षा में करीब पाँच लाख अभ्यर्थी शामिल होते हैं और मुख्य परीक्षा से पहले ही लगभग 95 प्रतिशत अभ्यर्थियों को बाहर का रास्ता दिखा दिया जाता है। प्रारंभिक परीक्षा में लगभग 5 प्रतिशत अभ्यर्थी ही मुख्य परीक्षा के लिए योग्य घोषित किए जाते हैं। प्रारंभिक परीक्षा में आर.पी.एस.सी. द्वारा अभ्यर्थी के तथ्यात्मक ज्ञान को परखने के साथ–साथ उसके सामान्य ज्ञान की क्षमता की भी जांच की जाती है। हालांकि इस परीक्षा के अंक मेरिट में नहीं जोड़े जाते हैं, लेकिन इस परीक्षा में पास होने के बाद ही मुख्य परीक्षा के लिए योग्य माने जाते हैं। इसलिए बहुत बारीकी से इस परीक्षा की तैयारी को अंजाम दिया जाना चाहिए।

❖ रणनीति की रूपरेखा (Blueprint of Strategy)

- इस परीक्षा में शामिल होने से पहले स्वयं की क्षमताओं की जांच कर लें। यह परीक्षा अत्यंत धैर्यशील, आत्मविश्वासी, पढ़ाई के प्रति समर्पित, लक्ष्य के प्रति दृढ़ इच्छाशक्ति और समय के प्रति अनुशासित रहने वाले अभ्यर्थियों के लिए है। इनमें से जिन भी क्षमताओं की आपमें कमी है उनको विकसित करने की जरूरत है। इस परीक्षा में अक्सर कुछ लोग जोश में आकर इस परीक्षा में शामिल तो हो जाते हैं, लेकिन पर्याप्त क्षमताओं के अभाव में उन्हें असफलता मिलती है।

- आपने इस परीक्षा मे शामिल होना तय कर लिया है, तो आपको परीक्षा की पूरी प्रक्रिया की जानकारी, पाठ्यक्रम का अध्ययन, पैटर्न की समझ, पुराने पेपरों का अध्ययन, सवालों की प्रकृति और ट्रेंड की जानकारी, अपने ज्ञान के स्तर का विश्लेषण जैसे पहलुओं को ध्यान में रखते हुए पढ़ाई की एक नियोजित रूपरेखा बनानी होगी।
- जब भी आप प्रारंभिक परीक्षा की तैयारी शुरू करें, तो उस दिन से लेकर प्रारंभिक और मुख्य परीक्षा में शेष बचे दिनों की गणना करें और उसी के मुताबिक विषयवार तरीके से समय का बंटवारा करते हुए एक चार्ट बनाएं और उसे ऐसी जगह पर लगाएं जहां आपकी नजर सबसे अधिक जाती हो। इस परीक्षा का पाठ्यक्रम काफी विस्तृत है।
- पढ़ाई का मॉड्यूल बनाना बहुत अहम है, यह तय होना चाहिए। इसके बाद यह क्रम टूटना भी नहीं चाहिए। ऐसा नहीं है कि किसी सप्ताह जमकर पढ़ाई करें और अगला सप्ताह खाली या मौज–मस्ती करने में निकाल दें। इसलिए बेहतर है कि टॉपिक के मुताबिक समय का बंटवारा करें और उस निर्धारित समय में संबंधित टॉपिक को समाप्त करने की समय–सीमा निर्धारित करें।
- प्रारंभिक परीक्षा के लिए तैयारी की शुरुआत के साथ ही प्रतिदिन एक घंटा किसी भी न्यूज चैनल पर बहस वाले कार्यक्रमों को देखने का नियमित क्रम बनाएं। इससे संबंधित विषय के प्रति आपका नजरिया विस्तृत होगा और आप किसी भी विषय पर बात को किसी भी दृष्टिकोण से प्रस्तुत करने की क्षमता भी विकसित कर पाएंगे।
- आर.ए.एस. परीक्षा के नाम से एक डायरी बनाएं, जिसमें इस परीक्षा से संबंधित आवश्यक जानकारी, जो पत्र–पत्रिकाओं या सफल अभ्यर्थियों के साक्षात्कार से या फिर इंटरनेट के माध्यम से मिलती हो, उसे व्यवस्थित तरीके से नोट करते चलें, लेकिन यह जानकारी प्रासंगिक होनी चाहिए। समय–समय इसका रीवीजन करते रहें।
- आर.पी.एस.सी. की वेबसाइट इस परीक्षा से संबंधित सभी जानकारियों का सबसे प्रासंगिक और विश्वसनीय माध्यम है। इस वेबसाइट के परीक्षा खंड में जाकर परीक्षा के नोटिफिकेशन एवं अन्य अपडेट्स को ध्यान से पढ़ें और डाउनलोड कर लें। इसके अलावा इस वेबसाइट से पिछले साल के प्रश्न–पत्रों को भी देख सकते हैं, जिससे परीक्षा की प्रकृति के बारे में सबसे प्रामाणिक जानकारी प्राप्त करने में मदद मिलेगी।
- परीक्षा की तैयारी के शुरुआती चरण से ही इस परीक्षा के पाठ्यक्रम एवं प्रश्न–बैंक को प्राथमिक आधार बनाएं, जिससे प्रत्येक विषय के संबंध में यह

स्पष्ट कर सकते हैं कि आप कितने पानी में हैं और आगे किस विषय के लिए कितनी सटीक रणनीति बनानी है। असल में इस परीक्षा का पाठ्यक्रम एक दिशा–सूचक (Compass) की तरह काम करता है, जो आपको भटकने नहीं देता।

- अगर किसी विषय में पढ़ाई के दौरान मुश्किल आती है या किसी विषय के लिए पठन सामग्री नहीं मिल रही, तो उसे एक प्रोब्लम डायरी में अलग से नोट कर लें। फिर इसे इंटरनेट सर्फिंग या किसी विशेषज्ञ की मदद से उसका हल निकालें, लेकिन जानकारी के अभाव में छोड़े नहीं।
- इंटरनेट के माध्यम से फेसबुक पर कई ऐसे समूह हैं, जो इस परीक्षा की तैयारी करने वाले अभ्यर्थियों या संबंधित क्षेत्र से जुड़े हुए व्यक्तियों द्वारा संचालित हैं। आप भी ऐसे समूह से जुड़कर अपनी बात शेयर कर सकते हैं और किसी खास समस्या का समाधान प्राप्त कर सकते हैं। ऐसे समूहों में कई ऐसे अभ्यर्थी भी होते हैं, जो अब तक 3-4 प्रयास कर चुके हैं या कई प्रयास कर तैयारी छोड़ चुके हैं। ऐसे लोगों से आप इस परीक्षा में आने वाली परेशानियों का पता लगा सकते हैं।
- आर.ए.एस. का नया पैटर्न अन्तर–अनुशासनात्मक (Inter-disciplinary) दृष्टिकोण पर आधारित है, जिसमें पूरे सामान्य ज्ञान का मंथन है। टॉपिक्स एक–दूसरे से परस्पर अन्तरसम्बंधित हैं। इसलिए बहु–विषयक (Multi-Subjective) नजरिये से तैयारी करने की जरूरत है। इतिहास के प्रश्न में आपको अर्थशास्त्र, राजनीतिशास्त्र एवं समाजशास्त्र जैसे विषयों का मिश्रण करके उत्तर लिखना होगा।

आर.ए.एस. (प्री) परीक्षा - पिछले वर्षों के प्रश्न-पत्रों का विषयवार विश्लेषण

❖ आर.ए.एस. (प्री) परीक्षा वर्ष 2013

कुल प्रश्न – 150

1. **इतिहास (History)** : कुल प्रश्न 19
   - भारत का इतिहास – 9 प्रश्न
   - राजस्थान का इतिहास – 10 प्रश्न

2. **भूगोल** : कुल प्रश्न 27
   - विश्व का भूगोल – 10 प्रश्न
   - भारत का भूगोल – 9 प्रश्न
   - राजस्थान का भूगोल – 8 प्रश्न
3. **अर्थशास्त्र** – कुल प्रश्न 18
   - भारत – 12 प्रश्न,
   - राजस्थान – 6 प्रश्न
4. **राजनीति शास्त्र एवं संविधान** – कुल प्रश्न – 20
   - भारत – 16 प्रश्न
   - राजस्थान – 4 प्रश्न
5. **करेंट अफेयर्स** – कुल प्रश्न 17
   - स्पोटर्स – 5 प्रश्न
   - विविध – 12 प्रश्न
6. **सामान्य अध्ययन** – कुल प्रश्न 18
   - विविध – 18 प्रश्न
7. **गणित और तर्कशक्ति** – कुल प्रश्न 19
   - गणित – 5 प्रश्न
   - रीजनिंग – 14 प्रश्न
8. **विज्ञान एवं प्रोद्यौगिकी** – कुल प्रश्न 12

❖ आर.ए.एस. (प्री.) परीक्षा वर्ष 2015

कुल प्रश्न – 150

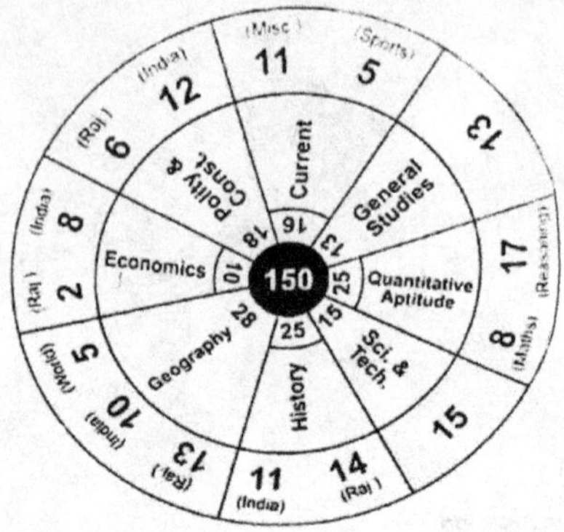

1. **इतिहास (History)** – कुल प्रश्न 25
   - भारत का इतिहास – 11 प्रश्न
   - राजस्थान का इतिहास – 14 प्रश्न
2. **भूगोल** – कुल प्रश्न 28
   - विश्व का भूगोल – 05 प्रश्न
   - भारत का भूगोल – 10 प्रश्न
   - राजस्थान का भूगोल – 13 प्रश्न
3. **अर्थशास्त्र** – कुल प्रश्न 10
   - भारत – 08 प्रश्न
   - राजस्थान – 02 प्रश्न
4. **राजनीति शास्त्र एवं संविधान** – कुल प्रश्न 18
   - भारत – 12 प्रश्न
   - राजस्थान – 06 प्रश्न
5. **करेंट अफेयर्स** – कुल प्रश्न 16
   - स्पोटर्स – 05 प्रश्न
   - विविध – 11 प्रश्न
6. **सामान्य अध्ययन** – कुल प्रश्न 13
   - विविध – 13 प्रश्न
7. **गणित और तर्कशक्ति** – कुल प्रश्न 25
   - गणित – 08 प्रश्न
   - रीजनिंग – 17 प्रश्न

8. **विज्ञान एवं प्रोद्योगिकी** – कुल प्रश्न 12
   - 12 प्रश्न

❖ आर.ए.एस. (प्री) परीक्षा वर्ष 2016

कुल प्रश्न – 150

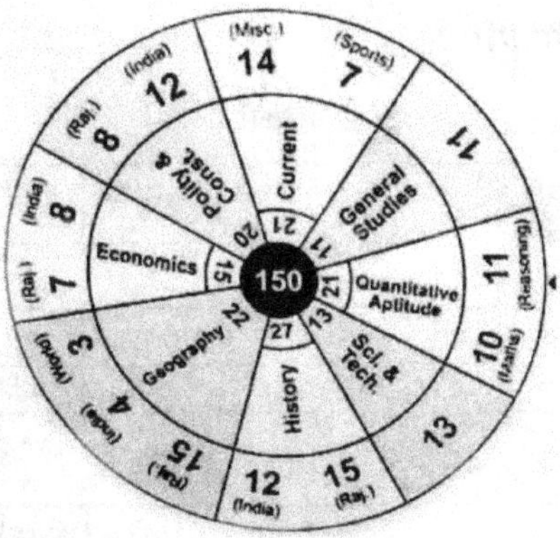

1. **इतिहास (History)** – कुल प्रश्न 27
   - भारत का इतिहास – 12 प्रश्न
   - राजस्थान का इतिहास – 15 प्रश्न
2. **भूगोल** – कुल प्रश्न 22
   - विश्व का भूगोल – 03 प्रश्न
   - भारत का भूगोल – 04 प्रश्न
   - राजस्थान का भूगोल – 15 प्रश्न
3. **अर्थशास्त्र** – कुल प्रश्न 15
   - भारत – 08 प्रश्न
   - राजस्थान – 07 प्रश्न
4. **राजनीति शास्त्र एवं संविधान** – कुल प्रश्न 20
   - भारत – 12 प्रश्न
   - राजस्थान – 08 प्रश्न
5. **करेंट अफेयर्स** – कुल प्रश्न 22
   - स्पोटर्स – 08 प्रश्न
   - विविध – 14 प्रश्न

6. सामान्य अध्ययन – कुल प्रश्न 11

- विविध – 11 प्रश्न

7. गणित और तर्कशक्ति – कुल प्रश्न 21

- गणित – 10 प्रश्न
- रीजनिंग – 11 प्रश्न

8. विज्ञान एवं प्रोद्यौगिकी – कुल प्रश्न 13

आर.ए.एस. (प्री.) 2013 कट ऑफ मार्क्स

सामान्य	सामान्य	अन्य पिछड़ा वर्ग	अन्य पिछड़ा वर्ग	अनुसूचित जनजाति	अनुसूचित जनजाति	अनुसूचित जाति	अनुसूचित जाति
पुरुष	**महिला**	**पुरुष**	**महिला**	**पुरुष**	**महिला**	**पुरुष**	**महिला**
60.48	46.67	60.48	46.19	60.48	46.67	58.10	40.00

आर.ए.एस. (प्री.) 2016 कट ऑफ मार्क्स

सामान्य	सामान्य	अन्य पिछड़ा वर्ग	अन्य पिछड़ा वर्ग	अनुसूचित जनजाति	अनुसूचित जनजाति	अनुसूचित जाति	अनुसूचित जाति
पुरुष	**महिला**	**पुरुष**	**महिला**	**पुरुष**	**महिला**	**पुरुष**	**महिला**
78.54	68.04	94.98*	78.08*	76.26	62.56	71.69	57.99

आर.ए.एस. मेन्स 2013 कट ऑफ मार्क्स

सामान्य	सामान्य	अन्य पिछड़ा वर्ग	अन्य पिछड़ा वर्ग	अनुसूचित जनजाति	अनुसूचित जनजाति	अनुसूचित जाति	अनुसूचित जाति
पुरुष	**महिला**	**पुरुष**	**महिला**	**पुरुष**	**महिला**	**पुरुष**	**महिला**
350	350	381*	351*	339	325	321	310

आर.ए.एस. मेन्स 2016 कट ऑफ मार्क्स

सामान्य	सामान्य	अन्य पिछड़ा वर्ग	अन्य पिछड़ा वर्ग	अनुसूचित जनजाति	अनुसूचित जनजाति	अनुसूचित जाति	अनुसूचित जाति
पुरुष	**महिला**	**पुरुष**	**महिला**	**पुरुष**	**महिला**	**पुरुष**	**महिला**
327	327	327	327	309	286		288

❑❑

अध्याय-3

टॉपर्स की कलम से
(From Topper's End)

कामयाब से सीखें कामयाबी के गुर

❖ सुनियोजित रणनीति जरूरी

राधिका देवी

- **टॉपर आर.ए.एस. – 2012**
- **निवास स्थान** – डीडवाना (नागौर)
- **प्रयास** – तीसरा
- **माध्यम** – हिन्दी
- **साक्षात्कार** – दूसरा
- **सेवाओं में प्राथमिकता** – आर.ए.एस., आर.पी.एस., लेखा सेवा
- **सकारात्मकता** – दृढ़ इच्छाशक्ति और धैर्यशीलता
- **नकारात्मकता** – अत्यधिक भावुक
- **रुचियां** – कविता लिखना, वाद–विवाद करना और ऐतिहासिक स्थलों पर घूमना।
- **शैक्षणिक रिकॉर्ड** –
  - ❖ दसवीं (1999), राजकीय सोन देवी बांगड़ उच्च माध्यमिक विद्यालय, डीडवाना (नागौर), राजस्थान बोर्ड, 63.67 प्रतिशत अंक।
  - ❖ बारहवीं (2001), राजकीय सोन देवी बांगड़ उच्च माध्यमिक विद्यालय, डीडवाना (नागौर), राजस्थान बोर्ड, 78.67 प्रतिशत अंक।
  - ❖ स्नातक (2004), राजकीय बांगड़ महाविद्यालय, डीडवाना (नागौर), महर्षि दयानंद सरस्वती विश्वविद्यालय, 57.11 प्रतिशत अंक।
  - ❖ स्नातकोत्तर (2007), राजकीय बांगड़ महाविद्यालय, डीडवाना (नागौर), महर्षि दयानंद सरस्वती विश्वविद्यालय, 63 प्रतिशत अंक।

❖ पूर्व चयन

केंद्रीय विद्यालय संगठन में टी.जी.टी. (ट्रेंड ग्रेजुएट टीचर्स) हिंदी पद के लिए चयनित। पहले कपूरथला–पंजाब की रेल कोच फैक्ट्री में ज्वॉइन किया। इसके बाद कुछ दिनों तक दिल्ली के एयर फोर्स स्टेशन और फिर जयपुर के मानसरोवर स्थित केंद्रीय विद्यालय–5 में सेवाएं प्रदान कीं।

❖ टैग लाइन

"ईश्वर का दिया कभी अल्प नहीं होता,
जो टूट जाए वो संकल्प नहीं होता।
हार को मंजिल से दूर ही रखना साथियो,
क्योंकि जीत का कोई विकल्प नहीं होता।।"

ये महज पंक्तियां नहीं, बल्कि कामयाबी पाने का एक जरिया हैं और ये हारे हुए इंसान को हौसला दे सकती हैं। मेरी कामयाबी का सार भी इन पंक्तियों में समाहित है। मैं एक मध्यवर्गीय संयुक्त परिवार से हूं। मेरे पिताजी शिक्षा के क्षेत्र में हैं और माताजी कुशल गृहिणी। मैं उच्च शिक्षा हासिल करने तक डीडवाना में रही, इसके बाद वर्ष 2008 में मेरा चयन केंद्रीय विद्यालय संगठन में टी.जी.टी. हिंदी के पद पर हुआ। ज्वॉइन करने के बाद मैंने आर.ए.एस. परीक्षा की तैयारी आरंभ की, तैयारी के शुरुआती चरण में समय–प्रबंधन, पाठ्यसामग्री जैसी समस्याओं का सामना करना पड़ा, लेकिन धीरे–धीरे मैंने तैयारी को व्यवस्थित किया। आर.ए.एस. परीक्षा – 2012 मेरा तीसरा प्रयास था, इससे पहले दो प्रयास नाकामयाब रहे थे।

जब आप पूरा मन बना चुके हैं कि आपको आर.ए.एस. परीक्षा में कामयाबी पानी है, तो परिस्थितियां चाहे जो भी हों आपको पढ़ना ही पड़ेगा। निश्चय कर लें कि आप हर–हाल में पढ़ेंगे। पहले इस परीक्षा के पाठ्यक्रम की समझ और सफलता में आइंस्टीन का सापेक्षता का नियम लागू होता है कि आपने पाठ्यक्रम को कंठस्थ कर जितनी अच्छी तरह समझ लिया है, आपकी सफलता की संभावनाएं उतनी ही ज्यादा बढ़ेंगी।

प्रारंभिक परीक्षा में अब तक के पाठ्यक्रम में सामान्य ज्ञान और सामान्य विज्ञान का एक पेपर होता है। इस पेपर में सामान्य जानकारी सहित गणित, अभिक्षमता और सामान्य अध्ययन से संबंधित सवाल किए जाते हैं। लिहाजा इस परीक्षा के पाठ्यक्रम के एक–एक बिंदु के लिए बेहद स्पष्ट और सटीक तैयारी की जरूरत होती है। क्योंकि किसी एक बिंदु पर भी आप प्रारंभिक स्तर वाले अभ्यर्थी की तरह साबित हुए, तो यह अपनी पतंग खुद काटने जैसा होगा।

इस परीक्षा की तैयारी करने वाले बहुत से अभ्यर्थी समझते हैं कि वे महज थोड़ी–बहुत पढ़ाई के दम पर आर.ए.एस. (प्रारंभिक) परीक्षा पास कर लेंगे। जबकि मेरा मानना है कि आर.ए.एस. प्रारंभिक परीक्षा की तैयारी मुख्य परीक्षा के दृष्टिकोण से करनी चाहिए। इसके लिए एक सुनियोजित रणनीति की आवश्यकता होती है। यह रणनीति आपको आर.ए.एस. परीक्षा के साथ आई.ए.एस. परीक्षा के लिए भी मददगार होगी।

❖ मेरी कामयाबी के तीन सूत्र

- **सच्चाई एवं ईमानदारी (Sincerity and Honesty)** – आपको खुद के प्रति ईमानदार बनना पड़ेगा। मान लीजिए तैयारी के दौरान आप फिल्म देखने जा रहे हैं तब आप खुद से यह सवाल पूछिए कि क्या वाकई आपको फिल्म देखने की आवश्यकता है? क्या आपने पिछले कुछ दिनों में बहुत अधिक पढ़ाई की है, जिसके कारण अब आपको लगता है कि एक छोटा–सा ब्रेक लेकर फिल्म देखनी चाहिए? यदि आपका जवाब 'हां' होता है, तो आप बेशक फिल्म देख सकते हैं, लेकिन यदि आपका जवाब 'न' होता है, तो फिर आपको पढ़ाई पर ही ध्यान देना होगा। यदि आप तैयारी, सपनों और लक्ष्य के प्रति ईमानदार हैं, तो पूरी तैयारी के दौरान आपका दिल ही आपका मार्गदर्शन करेगा। इसलिए ईमानदारी के साथ अपनी तैयारी को आगे बढ़ाए।
- **नियमितता (Regularity)** – इस परीक्षा की तैयारी के लिए किसी भी परिस्थिति में 6 घंटे पढ़ाई के लिए निकालने ही हैं, यह प्रण कर लें। चाहे आपको खुद के सोने का समय कम करना पड़े या किसी दूसरे कार्य को रद्द करना पड़े। तीन साल तक मेरी तैयारी के दौरान कोई भी दिन ऐसा नहीं रहा जिस दिन मैंने पढ़ाई नहीं की हो, चाहे वह दीपावली हो या फिर मेरा जन्मदिन। पढ़ाई के लिए समय जरूर निकालती थी। इसके लिए चाहे मुझे अपने सोने या अन्य कार्यों के समय को कम करना पड़े। इस प्रकार की नीति इस परीक्षा के प्रति आपकी दृढ़निश्चितता का भी परिचायक है कि असल में आप खुद के लक्ष्य को लेकर कितने गंभीर और स्पष्ट हैं। प्रत्येक स्तर पर समय–सीमा का सख्ती से पालन करना पड़ेगा, चाहे वह घर का काम हो या फिर सामाजिक कार्य। इस परीक्षा की तैयारी के दौरान ऐसा नहीं करें कि जैसे एक दिन 15 घंटे पढ़ाई कर ली, तो अगले 2 दिनों तक किताबों को छुआ तक नहीं। हालांकि प्रत्यक्ष रूप से इन बातों का असर हमें दिखाई नहीं पड़ता, लेकिन अप्रत्यक्ष रूप से नियमितता की उपयोगिता बहुत महत्त्वपूर्ण है।

- **अभ्यास (Repetition)** – पाठ्यसामग्री का बार–बार दोहराव ही इस परीक्षा में सफलता का मूलमंत्र है। इस तरह ऐसी क्षमता विकसित करने का भरपूर प्रयास करें। इससे आपके दिमाग में एक फिगर मेमोरी बन जाती है, जिसे रिकॉल या रिट्राइव करना आसान होता है यह परीक्षा आपकी सकारात्मक सोच और किसी भी विषय के तथ्यों के साथ आपके व्यक्तिगत दृष्टिकोण के विभिन्न आयामों पर आधारित है। इसमें किताबों के जवाब की बजाए मौलिक जवाब को अधिक प्राथमिकता दी जाती है। इसलिए किसी भी विषय की एक ही प्रामाणिक किताब को अधिक–से–अधिक पढ़ने का प्रयास करें, जिससे संबंधित विषय के प्रति आपका दृष्टिकोण स्पष्ट हो सके। इसके अलावा संबंधित विषयों के संक्षिप्त नोट्स बनाएं और उसी को बार–बार पढ़ें। इस तरह की रणनीति अपनाने से यह फायदा होगा कि आप कम समय में बेहतर तैयारी कर पाएंगे और परीक्षा के समय बेहतर प्रदर्शन करेंगे।

टॉपर से रूबरू

❖ सफर में धूप तो होगी जो चल सको तो चलो

– भवानी सिंह (आर.ए.एस.)

- **प्रयास** – दूसरा
- **माध्यम** – हिन्दी

राजस्थान सिविल सेवा परीक्षा, 2016 में पहला स्थान प्राप्त करने वाले टॉपर भवानी सिंह अपने बारे में बताते हुए कहते हैं कि मुख्य परीक्षा में मेरे पेपर बहुत हुए थे। साक्षात्कार भी अच्छा हुआ। यह लग रहा टॉप–10 में भी आ सकता हूँ। जब यह पता चला कि पहली रैंक आई है, उस क्षण को, उस निर्वचनीय खुशी बयान करने के लिए मेरे पास शब्द नहीं हैं।

❖ शिक्षा–दीक्षा

भवानी सिंह बताते हैं कि पहली कक्षा से गाँव के सरकारी विद्यालय में पढ़ा। अक्सर स्कूल में व गाँव में एस.डी.एम., तहसीलदार वगैरह आते और उनको साहब–साहब कहकर संबोधित किया जाता तो इन पदों को पाने की लालसा

दिल में उठती रहती। तभी से निश्चय कर लिया था कि बनूँगा तो प्रशासनिक अधिकारी ही। मैं खुशकिस्मत हूँ कि मेरी बचपन की साध पूरी हुई। एक सपना सच हुआ। पिता जी एक सरकारी विद्यालय के अध्यापक हैं, अतः उनको लगता था कि मैं अध्यापक बन गया तो भी बड़ी बात है। इसलिए मैंने पहले बी.एड. करके अध्यापक चयन हेतु तैयारी की एवं अध्यापक के रूप में ज्वॉइन भी कर लिया। इस नौकरी ने मुझे बहुत आत्मविश्वास प्रदान किया। तीन वर्षीय अध्यापकीय जीवन ने मुझे पढ़ने की प्रेरणा दी क्योंकि बच्चों को पढ़ाने के लिए पढ़ना होता था। इससे तैयारी अपने आप होती गई।

❖ सपने के लिए संघर्ष

चूँकि यह परीक्षा विचलित हुए बगैर एक सतत अध्ययन की मांग करती है अतः मानसिक दृढ़ता तथा सकारात्मक ऊर्जा इसके अपरिहार्य अंग हैं। बार–बार गिरना, उठना तथा उठकर पुनः उसी जुनून से लगना इस परीक्षा के विभिन्न चरण हैं परन्तु इस साध्य को वे विरले ही साध पाते हैं, जो एक बार ठान लेते हैं तो पीछे मुड़कर नहीं देखते। वे इस मंजिल को पाने के लिए इस सफर की खूबसूरती को ही महसूस करने लगते हैं।

इस संदर्भ में भवानी सिंह बताते हैं कि जब तैयारी शुरू की तब यह बहुत कठिन कार्य लगता था। ऐसे लोगों के तमाम उदाहरण दिये जाते जो लंबे समय से अध्ययनरत हैं परंतु फिर भी मेन्स क्लियर नहीं कर पा रहे। किंतु मैंने कभी परीक्षा का तनाव नहीं लिया। वस्तुतः स्वयं पर विश्वास होना चाहिए कि मैं यह परीक्षा आसानी से क्लियर कर लूँगा। मुझे तो लगता था कि टॉपर तो कठिन तपस्या करने वाले इस काल के स्वामी विवेकानंद जैसे होते होंगे। अब लगता है कि यह सब उतना कठिन नहीं है जितना मैं सोचता था। मुझे लगता है कि ग्रेजुएशन के बाद 1-2 साल सही दिशा में तैयारी पर्याप्त है, मैंने बी.एड. के बाद तैयारी शुरू की थी। भवानी सिंह के अनुसार हमें प्रत्येक दिन का समय निर्धारित करके पढ़ना ठीक रहता है।

मैंने तो कभी परीक्षा का तनाव नहीं लिया। स्वयं पर विश्वास तथा सतत परिश्रम के माध्यम से इस परीक्षा की यात्रा को साधा जा सकता है। 2–3 बार पाठ्यक्रम पूरा करना एवं लिखने का अभ्यास पर्याप्त है। यह सब उतना कठिन नहीं है जितना इसका हौवा बनाया जाता है। मैंने तो अपने आस–पास यही देखा है कि जो अनावश्यक तनाव नहीं लेते वो मंजिल तक पहुँच ही जाते हैं।

❖ पढ़ने की आदतों व रुचियों के बारे में

नियमित पढ़ाई करने के साथ ही स्वयं पर आत्मविश्वास, बेहतर समय–प्रबंधन, अच्छा स्वास्थ्य, तनावरहित प्रवृति, विभिन्न समस्याओं के कारणों को जानना तथा उनके लिए सटीक व त्वरित समाधान प्राप्त करने की कला में महारत हासिल होना और जीवन में मनोरंजन की उपस्थिति इस परीक्षा के लिए बहुत आवश्यक है क्योंकि इस परीक्षा का ढाँचा ही कुछ ऐसा है जो बहुत धैर्य, समर्पण व सतत मानसिक स्फूर्ति की मांग करता है। खुद की क्षमताओं पर विश्वास होना इस परीक्षा के लिए बहुत जरूरी होता है। बकौल भवानी सिंह मैं एक बार में 1-1.30 घंटे पढ़ता हूँ। जो याद नहीं होता उसको लिखकर याद करने की कोशिश करता हूँ। बीच–बीच में पसंद के 1-2 गाने सुन लेता हूँ। प्रत्येक दिन क्या पढ़ना है, कैसे पढ़ना है, कितना पढ़ना है; यह लक्ष्य बनाते समय टाइम–टेबल में नम्यता व सजीवता का समावेश करना चाहिए। इससे जहाँ एक ओर लक्ष्यों को वास्तविकता से प्राप्त करना संभव होगा, वहीं दूसरी ओर यदि लक्ष्यों को प्राप्त नहीं भी किया जा सका तो भी नकारात्मकता घर नहीं करेगी। इसके अलावा अच्छे मित्र की संगति हमें बहुत सहारा देती है।

मैं शाम को नियमित रूप से मित्रों के साथ खेलने जाता था। जब पढ़ने का मन न हो तो मित्रों के साथ चाय पीकर अपने को रिचार्ज किया जा सकता है। मुझे पढ़ाई के अतिरिक्त खेलने, फिल्में देखने तथा गाने सुनने का बहुत शौक है। बॉलीवुड व हॉलीवुड की लगभग सारी अच्छी फिल्में मैंने देखी हैं। अपनी रुचि के मनोरंजन के साधनों का प्रयोग करते रहने से तनाव जाता रहता है तथा परीक्षा के निष्पादन में गुणात्मक वृद्धि होती है। स्वदेश, सरफरोश और जब वी मेट जैसी फिल्में मुझे बार–बार देखने योग्य लगती हैं। सोशल मीडिया का मुझे ज्ञान है, पर मैं वहाँ प्रतिदिन 30-45 मिनट से ज्यादा समय नहीं देता। सोशल मीडिया की अतिशयता हमारी दिनचर्या में बाधा डालती है। भवानी सिंह बताते हैं, "मुझे उपन्यास पढ़ना भी पसंद है। शिवत्रयी, राग दरबारी, चित्रलेखा जैसे उपन्यासों से पढ़ने की शुरुआत की जा सकती है। इससे पढ़ने की रुचि भी जागेगी। वस्तुतः ऐसी पुस्तकें व उपन्यास हमारी भाषा को समृद्ध करते हैं तथा उनसे हमें जो शब्द भंडार मिलता है वह उत्तर लेखन में काफी काम आता है।

❖ तैयारी के विभिन्न स्तर

राजस्थान सिविल सेवा का पैटर्न यू.पी.एस.सी. से थोड़ा भिन्न है। इसमें वैकल्पिक विषय नहीं होता तथा निबंध बहुत संक्षिप्त रूप में लिखना होता है ऐसा कि जैसे

वह यू.पी.एस.सी. का प्रश्नोत्तर हो। बदलते पैटर्न को ध्यान में रखते हुए तथ्यों को याद करने के साथ ही थोड़ा गहराई में जाकर पढ़ना प्रिलिम्स के लिए बहुत जरूरी होता है। मुख्य परीक्षा के लिए मैंने 3 बार पाठ्यक्रम को दोहरा लिया था, साथ ही लिखने का अभ्यास भी करता रहा। मैंने दूसरे व चौथे प्रश्न–पत्र पर विशेष जोर दिया। आर.ए.एस. परीक्षा में निबंध 150 शब्दों का ही आता है तो इस वजह से इसकी कोई विशेष तैयारी नहीं की परंतु लिखते समय यह प्रयास किया कि भाषा साहित्यिक हो तथा मेरे व्यक्तिगत विचारों को लिखने की संभावना बनी रहे। निरंतर उत्तर लेखन का अभ्यास सफलता को सुनिश्चित कराता है। आर.ए.एस.–2013 में मेरा लिखने का अभ्यास नहीं था, अतः 696वीं रैंक ही प्राप्त कर सका। इस बार मारिया आश्रम जोधपुर में लिखने का काफी अभ्यास किया। मेरी तो यही राय है कि हमें प्रश्न समझने और उत्तर की फ्रेमिंग करने के लिए 30 सेकंड देने चाहिए। इससे उत्तर की गुणात्मकता दुगुनी हो जाती है। मैंने नोट्स बनाकर प्रिलिम्स व मेन्स की तैयारी की। नोट्स बनाने से रिवीजन आसान हो जाता है।

❖ इंटरव्यू के बारे में

साक्षात्कार किसी भी परीक्षा का महत्वपूर्ण चरण होता है तथा इसके लिये अभ्यास बहुत मायने रखता है। मॉक के माध्यम से पहले ही बार–बार उसी स्थिति से गुजरकर साक्षात्कार को ज्यादा सहज बनाया जा सकता है तथा उसके लिए आत्मविश्वास प्राप्त किया जा सकता है।

मैंने अपने इंटरव्यू से पहले बहुत सारे मॉक दे रखे थे। अतः मैं बिलकुल तनाव में नहीं था। मैं बस इतना सोच रहा था कि बोर्ड को इम्प्रेस करना है। मैंने ऐसी फॉर्मल ड्रेस पहनी जिससे अच्छा दिख सकें। मैंने लाइट ब्लू शर्ट और ब्लैक पैंट पहनी जिससे अच्छा दिख सकूं। मेरा साक्षात्कार 22.08.2017 को मीणा जी के बोर्ड में था। सभी प्रश्न मुख्यतः हॉबी, क्रिकेट एवं टीचिंग बैकग्राउंड पर थे। कुछ प्रश्न राजस्थान जी.के. एवं सरदार सरोवर बांध पर पूछे गए। मेरा मानना है कि बोर्ड के बारे में कोई पूर्वाग्रह नहीं रखना चाहिए। सभी बोर्ड लगभग एक जैसी मार्किंग करते हैं। बशर्ते उस दिन हम अपना बेस्ट दें जो हमारे लिये सबसे महत्वपूर्ण है।

❖ विशेष सुझाव

स्वयं की क्षमता पर विश्वास जगाना किसी भी सफलता को पाने की प्राथमिक शर्त है। प्रशासनिक सेवाओं में सारा मामला आत्मविश्वास का है क्योंकि हम लाखों ऐसे लोगों से मुकाबिल होते हैं जिनकी क्षमता के बारे में हमें कुछ भी पता नहीं होता है। स्कूल–कॉलेज में स्थान लाना आसान होता है क्योंकि हमें हमारे प्रतिद्वंद्वी के

बारे में पता होता है पर चूँकि यहाँ सदृश्य मुकाबिल नहीं होते हैं, इसलिये हमारा आत्मविश्वास ही हमें संघर्ष में बनाए रखता है। आजकल पाठ्य–सामग्री के साथ शैक्षिक वेबसाइट्स भी काफी महत्वपूर्ण सामग्री दे रही हैं। हमें कुछ वेबसाइट्स को नियमित रूप से फॉलो करने की आदत डाल लेनी चाहिए। दृष्टि वेबसाइट भी काफी स्तरीय एवं लाभदायक है। हमें बिलकुल ही किताबी कीड़ा नहीं हो जाना चाहिए। एक–दो घंटे खेल–कूद, व्यायाम करना चाहिए इससे हमारी ऊर्जा एवं दक्षता बढ़ती है।

❖ विशेष आभार

मैं अपनी सफलता का श्रेय माँ करणी, माता–पिता, छोटे भाई, मित्रों, रिश्तेदारों को देना चाहूँगा। मैं अपनी इस सफलता का श्रेय अपने पुस्तक विक्रेता से लेकर उन चायवालों तक को देना चाहूँगा जिन्होंने मेरी विभिन्न तरीकों से सहायता की। आर.ए.एस. अधिकारी डॉ. जी. एल. शर्मा द्वारा लिखित पुस्तक सामाजिक मुद्दे (रावत पब्लिकेशन) से मुझे मुख्य परीक्षा और साक्षात्कार हेतु बहुत कुछ सीखने को मिला। उत्कर्ष अकादमी के निदेशक श्री निर्मल गहलोत एवं भाटिया आश्रम के निदेशक श्री प्रवीण भाटिया के बिना मेरी यह सफलता अधूरी ही रहती। छोटे भाई महेन्द्र और मनोहर राजपुरोहित, आशुतोष आढ़ा, विक्रम बारहठ, जयपाल राठौर, वीरेन्द्र शेखावत, जितेन्द्र राठौर जैसे मित्रों का मेरी सफलता में बहुत बड़ा योगदान रहा है।

सफर में धूप तो होगी जो चल सको तो चलो
सभी हैं भीड़ में, तुम भी निकल सको तो चलो
किसी के वास्ते राहें कहाँ बदलती हैं
तुम अपने आपको बदल सको तो चलो...

ये पंक्तियाँ भवानी सिंह के जीवन दर्शन को अभिव्यक्त करती हैं। उन्होंने लगातार कठिन अनुशासित श्रम के माध्यम से अपने लिये उस मुकाम को सुनिश्चित किया जो किसी भी अभ्यर्थी की स्वप्नमाला का पड़ाव बिंदु होता है। उनका स्पष्ट मानना है कि यदि व्यक्ति अपने भीतर सकारात्मक बदलाव ले आने की दृढ़ इच्छाशक्ति रखता है तो उसे सफल होने से कोई नहीं रोक सकता।

❖ कामयाबी के पांच सूत्र (Five Formulas for Success)

1. **अनुशासन (Discipline)** – आर.ए.एस. परीक्षा एक लंबी प्रक्रिया के तहत आयोजित की जाती है, जिसमें अभ्यर्थी के अनुशासन और संयम का पूरा परीक्षण होता है। यहां पर अनुशासनहीनता की कोई गुंजाइश नहीं होती। यदि इस परीक्षा की तैयारी करते समय अनुशासित नहीं हैं, तो आप इसमें

सफलता हासिल नहीं कर सकते। तैयारी के दौरान खुद को व्यर्थ के कार्यों से बचाते हुए केवल अपने लक्ष्य का ध्यान रखें।

2. **ईमानदारी और समर्पण (Honesty and Dedication)** – आप अपने लक्ष्य को लेकर गंभीर हैं, तो ईमानदारी से तैयारी करने का संकल्प करें। पढ़ाई के दबाव और अनियमिता के चलते लगभग आधे से अधिक अभ्यर्थी इस परीक्षा की तैयारी को बीच में छोड़ कर अपना पीछा छुड़ा लेना ही बेहतर समझते हैं।
3. **समय–प्रबंधन (Time Managemant)** – यदि आप तैयारी के दौरान समय का सदुपयोग करते हैं, तो निश्चित रूप से यह परीक्षा आपके लिए कामयाबी के द्वार खोल सकती है। ज्यादातर अभ्यर्थी इसी प्रबंधन में गच्चा खा जाते हैं, क्योंकि वे सही तरीके से सभी विषयों को उनकी प्रकृति के मुताबिक समय नहीं दे पाते। समय को धन समझें और उसी हिसाब से इसे खर्च करें। प्रत्येक कार्य में समय का बेहतर प्रबंधन हमेशा लाभदायक रहा है।
4. **तनाव मुक्त वातावरण (Stress Free Environment)** – इस परीक्षा में कम समय में अधिक पढ़ाई के अलावा अनेक तरह की क्षमताओं और शैलियों का विकास करने और लगातार अभ्यास की जरूरत होती है। यह सब एक तनावमुक्त अभ्यर्थी के लिए ही संभव होता है। आप तैयारी से पहले अपनी सभी प्रकार की समस्याएं निपटा लें। इस परीक्षा की तैयारी में आपका शांत और चुस्त रहना बहुत आवश्यक है।
5. **अच्छी संगति (Good Company)** – आप सिविल सेवा में आना चाहते हैं, तो ऐसे दोस्तों से दूरी बनाए रखें, जिन्हें महज मौज–मस्ती के अलावा दूसरा काम नहीं होता। ये आपको आपके लक्ष्य से विचलित कर सकते हैं। अच्छी संगति से उचित मार्गदर्शन प्राप्त होता है। जरूरी है कि आप सकारात्मक दोस्तों, सीनियर अभ्यर्थियों और शिक्षकों के एक ऐसे समूह में उठें–बैठें, जिनसे तैयारी संबंधी समस्याओं के बारे में खुलकर चर्चा कर सकें। इस प्रकार कामयाबी की डगर पर निरन्तर चलते रहें।

जबसे चला हूँ मंजिल की तरफ,
मेरी इन आँखों ने मील का पत्थर नहीं देखा।

अपनी कमियों को खूबियों में बदलें (Turn Scars into Stars) – पुष्कर मित्तल, आर.ए.एस.

सिविल सेवा परीक्षाओं की तैयारी करने से पूर्व अभ्यर्थियों को अपना SWOT Analysis कर लेना चाहिए। अपनी ताकत (Strength) और कमजोरियों

(Weakness) तथा अवसर (Opportunity) एवं खतरों (Threats) को पहचानकर उन्हें सफलता के यज्ञ में तपाना जरूरी है। ताकत यानी खूबियों को उस मुकाम तक ले जाएं जो आपको टॉपर बनाए। इसी प्रकार कमजोरियों को ताकत में रूपांतरित करने का प्रक्रम करो। ये फार्मूला अपनाकर आप सफलता के शिखर को छू सकते हो।

ऐसे लोगों की जीवनी पढ़ें, जिन्होंने निराशा को आशा में, नुकसान को फायदे में, रास्ते के पत्थरों को सफलता की सीढ़ी में बदल दिया हो। ऐसे लोग दुखी और उदास होने से इंकार कर देते हैं। वे मायूसियों और नाकामयाबियों को अपने ऊपर हावी नहीं होने देते। मेरे गुरु तथा भारतीय प्रशासनिक सेवा (IAS) के हरियाणा कैडर के अधिकारी श्री डॉ. मनीराम शर्मा (जिला कलेक्टर पलवल) जन्म से बहरे (Dumb) थे। लेकिन उन्होंने अपनी कमियों को खूबियों में बदलकर सफलता के शिखर का वरण किया। यह एक संघर्ष की कहानी है। मनीराम जी प्रारम्भ से ही मेरिटोरियस रहे हैं। खेतिहर मजदूर पिता और दृष्टिहीन माँ की संतान जन्मजात बहरेपन के शिकार मनीराम जी ने अपनी कमियों को खूबियों में बदला। पहले क्लर्क बने, फिर जे.आर.एफ मिली और व्याख्याता बने, फिर आर.ए.एस. और फिर तीन बार आई.ए.एस. बने। लेकिन दो बार मेडिकल बोर्ड द्वारा रिजेक्ट किए जाने के बावजूद हार नहीं मानी और अन्ततः न्यायालय एवं प्रधानमंत्री कार्यालय के दखल से आई.ए.एस. में चयनित हुए।

मनीराम जी ने सरकारी भाषा में निःशक्तजनों के लिए आजकल प्रचलित शब्द डिफरेन्टली एबल्ड या विशेष योग्यजन (Specially Abled) को चरितार्थ कर दिया है। निस्संदेह मनीराम जी लाखों युवाओं के प्रेरणास्रोत हैं।

इसी प्रकार आर.ए.एस. अधिकारी श्री विजयेश पण्ड्या (उप जिला कलेक्टर आसपुर) बचपन में बहरे हो गए थे। लेकिन उन्होंने जिंदगी की जंग में हार नहीं मानी और राजस्थान की सर्वोच्च सेवा में चयनित होकर मिसाल कायम की। अपने कानों की सर्जरी करवाकर अब सशक्त भी बन चुके हैं तथा सरकार और जनता की सेवा में रत हैं।

दुनिया को सर्वश्रेष्ठ संगीत देने वालों में एक बीथोवन (Beethoven) भी थे– वे बहरे थे। प्रकृति के ऊपर सर्वश्रेष्ठ कविताएँ लिखने वालों में एक थे मिल्टन (Milton) – वे अंधे थे। फ्रैंकलिन डी. रूजवेल्ट (Franklin D. Roosevelt) अमरीका के सर्वश्रेष्ठ राष्ट्रपति और दुनिया के महानतम नेताओं में से थे– लेकिन वे चल–फिर नहीं पाते थे, जिससे उन्हें व्हील चेयर पर बैठ कर ही काम करना पड़ता था। अक्षमताओं के बावजूद इन्होंने अपने–अपने क्षेत्र में प्रदर्शन कर इतिहास बना दिया।

अपनी क्षमताओं का पूरा सदुपयोग कीजिए। मनुष्य असीम क्षमताओं और योग्यताओं से परिपूर्ण प्राणी है। हम अपनी बौद्धिक क्षमता (Brain Power) का बहुत कम इस्तेमाल कर पाते हैं। बड़े–बड़े वैज्ञानिकों ने यह माना है कि हम अपने ब्रेन का मात्र दसवाँ हिस्सा पूरे जीवन में उपयोग कर पाते हैं। मनुष्य का मस्तिष्क असीम संभावनाओं से भरा हुआ है जिससे अनेक नवाचार और सृजन किए जा सकते हैं।

बेहतर से बेहतर करें – योगेश कुमार डागुर (आर.ए.एस.)

बेहतर से बेहतर की तलाश करो,

मिल जाए नदी तो समंदर की तलाश करो।

टूट जाता है शीशा पत्थर की चोट से,

टूट जाए पत्थर ऐसा शीशा तलाश करो।।

प्रशासनिक सेवाओं में अपनी सेवाएं देते हुए मुझे ऐसा लगता है कि हम जनता और देश के लिए कुछ कर पाने की स्थिति में है। एक संतोषपूर्ण एहसास होता है। आर.ए.एस. की परीक्षा और इन्टरव्यू पास करने के लिए आपका नजरिया और दायरा सकारात्मक तथा व्यापक होना जरूरी है। चीजों को मुद्दों को एक–दूसरे से जोड़कर (Inter-link) देखना चाहिए, विश्लेषण और विमर्श करना चाहिए। आपका दृष्टिकोण विराट लेकिन फोकस्ड और समाधानपूर्ण होना चाहिए।

एक उदाहरण के माध्यम से में इसे समझाता हूँ। एक कॉलेज में विज्ञान के 10 विद्यार्थियों को प्रत्येक को एक उत्तल लैंस और पेपर देकर धूप में बैठा कर उनसे उस पेपर को लैंस के माध्यम से जलाने का प्रयोग (टास्क) दिया जाता है। प्रयोग के पश्चात् आप देखेंगे कि कुछ विद्यार्थी पेपर बिलकुल नहीं जला पाए, कुछ आधा–अधूरा लेकिन कुछ ने पूरा पेपर जला दिया। ये प्रयोग में सफल होने वाले वे लोग हैं जिन्होंने लैंस से पेपर पर धूप को अच्छे से फोकस कर लिया। असफल विद्यार्थी ढंग से फोकस नहीं कर पाए। यही स्थिति आर.ए.एस. परीक्षा की तैयारी वालों की है।

आर.ए.एस. मुख्य परीक्षा में आपको उस कसौटी के अनुरूप लिखना होगा, जिसकी अपेक्षा आर.पी.एस.सी. एक भावी सिविल अधिकारी से करता है। आपके जवाबों में तथ्य, तर्क, भाषा और विश्लेषण का संतुलित मिश्रण होना चाहिए। यह परीक्षा आत्मविश्वास, पढ़ाई के प्रति समर्पण और दृढ़ता के आधार पर उत्तीर्ण की जा सकती है, इसलिए इन्हें अंत तक बनाए रखें। इसके अलावा आप लक्ष्य स्थिर रखें और उसी की पूर्ति में मन, वचन और कर्म से लग जाएं। **मैसेज :– फोकस करने वाला ही सफल होता है।**

मेमोरी बढ़ाने के साइंटिफिक तरीके

आर.ए.एस. परीक्षा में टॉपर बनने के लिए ये जरूरी है कि आपकी मेमोरी शॉर्प और दीर्घकालिक बने। मनोवैज्ञानिकों के अनुसार हमारी मेमोरी मुख्य रूप से दो प्रकार की होती है – शॉर्ट टर्म मेमोरी और लोंग टर्म मेमोरी। दोनों की तीन–तीन स्टेज होती हैं। कोई पढ़ी हुई विषयवस्तु हमें जीवन भर याद रहती है जबकि कुछ चीजों को हम तुरन्त ही भूल जाते हैं। इसका कारण यह है कि वह विषयवस्तु हमारी शॉर्ट टर्म मेमोरी में ही खतम हो जाती है अभ्यास और रिवीजन के अभाव में वह लोंग टर्म मेमोरी में एंटर नहीं कर पाती।

किसी विषयवस्तु को पढ़ने सुनने या देखने के बाद 24 घंटे के अन्दर रिवीजन जरूर करना चाहिए इससे वह शॉट टर्म मेमोरी की दूसरी स्टेज में चला जाता है। फिर 7 दिन से लेकर 15 दिन के बीच रिवीजन फिर 30 से 60 दिन, फिर 60 से 90 दिन के बीच (फिर 6 माह से एक साल के मध्य) रिवीजन करना चाहिए। इससे वह विषयवस्तु शॉर्ट टर्म मेमोरी के तीन तथा लोंग टर्म मेमोरी तीनों स्टेज पार करके फिगरल मेमोरी के रूप में दिमाग में स्थायी हो जाती है और सदैव याद रहती है।

इस प्रकार ब्रेन साइकोलॉजी यह कहती है कि किसी भी विषयवस्तु को पढ़ने, देखने, सुनने के पश्चात् निश्चित समय अन्तराल पर उसका रिवीजन करना जरूरी है। तभी वह स्थायी याददास्त बन पाएगी। अगर आपको लगता है कि आपकी याददाश्त कमजोर है या आप थोड़ी देर में भूलने लगते हैं तो साइंस आधारित इन तरीकों को अपनाकर आप अपनी मेमोरी को शॉर्प बना सकते हैं।

- **डूडलिंग** – यूनिवर्सिटी ऑफ वॉटरलू की एक स्टडी में पाया गया है कि जो इंफॉर्मेशन को याद रखने के लिए उससे जुड़ी ड्रॉइंग या डूडलिंग करते हैं वे बेहतर याद रख पाते हैं।
- **हैंडरिटन नोट्स** – प्रिंसटन और कैलिफोर्निया यूनिवर्सिटी की स्टडी कहती है कि लैपटॉप में टाइप करने की बजाय हाथ से लिखकर बेहतर याद किया जा सकता है।
- **म्यूजिक** – नेशनल एकेडमी ऑफ साइंसेज की एक रिसर्च में सामने आया है कि म्यूजिक सुनना हमारी मेमोरी और वर्बल इंटेलिजेंस को मजबूत बनाता है।
- **तेज बोलकर पढ़ना** – यूनिवर्सिटी ऑफ वॉटरलू के अध्ययन में पाया गया है कि बोल–बोलकर पढ़ना याददाश्त को स्ट्रॉन्ग बनाने में सबसे ज्यादा कारगर है।

अभ्यास के साथ तकनीक और ज्ञान के स्तर को निरन्तर बढ़ाएं – अनिल कुमार सिंघल, टॉपर आर.ए.एस. – 2016

पढ़ाई का एक पूर्व निर्धारित लक्ष्य होना बहुत जरूरी है। इसके अभाव में न तो अध्ययन का समुचित उपयोग किया जा सकता और न ही पढ़ाई में मन लगता है। लक्ष्य की निश्चितता बेहतर रणनीति का पहला कदम है। लक्ष्य की निश्चितता के लिए हमें लक्ष्य के बारे में पूरी जानकारी जुटानी होती है, जिसके लिए निम्नलिखित सवालों पर विचार करना जरूरी है....

- मुख्य परीक्षा का पाठ्यक्रम क्या है?
- परीक्षा मे पूछे जाने वाले सवालों की प्रकृति किस प्रकार की है?
- इस परीक्षा से संबंधित मानक पाठ्य–सामग्री कहां और कैसे मिलेगी?
- तैयारी की सटीक रणनीति और समय प्रबंधन क्या होगा?
- मुख्य परीक्षा में पास पाने के लिए कितनी मेहनत जरूरी है?
- पूर्व में सफल अभ्यर्थियों की क्या रणनीति रही थी?

इन सभी सवालों के जवाब आप खुद खोजें और न मिले तब किसी सफल अभ्यर्थी से मार्ग–दर्शन हासिल करें। हालांकि परामर्श देने वाला इन सवालों के पूरे जवाब आपको नहीं दे सकेगा, क्योंकि प्रत्येक अभ्यर्थी का पढ़ाई का तरीका, सोच की गहराई, पारिवारिक परिस्थितियां और समय की उपलब्धता अलग होती है।

यदि आप इन सवालों के जवाब प्राप्त कर लेते हैं, तो आपकी समस्या का आधा समाधान हो जाएगा। शेष आधा जवाब दिनचर्या को व्यवस्थित करके प्राप्त किया जा सकता है। यानी स्व–प्रबंधन, खुद की क्षमता के मुताबिक अपनी पढ़ाई का समय और घंटो का निर्धारण आदि।

निर्धारित समय–सारणी का दृढ़ता से पालन करना जरूरी है। इसके लिए प्रेरक व्यक्तित्व, प्रेरक प्रसंग, प्रेरक पुस्तक आदि की मदद ली जा सकती है। इसके बाद तैयारी की शुरुआत कर सकते हैं, लेकिन पढ़ाई करते समय ऐसी कुछ छोटी–छोटी बातें हैं, जिनकी वजह से हमारा ध्यान भंग होता है या पढ़ाई में मन नहीं लगता।

ध्यान को भंग होने से बचाने के लिए और पढ़ाई के दौरान ध्यान रखने वाली कुछ सावधानियां संक्षिप्त में बता रहा हूं :

- पढ़ाई हमेशा कुर्सी–टेबल पर ही करें, बिस्तर पर लेट कर बिलकुल न पढ़ें।
- पढ़ते समय टी.वी. या रेडियो न चलाएं और आस–पास कहीं चल रहा है, तो तत्काल प्रभाव से अपना पढ़ाई का स्थान बदल लें।
- पढ़ाई के समय मोबाईल स्विच ऑफ कर दें या साइलेंट मोड पर रखें और अति आवश्यकता नहीं होने तक मोबाइल को खुद से दूर रखें। कई अभ्यर्थी पढ़ाई के साथ–साथ फेसबुक, वॉट्सएप इत्यादि का उपयोग करते रहते हैं। ऐसे में उनका कीमती वक्त तो खराब होता ही है और जो पढ़ते हैं, वह भी स्पष्ट नहीं हो पाता है।
- पढ़े हुए बिंदुओं को लिखते जाएं। इससे आपकी एकाग्रता तो बनेगी ही, साथ में लेखन शैली में सुधार होगा। इसके अलावा रिवीजन के लिहाज से संक्षिप्त नोट्स भी बनते जाएंगे।
- मुख्य परीक्षा से संबंधित प्रत्येक टॉपिक को कम–से–कम तीन बार जरूर पढ़ें।
- रटने की प्रवृत्ति से बचें। जो भी पढ़ें उस पर विचार–मंथन करने के साथ–साथ दोस्तों एवं सीनियर अभ्यर्थियों के समूह चर्चा पर भी खासा ध्यान दें।
- सभी आवश्यक विषयों के संक्षिप्त नोट्स जरूर बनाएं, जो परीक्षा के नजदीकी समय में काम आ सकें।
- पुराने पेपरों के आधार पर पाठ्यक्रम से महत्वपूर्ण बिंदुओं को छांट लें और उन्हें अच्छी तरह से तैयार करें।
- पढ़ाई करते समय अधिक खाने से बचें, पानी का सेवन भरपूर मात्रा में करें।
- भूगोल, इतिहास, विज्ञान जैसे विषयों में कई महत्वपूर्ण चित्रों, मानचित्रों, ग्राफ, रेखाचित्रों और याद करने के सूत्रों आदि का प्रयोग करें। इस तरह से आप इन्हें अधिक समय तक याद रख पाएंगे।

आर.ए.एस. में सफलता के सात सूत्र –राकेश कुमार जायसवाल, आई.ए.एस, टॉपर आर.ए.एस. बैच 1989

- **योजना बनाएं और सफलता पाएं** – विश्व इतिहास ऐसे अनेक उदाहरणों से भरा पड़ा है, जिनमें योजना बनाकर बड़े–बड़े व असंभव लगने वाले कार्य

किए जाने का उल्लेख है। योजनाबद्ध तरीके से किए गए कार्य में सफलता अवश्य मिलती है। अगर आपने सिविल सेवा परीक्षा में शामिल होने का मन बना लिया है तो आपके पास एक कारगर योजना होनी चाहिए। जिसके बल बूते आप करीब पाँच–छह लाख अभ्यर्थियों में अपना स्थान पक्का कर सकें। एक बेहतर योजना आपको सफलता दिला सकती है। योजना बनाते समय पहलू को ध्यान में रखकर योजना बनानी चाहिए। क्या पढ़ें, कितना पढ़ें, कब–कब पढ़ें, सामग्री को इकट्ठा करने के लिए क्या करें, एक टॉपिक पर कितना समय दें इत्यादि। यह सब आपको तय करना होगा। योजना बनाकर की गई पढ़ाई से आप जहाँ लम्बे समय तक चीजों को याद रख पाने में समर्थ हो जाते हैं, वही कम समय में ज्यादा कार्य करने में सफल होते हैं।

- **स्वयं पर यकीन करें** – यदि आप को अपने लक्ष्य तक पहुँचना है एवं जीवन में सफल होना है, तो अपने आपको पहचानना होगा। सामान्य लोगों की भीड़ से अलग दिखने के लिए अपने आत्मविश्वास एवं दृढ़ संकल्प को बढ़ाना होगा। अगर आप सिविल सेवा में सम्मिलित होने का पूरा मन बना चुके हैं, तो आपको स्वयं पर यकीन रखना भी शुरू करना होगा। परीक्षा का क्षेत्र विस्तृत होने के कारण शुरुआत में कुछ मुश्किल जरूर आयेगी, लेकिन घबराएं नहीं बल्कि डटकर मुकाबला कीजिए और स्वयं पर यकीन रखते हुए नित्य नया करने की कोशिश करें। सफल लोगों की सफलता से प्रेरणा लें और सोचें कि वह कर सकते है तों मैं क्यों नहीं? फिर अपने आप पर विश्वास रखते हुए, ईमानदारीपूर्वक अपनी कमजोरियों को खोज निकलें और उसे योजनाबद्ध तरीके से दूर करने की कोशिश करें। अगर सही मायने में आप ऐसा कर लेते हैं तो सफलता आपको जरूर मिलेगी।
- **स्वाध्याय को अपनी ताकत बताएं** – सिविल सेवा जैसी परीक्षा में सफल होने के लिए यह आवश्यक है कि आप पढ़ाई व अध्ययन में कितना अंतर समझते हैं। कितना पढ़ते हैं यह मायने नहीं रखता, बल्कि यह मायने रखता है कि आप कितने समय विभिन्न विषयों पर चिंतन–मनन कर ज्ञान बटोरते हैं। अर्थात् पहली स्थिति में आप यदि 12 घंटे में 300 पेज पढ़ते हैं और उसे सही तरह से सब कुछ समझ नहीं पाते हैं, तो आपकी पढ़ाई बेकार है।

दूसरी स्थिति में यदि आप केवल 5 घंटे प्रतिदिन अध्ययन करते हैं और अपने अन्दर इतनी शक्ति विकसित करते हैं कि अध्ययन की गयी सारी सामग्री किसी को समझा सकें। इस तरह दोनों स्थिति में दूसरी स्थिति सफलता के शिखर तक आपको पहुँचती है, तो पढ़ाई नहीं अध्ययन करें, स्वाध्याय करें।

- **सकारात्मक सोचें** – दो पल की नकारात्मक सोच सब कुछ खत्म कर सकती है। सफलता के लिए यह निश्चित है कि आपकी सोच विकसित करने के लिए सर्वप्रथम आप अपने आप को पहचानिए और अपने लक्ष्य को पाने के प्रति सकारात्मक सोच रखिए। कई बार मस्तिष्क में कुछ नकारात्मक विचार आते है, जिनके कारण हमें लगने लगता है कि हम यह कार्य नहीं कर सकते, ऐसे विचार आने पर वह काम जो आप कर सकते हैं, वह भी नहीं कर पाते हैं। क्योंकि उसे सफल बनाने के लिए आपका मस्तिष्क आपका साथ नहीं देता, अतः सदा सकारात्मक सोचें।
- **सम्पूर्ण प्रयास एवं संतुलित प्रयत्न** – सम्पूर्ण प्रयास एवं संतुलित प्रयत्न से आप अपने लक्ष्य तक आसानी से पहुँच सकते हैं। आपको किसी भी विषय के सभी पहलुओं का अध्ययन करना चाहिए। कभी किसी कठिन पहलू को नहीं छोडें, क्योंकि वही आगे चल कर आपके लिए मुसीबत बन सकती है। आसान और कठिन के बीच एक संतुलन कायम करके ही आप संपूर्ण पाठ्यक्रम को तैयार कर सकते है। सभी विषयों पर ध्यान देना नितांत आवश्यक है, जब भी किसी टॉपिक का अध्ययन करें, उसके सभी पक्षों एवं पहलुओं को जरूर ध्यान में रखें। तैयारी इस तरह करें कि पहले प्रयास को अंतिम प्रयास मानकर योजनाबद्ध तरीके से संपूर्ण रूप से तैयारी करें।
- **समय प्रबंधन करें** – जब तक आप अपनी तैयारी को अपनी नियमित जीवन शैली नहीं बनाएंगे, तब तक आप कुशल समय प्रबंधन में सफल नहीं होंगे। समय निश्चित कर अध्ययन करना अपने–आप में अलग अनुभव देता है। वह आपको हमेशा शांत, मानसिक तनाव से मुक्त और खुश रहने में मदद करेगा। अपनी तैयारी को लाभदायक बनाने के लिए समय का उचित उपयोग करें। समय बड़ा बलवान और अमूल्य है। सदा समय का सदुपयोग करें, परिणाम हमेशा सकारात्मक होगा।
- **स्वयं नोट्स बनाएं** – बाजार में उपलब्ध गाइडों व पुस्तकों पर निर्भर रहने की बजाय आप अपने नोट्स स्वयं बनाए। आपके द्वारा बनाए गए नोट्स किसी एक पुस्तक से बनाने की बजाय कई पुस्तकों की सहायता से बनाए। अपने नोट्स को प्रभावशाली तथा अद्वितीय बनाने के लिए विभिन्न स्रोतों का

अध्ययन कर उनके आवश्यक तत्वों को एक सूत्र में बांधे। अपने बनाए नोट्स से एक बड़ा फायदा है कि नोट्स बनाते समय ही आप सारी अध्ययन सामग्री को एक बार अच्छी तरह से पढ़ लेते हैं। नोट्स बनाने के बाद फिर से जब आप उस नोट्स को पढ़ते हैं तो वह आसानी से याद हो जाता है। नोट्स को समझना आसान हो जाता है और सामग्री को लम्बे समय तक याद रखा जा सकता है। इस नोट्स से रीविजन करना भी कभी आसान और आपके लिए कारगर होता है।

वांछित गुण विकसित कीजिए (Develop Desired Qualities) – सूरज कश्यप, लेखक एवं सिविल सेवा परीक्षा एक्सपर्ट

प्रशासनिक सेवा अधिकारी में कुछ विशेष वांछित गुणों की आकांक्षा रहती हैं। आर.ए.एस. या आई.ए.एस. जैसी सिविल सेवाओं की परीक्षा की तैयारी के दौरान भी इन गुणों का विशेष महत्व होता है। जब आप विश्लेषणात्मक प्रश्नों (Analytical Questions) के उत्तर देते हैं तो आपका नजरिया एक प्रशासनिक अधिकारी का होना चाहिए। सिविल सर्वेन्ट के दृष्टिकोण वाले उत्तर की ही आपसे अपेक्षा की जाएगी। ऐसे गुणों को आप अभी से आत्मसात् करें फलस्वरूप सफल और विजयी होकर रहेंगे।

- सहजता (Instinctive)
- ईमानदारी (Honesty)
- वीरता (Gallant)
- विश्वास (Faith)
- संकल्प (Determined
- आशावान (Hopeful)
- सकारात्मक नजरिया (Positive Attitude)
- सृजनशीलता एवं नवाचार (Creativity and Innovation)
- अच्छी आदतों का विकास (Good Habits)
- समरसता (Harmony)
- दृढ़ इच्छा शक्ति (Strong Will Power)
- हौसला (Confidence)

- आत्मबल (High Morale)
- पहल करने की योग्यता (Assertiveness)
- समय निष्ठ (Punctual)
- सत्यनिष्ठा (Integrity)

प्रेरणास्पद बौद्ध कहानी

एक किसान था, वह एक बड़े से खेत में खेती किया करता था, उस खेत के बीचों–बीच पत्थर का एक हिस्सा जमीन से ऊपर निकला हुआ था जिससे ठोकर खाकर वह कई बार गिर चुका था और ना जाने कितनी ही बार उससे टकराकर खेती के औजार भी टूट चुके थे। रोजाना की तरह–आज भी सुबह–सुबह खेती करने पहुँचा पर जो सालों से होता आ रहा था, वही हुआ, एक बार फिर किसान का हल पत्थर से टकराकर टूट गया। किसान क्रोधित हो उठा और उसने मन–ही–मन सोचा कि आज जो भी हो जाए वह इस चट्टान को जमीन से निकाल कर इस खेत के बाहर फेंक देगा।

वह तुरंत भागा और गाँव से 4-5 लोगों को बुला लाया और सभी को लेकर वह पत्थर के पास पहुँचा और बोला, "मित्रों, ये देखो जमीन से निकले चट्टान के इस हिस्से ने मेरा बहुत नुकसान किया है और आज हम सभी को मिलकर इसे जड़ से निकालना है और खेत के बाहर फेंक देना है." और ऐसा कहते ही वह फावड़े से पत्थर के किनारे वार करने लगा, पर ये क्या! अभी उसने एक–दो बार ही मारा था कि पूरा–का–पूरा पत्थर जमीन से बाहर निकल आया। साथ खड़े लोग भी अचरज में पड़ गए और उन्हीं में से एक ने हँसते हुए पूछा, "क्यो भाई, तुम तो कहते थे कि तुम्हारे खेत के बीच में एक बड़ी–सी चट्टान दबी हुई है, पर ये तो एक मामूली–सा पत्थर निकला" किसान भी आश्चर्य में पड़ गया। सालों से जिसे वह भारी–भरकम चट्टान समझ रहा था दरअसल वह बस एक छोटा–सा पत्थर था!! उसे पछतावा हुआ कि काश उसने पहले ही इसे निकालने का प्रयास किया होता तो ना उसे इतना नुकसान उठाना पड़ता और ना ही दोस्तों के सामने उसका मजाक बनता, इस किसान की तरह ही हम भी कई बार जिन्दगी में आने वाली छोटी–छोटी बाधाओं को बहुत बड़ा समझ लेते हैं और उनसे निपटने की बजाय तकलीफ उठाते रहते हैं, जरूरत इस बात की है कि हम बिना समय गवाएं उन मुसीबतों से लडें, और जब हम ऐसा करेंगे तो कुछ ही समय में चट्टान–सी दिखने वाली समस्या एक छोटे से पत्थर के समान दिखने लगेगी, जिसे हम आसानी से ठोकर मार कर आगे बढ़ सकते हैं।

❑❑

अध्याय-4

मुख्य परीक्षा – अहम पड़ाव (Main Examination – Important Stage)

परिचय

इस परीक्षा में वर्तमान में किए गए बदलावों के बाद सामान्य अध्ययन का पाठ्यक्रम बहुत विस्तृत हो गया है। अभ्यर्थियों को इससे परेशान होने की जरूरत नहीं है। स्वाभाविक है कि कोई भी बदलाव जनहित में किया जाता है और उसका उद्देश्य अभ्यर्थियों को परेशान करना नहीं, बल्कि चीजों को सहज और उपयोगी बनाना होता है। ध्यान रखें कि यह प्रतियोगिता सभी के लिए समान है और आपका इस प्रतियोगिता में प्रदर्शन आप पर ही निर्भर करता है। सामान्य अध्ययन के सभी स्रोतों का भरपूर उपयोग करें।

सामान्य अध्ययन की तैयारी के लिए कुछ सुझाव सुझा रहा हूं, जिन पर अमल कर आप अधिक अंक ला सकते हैं...

- सामान्य अध्ययन के पाठ्यक्रम से ऐसे विषयों की पहचान करें, जिन्हें अधिक समय देने की जरूरत है। इसके बाद प्रत्येक विषय के लिए समय–सीमा निर्धारित करें। यह तैयारी की रणनीति का अहम हिस्सा है।
- इसके बाद पाठ्यक्रम के मुताबिक सभी विषयों को पढ़ने का एक क्रम तैयार करें और उसी क्रमानुसार पढ़ाई को अंजाम देने का प्रयास करें।
- सामान्य अध्ययन के प्रश्न–पत्रों में इतिहास, अर्थव्यवस्था, राजनीति विज्ञान जैसे विषयों को सबसे पहले पढ़ें और इसके बाद पर्यावरण, भूगोल और अन्य तकनीकी विषयों को कवर करें। क्योंकि तैयारी की शुरुआत में आसान विषय आसानी से समझ आएंगे। इससे आपका आत्मविश्वास बढ़ेगा और खुद को यह विश्वास हो जाएगा कि मैं थोड़ी–बहुत और मेहनत कर लूं तो यह परीक्षा उत्तीर्ण कर लूंगा। यह एक मनोवैज्ञानिक सिद्धांत है।

- नए अभ्यर्थी को शुरुआती दौर में करेंट अफेयर्स की नहीं बल्कि सामान्य अध्ययन से संबंधित आधारभूत एवं धरातलीय जानकारी और समझ की अधिक आवश्यकता होती है। इसलिए 80 प्रतिशत समय कक्षा 6 से 12वीं तक की एन.सी.ई.आर.टी के विषयवार सार संग्रह या नोट्स के अध्ययन को दें।
- किसी विषय में कोई टॉपिक स्पष्ट नहीं होने की स्थिति में उसे छोड़ देना उचित होता है। इस प्रकार के टॉपिक को एक नोटबुक में नोट करते रहें और अवसर मिलने पर किसी सेमिनार या कोचिंग संस्थान में संबंधित विषय पर विस्तृत चर्चा कर लें।
- इस परीक्षा में उत्तर लेखन का अभ्यास बहुत जरूरी है, क्योंकि सवाल की मांग के मुताबिक जवाब को संतुलित करना बिना अभ्यास संभव नहीं है। लिहाजा एक आदर्श उत्तर प्रारूप का अनुसरण करते हुए सामान्य अध्ययन के संभावित विषयों में से सवाल बना कर खुद ही जवाब लिखें और किसी विशेषज्ञ या सफल अभ्यर्थी से उस जवाब की जांच करवाएं।
- जवाबों में हमेशा प्रामाणिक तथ्यों, आंकड़ों और उदाहरणों का उपयोग करना चाहिए। गलत तथ्यों का नकारात्मक असर पड़ता है। इससे आपके अंक कटने की आशंका बनी रहती है। तैयारी की शुरुआत से ही प्रामाणिक तथ्यों, आंकड़ों और उदाहरणों का संकलन आरंभ कर देना ही तैयारी की दिशा में उचित कदम माना जाता है।
- प्रामाणिक तथ्यों के लिए केवल मानक किताबों, पत्रिकाओं, समाचार–पत्रों और आधिकारिक वेबसाइटों की ही मदद लें, अन्य छोटी–मोटी चीजों को आधार न बनाएं।
- मुख्य परीक्षा की तैयारी के लिए आप किसी भी अच्छे कोचिंग संस्थान के टेस्ट सीरिज ज्वॉइन कर सकते हैं। इससे आप जान पाएंगे कि आप कितने पानी में हैं और सुधार की कितनी गुंजाइश है।
- अपनी लेखन शैली को इस प्रकार विकसित करें, जिससे आपके जवाब में एक प्रशासनिक अधिकारी की मानसिकता एवं व्यापक सोच की झलक स्पष्ट रूप में दिखाई दे।
- भाषा के प्रवाह के साथ सवालों में निहित एक से अधिक आयामों को जोड़ने का प्रयास करें। जिसके लिए समाचार–पत्रों एवं पत्रिकाओं का नियमित रूप से अध्ययन जरूरी है।

- मुख्य परीक्षा के 20–25 दिन पहले पिछले एक साल पुरानी समसामयिकी पत्रिकाओं का अच्छी तरह से अध्ययन करें, जिससे आवश्यकता पड़ने पर सवाल के जवाब में करेंट की बात का उल्लेख कर सकते हैं।

उदाहरण – भारत–पाकिस्तान विभाजन के समय जम्मू–कश्मीर की स्थिति पर कोई सवाल आता है, तो इसमें वर्तमान की स्थिति का उल्लेख करना अधिक अंकदायी होगा।

- राष्ट्रीय खबरों में सभी क्षेत्रों से संबंधित सरकारी योजनाएं, नई नीतियां, नई विज्ञान और तकनीक आदि से संबंधित खबरों को ध्यान से पढ़ना चाहिए।
- अंतरराष्ट्रीय खबरों में विश्व बैंक, आई.एम.एफ., विश्व की आर्थिक शक्तियों, भारत के द्विपक्षीय संबंध, भारत की विदेश–नीति, अंतरराष्ट्रीय सहयोग आदि से संबंधित खबरों को ध्यान से पढ़ना चाहिए।
- सामान्य अध्ययन के प्रत्येक विषय के लिए एक या दो मानक किताबें तय करें और पूरी तैयारी के दौरान उसी को बार–बार पढ़ते रहें। आप किसी विषय की उचित संख्या से अधिक किताबें पढ़ने की कोशिश करेंगे, तो शायद आपके मन में यह बात स्वतः आती चली जाएगी कि अभी भी बहुत कुछ शेष रह गया है। उन चीजों का कोई अंत नहीं है।

❖ उत्तर लेखन में ध्यान रखने योग्य बातें

- जवाब के प्रभावशाली लेखन के लिए सरल भाषा और छोटे–छोटे वाक्यों का प्रयोग करें।
- ध्यान रखें, जो भी लिखें वह स्पष्ट, सरल एवं टू–द–प्वॉइंट हो।
- किसी बात को घुमा–फिराकर लिखने की बजाय सीधे व सरलता के साथ लिखना अधिक अंकदायी होता है।
- जवाब लिखने से पहले सवाल के मूलभाव को अच्छी तरह समझने का प्रयास करें। कहीं ऐसा न हो कि सवाल में पूछा कुछ हो और आप उसी विषय पर कोई अन्य रटा–रटाया जवाब लिख रहे हैं। यह अक्सर घातक सिद्ध होता है।
- लेखन कौशल के विकास के लिए मुख्य परीक्षा की तैयारी के दौरान आदर्श उत्तर लिखने का लगातार अभ्यास करना चाहिए। ऐसा करने से अभ्यर्थियों को मुख्य परीक्षा में समय के दबाव में उत्तर लिखने में मदद मिलेगी।
- लिखे गए जवाबों में सभी महत्वपूर्ण बिंदुओं को अंडरलाइन कर दें, जिन्हें आप महत्वपूर्ण मानते हैं।

- आर.ए.एस. मुख्य परीक्षा में आमतौर पर उल्लेख कीजिए, चर्चा कीजिए, व्याख्या कीजिए, समीक्षा कीजिए, विवेचना कीजिए, आलोचनात्मक परीक्षण कीजिए आदि शब्दावली होती है। इनके संबंध में प्रायः अभ्यर्थी भ्रमित रहते हैं और सवाल की वास्तविक मांग को स्पष्ट रूप से समझ नहीं पाते, इसलिए ऐसे शब्दों का अर्थ और इनके अंतर को जरूर समझ लें।

❖ कामयाबी में सहायक छोटी-छोटी बातें

- आर.ए.एस. मुख्य परीक्षा के सवालों की प्रकृति को अच्छी तरह से समझने की कोशिश करें, क्योंकि इसमें पूछे जाने वाले सवाल मिश्रित श्रेणी के होते हैं। इनमें समीक्षात्मक, मूल्यांकनात्मक, विवरणात्मक, तुलनात्मक, आलोचनात्मक श्रेणियों को मुख्य रूप से शामिल किया जा सकता है। टिप्पणी, वर्णन, विश्लेषण, विवेचन, समीक्षा, मूल्यांकन, समालोचना, लघु लेख, निबंध, चर्चा कीजिए, परीक्षण कीजिए, सुझाव दीजिए इत्यादि जैसे प्रश्न भी होते हैं।
- मुख्य परीक्षा के लिए पढ़ाई की शुरुआत प्रारंभिक परीक्षा के साथ ही करनी चाहिए, इसके लिए सबसे पहले एन.सी.ई.आर.टी. की 6 से 12वीं कक्षा तक की सामान्य विज्ञान, इतिहास, भूगोल, राजनीति और अर्थशास्त्र की किताबों को अधिक प्राथमिकता देनी चाहिए।
- पर्यावरण से जुड़े विषयों को पढ़ने के लिए राजस्थान बोर्ड की कक्षा 9वीं से 12वीं तक की किताबों का विस्तृत अध्ययन करना चाहिए।
- किसी भी नए मुद्दे और टॉपिक के बारे में यदि कोई संदेह है, तो उसे दूर करने के लिए गूगल बाबा (इंटरनेट) की मदद ली जा सकती है।
- मुख्य परीक्षा के आखिरी महीने में नई सामग्री पढ़ना बंद कर दें और अब तक पढ़ें गए विषयों का कम–से–कम दो बार रिवीजन करने का प्रयास करें। इसके तहत पहली बार रिवीजन करते समय कठिन और आवश्यक बिंदुओं को हाइलाइटर से चिह्नित करते जाएं। इससे दूसरी बार रिवीजन के समय बहुत मदद मिलेगी और दोहराने की प्रक्रिया भी तेजी से पूरी हो सकेगी।
- मुख्य परीक्षा में सवालों का जवाब तय शब्द सीमा के मुताबिक टू–द–पॉइंट लिखना चाहिए, ताकि समय की बचत के साथ–साथ कम शब्दों में सवाल की मांग को प्रस्तुत किया जा सके। अक्सर कुछ अभ्यर्थी इस पर ध्यान नहीं देते हैं और बिना किसी समरसता के लिखते चले जाते हैं, जो उचित नहीं है। इसलिए इस पर ध्यान देने की आवश्यकता है।

- अधिकतर अभ्यर्थी सामान्य अंग्रेजी और हिंदी की तैयारी के प्रति गंभीर नहीं होते जबकि इस परीक्षा में सभी विषयों का समान महत्व होता है। लिहाजा किसी भी विषय को छोड़कर आप आगे नहीं बढ़ सकते। इसलिए सामान्य अंग्रेजी और हिंदी को भी पर्याप्त समय देने का प्रयास करें।
- कम समय में अच्छी तैयारी का सबसे बढ़िया माध्यम आपके द्वारा बनाए गए नोट्स होते हैं।
- आर.ए.एस. मुख्य परीक्षा में लिखे गए आपके प्रत्येक शब्द से आपकी विचारधारा और व्यक्तित्व का पता चलता है। ऐसे में किसी खास नीति, पक्ष की तरफ दिखाया गया झुकाव आपके लिए नुकसानदायक हो सकता है। इसलिए उत्तर लिखने में संतुलित दृष्टि अपनाएं और लिखे हुए प्रत्येक शब्द की कीमत पहचानें।
- समाचार पत्रों और पत्रिकाओं के महत्वपूर्ण समाचारों, संपादकीय टिप्पणियों एवं प्रकाशित आलेखों से प्रतिदिन आवश्यक एवं उपयोगी अंशों के नोट्स बनाएं।
- देश की समकालीन विकासात्मक गतिविधियों से रू–ब–रू होने के लिए भारत सरकार के प्रकाशन विभाग, नई दिल्ली से प्रकाशित होने वाली योजना, कुरुक्षेत्र पत्रिका पढ़ें। साथ ही इसी विभाग से भारत की समग्र गतिविधियों पर केंद्रित प्रतिवर्ष प्रकाशित होने वाले सन्दर्भ ग्रंथ 'भारत' के अद्यतन संस्करण को अवश्य देखें।

प्रश्नों की डिमांड (की-वर्ड्स) के अनुसार उत्तर लिखने चाहिए

आर.ए.एस. की परीक्षा में भी अब सिविल सेवा परीक्षा की भांति विश्लेषणात्मक प्रश्न पूछे जाने लगे हैं। यद्यपि आर.ए.एस. में पहले सीधे–सीधे तथ्यात्मक प्रश्न पूछे जाते थे लेकिन अब ट्रेंड बदल रहा है। इसलिए मुख्य परीक्षा में प्रश्नों की मंशा (Demand) के अनुसार उत्तर लिखने (टू द प्वाइंट आँसर – अकोर्डिंग डिमांड ऑफ द क्वेश्चन) का अभ्यास करना जरूरी है। प्रश्नों में प्रयुक्त होने वाले कुछ की–वर्ड्स की सूची –

(1) आलोचना (Criticize), (2) समालोचना (CriticallyAnalyse), (3) विवेचना (Discuss), (4) व्याख्या (Elucidate), (5) विवरण (Explain), (6) टिप्पणी (Comment), (7) विश्लेषण (Analysis), (8) परीक्षण (Examine), (9) समीक्षा कीजिए (Evaluate), (10) मूल्यांकन (Evaluate), (11) आकलन (Assess), (12)

औचित्य (Justify), (13) पुष्टि (Prove), (14) सोदाहरण व्याख्या (Illustrate), (15) वर्णन कीजिए (Describe), (16) चित्रण कीजिए (Sketch), (17) परिचय दीजिए (Identify), (18) विशेषताएँ बताइए (Features), (19) तुलना कीजिए (Compare), (20) परिभाषित कीजिए (Define)

सभी की–वर्ड्स के अर्थ अलग–अलग नहीं होते। हालाँकि उनका उपयोग अलग–अलग स्थानों पर किया जाता है, लेकिन उनके भावार्थ एक जैसे ही होते हैं। आप इन्हें काफी कुछ पर्यायवाची भी मानकर चल सकते हैं। उदाहरण के लिए–

अंग्रेजी का एक शब्द है– Discuss, इसी के लिए हिन्दी में आपको तीन शब्द मिल जाएँगे– विवेचना कीजिए, चर्चा कीजिए और वर्णन कीजिए। अब आपको इस चक्कर में नहीं पड़ना है कि हिन्दी के इन तीनों शब्दों के अर्थ अलग–अलग क्यों हैं? इन्हें एक ही मानें।

ठीक यही स्थिति अंग्रेजी की भी है। जैसे अंग्रेजी का एक शब्द है– Explain, जिसे हिंदी में 'व्याख्या' भी कहा जाता है और 'विवरण' भी। अंग्रेजी में इसी के समकक्ष अन्य तीन शब्द देखने में आए हैं। ये शब्द हैं– Elucidate, Elaborate & Interpret. इसीलिए जहाँ भी ये चार शब्द मिलते हैं, इन्हें एक ही मानकर चलें। मैं यह बात न तो अपनी ओर से कह रहा हूँ और न ही डिक्शनरी के आधार पर, बल्कि सिविल सेवा परीक्षा के प्रश्न–पत्रों में जिस तरह हिन्दी और अंग्रेजी में इन शब्दों का उपयोग किया गया है, उस आधार पर कह रहा हूँ।

इसलिए मुझे लगता है कि आपको इन शब्दों के बीच जो मूलभूत अन्तर है, उसे ही समझ लेना पर्याप्त होगा। ये मूलभूत अन्तर तीन तरह के हो सकते हैं–

- **पहला,** ऐसे शब्द जो विश्लेषण की माँग नहीं करते, जैसे कि चित्रण कीजिए, परिचय दीजिए, अन्तर बताइए, तुलना कीजिए आदि–आदि।
- **दूसरे प्रकार के** वे शब्द होते है जिनमें विश्लेषण की माँग तो की जाती है, लेकिन बहुत गहरे विश्लेषण की नहीं। इसके अन्तर्गत आप अपनी बात को सामान्य तर्क–वितर्क के माध्यम से रख सकते हैं। उदाहरण के लिए कुछ ऐसे शब्द हैं– पुष्टि कीजिए, आकलन कीजिए, समीक्षा कीजिए, आलोचना कीजिए तथा टिप्पणी कीजिए आदि।
- **तीसरे प्रकार के** वे शब्द होते हैं, जिनमें आपसे बहुत गहरे विश्लेषण की माँग की जाती है। सामान्यतया जब विश्लेषण वाले दो शब्द एक साथ आते हैं, तो वह गहरी समीक्षा होती है। ऐसे कुछ शब्द हैं– समालोचनात्मक विवेचन, विवेचनात्मक, समालोचनात्मक लेख, समालोचनात्मक मूल्यांकन तथा समालोचनात्मक परीक्षण आदि।

- वस्तुतः अधिकांश की–वड्र्स के साथ विश्लेषण का चरित्र जुड़ा होता है। लेकिन उन शब्दों के अर्थों में जो अंतर होता है, वह यह कि यह विश्लेषण किया कैसे जाए। जैसे कि यदि Explain करने के लिए कहा जाता है, तो उसमें आप मुख्य बातों को स्पष्ट रूप से रखते हैं। जब चर्चा (Discuss) करने के लिए कहा जाता है, तब आप इन्हीं बातों को बातचीत की शैली में रखते हैं। जब इसी प्रश्न के साथ विश्लेषण (Analysis) शब्द जोड़ दिया जाता हैं, तो आप उस प्रश्न से जुड़े सभी भागों को अलग–अलग करके स्टेप बाय स्टेप अपनी बात रखते हैं। इस प्रकार आप देखते हैं कि विश्लेषण आपको इन तीनों ही तरह के की–वड्र्स के अंतर्गत करना है, लेकिन विश्लेषण करने का तरीका अलग–अलग हो गया है।

मुझे लगता है कि यह तथ्य जानने के बाद अब आपके दिमाग का उलझाव निश्चित रूप से कम हो गया होगा। साथ ही अब विभिन्न की–वड्र्स के बारे में जो कुछ भी लिखा जा रहा है, उसे आप आसानी से समझ भी सकेंगे।

1. **आलोचना (Criticize)** – इसके लिए 'समीक्षा' शब्द भी मिलता है। इसका सीधा–सा अर्थ है– किसी भी विषय, मुद्दे या प्रघटना के गुण एवं दोषों पर विचार या निरूपण करना। यानी कि जो मुख्य प्रश्न है, उसके दोनों ही पक्षों को रख देना। सिविल सर्विस में इस शब्द का प्रयोग बहुत ही कम मिलता है।
2. **समालोचना (Critically Analyse)** – इस शब्द का प्रयोग काफी प्रश्नों के साथ किया जाता है। 'आलोचना' शब्द के सामने 'सम' शब्द रखने से यह शब्द बना है। वैसे है तो यह शब्द आलोचना के ही अर्थ में, लेकिन उससे थोड़ा गहरा है। आलोचना में जहाँ गुण एवं दोषों को सतही तौर पर रख देने से बात बन जाती है, वहीं समालोचना में गुण और दोषों को बहुत अच्छी तरह देखना–भालना होता है, ताकि उनके बीच अच्छी तरह से अंतर पता चल जाए। यानी कि यहाँ गहरी अन्तर्दृष्टि की जरूरत पड़ती है।
3. **विवेचना (Discuss)** – हिन्दी अनुवाद के रूप में इसके लिए 'चर्चा' शब्द भी मिलता है। यह भी एक प्रकार से समालोचना जैसी ही होती है, जिसमें किसी भी तथ्य की तर्क–वितर्कपूर्वक भली–भाँति जाँच की जाती है। यह जाँच उसके अच्छे–बुरे, दोनों ही पक्षों की होती है। लेकिन इसकी शैली में थोड़ा फर्क आ जाता है। वैसे आम भाषा में भी हम सब डिस्कस शब्द का प्रयोग करते हैं, जैसे – 'आओ, इस पर डिस्कस करते हैं, बातचीत करते हैं।' दरअसल यह बातचीत की शैली है, विवेचना की शैली है। स्पष्ट है कि इसमें आप अपनी बातों को उदाहरणों के द्वारा रखते हैं।

4. **व्याख्या (Elucidate)** – इसका अर्थ होता है– किसी जटिल वाक्य के अर्थ को स्पष्ट करना। इसके अंतर्गत दिए गए तथ्य के पूरे परिदृश्य को इस तरीके से बताना होता है कि पढ़ने वाले के दिमाग में उसका अर्थ स्पष्ट हो जाए। उदाहरण के तौर पर दो पंक्तियों की एक कविता है, लेकिन आपकी समझ में नहीं आ रही है। प्रोफेसर इस दो पंक्ति की कविता की आपके सामने व्याख्या करता है, ताकि आप उसे समझ सकें। अंग्रेजी में इसी के लिए एक अन्य शब्द है– Elaborate, इसका शाब्दिक अर्थ होता है– विस्तारित करना। यानी कि जो बात सूत्र के रूप में कही गई है, उसे विस्तार से इस प्रकार बताएँ कि अर्थ स्पष्ट हो जाए। कहना नहीं होगा कि यह एक प्रकार से Between the lines पढ़ने की आपकी क्षमता की भी मांग करता है। लिखे हुए को तो हर कोई पढ़ लेता है। लेकिन दो पंक्तियों के बीच खाली जगह को, जहाँ कुछ नहीं लिखा गया है, उसको पढ़ना बड़ी बात होती है। यानी कि उस बात को बताना, जो कही तो नहीं गई है, लेकिन वह उसमें निहित है। व्याख्या के अंतर्गत आप बहुत–सी ऐसी बातों को लिख सकते हैं।

   साथ ही Elucidate के लिए हिन्दी में एक अन्य शब्द भी मिलता है– स्पष्ट करें। इसके अंतर्गत आपको अपनी बात इस तरह बिलकुल साफ–साफ कहनी होती है कि किसी तरह का कोई संदेह न रह जाए। अभिव्यक्ति का मैटर क्रिस्टल क्लीयर होना चाहिए।

5. **विवरण (Explain)** – हालाँकि हिन्दी के 'विवरण' के लिए अंग्रेजी में Explain आया है, लेकिन यह पूरी तरह व्याख्या के समानान्तर नहीं है। व्याख्या में जहाँ जटिल वाक्यों का अर्थ स्पष्ट करना होता है, वहीं विवरण के अंतर्गत किसी बात या कार्य से संबंधित मुख्य बातों का उल्लेख करना ही पर्याप्त होता है। इसके अंतर्गत किसी भी बात को विस्तार के साथ स्पष्ट रूप से समझाना होता है।

6. **टिप्पणी (Comment)** – अंग्रेजी में इसके लिए Note शब्द भी देखने में आया है। कहीं–कहीं अनुवाद के रूप में हिन्दी के 'लेख' शब्द का भी उपयोग किया गया है। जब बात लेख की आती है, तो उसका अर्थ हो जाता है– वह सब कुछ, जो लिखने योग्य हो। ठीक इसी प्रकार जब बात टिप्पणी लिखने की आती है, तो उसका अर्थ भी कुछ इसी तरह का निकलता है– 'किसी को कुछ बताना'। वस्तुतः टिप्पणी को हम एक ऐसा छोटा लेख कह सकते हैं, जिसके द्वारा हम किसी अन्य को किसी तथ्य के बारे में विस्तृत तरीके से समझाते हैं। यह एक प्रकार से अपनी बात को संक्षिप्त रूप में रखने की कला है।

यहाँ इस बात का थोड़ा ध्यान रखा जाना चाहिए कि लेख अथवा टिप्पणी लिखते समय उसकी प्रासंगिकता (Relevancy) की भी चर्चा कर दी जाए।

7. **विश्लेषण (Analysis)** – यह भी एक प्रकार से Review करने जैसा ही होता है, लेकिन इसका तरीका थोड़ा अलग होता है। समालोचना में जहाँ हम पूरे प्रश्न को एक साथ लेकर चलते हैं, वहीं विश्लेषण में उस प्रश्न को कुछ भागों में बाँट लेते हैं। फिर सभी भागों का अलग–अलग परीक्षण करते हैं। इस प्रकार सीढ़ी–दर–सीढ़ी हमारे विचार सामने आते हैं।

8. **परीक्षण (Examine)** – यह एक प्रकार से जाँचने या परखने का काम है कि किसी व्यक्ति विशेष से कोई काम ठीक ढंग से हो सकता है या नहीं। जाहिर है कि इसमें आपको स्वयं ही निर्णय लेना पड़ेगा और अपने लिए गए निर्णयों को तर्क से सिद्ध भी करना पड़ेगा। इसमें पढ़ी हुई सामग्री कच्चे माल की तरह आपकी मदद करेगी। निश्चित रूप से यह शब्द आपसे मौलिकता की माँग करता है।

9. **समीक्षा कीजिए (Evaluate)** – वस्तुतः इस शब्द का काफी प्रयोग होता है और इसके समानान्तर दूसरे भी बहुत से शब्द हैं, जैसे– टिप्पणी कीजिए, आलोचना कीजिए, समालोचना कीजिए तथा समझाइए आदि। ये सभी शब्द लगभग–लगभग समीक्षा की ही प्रजाति के हैं। इस शब्द का अर्थ होता है– जाँच–पड़ताल के लिए किसी भी तथ्य को अच्छी तरह देखना और समझना। स्पष्ट है कि इसके अंतर्गत भी आप प्रश्न में निहित तथ्य के गुण और दोष, दोनों की जाँच–पड़ताल करेंगे।

10. **मूल्यांकन (Evaluate)** – अंग्रेजी के Evaluate शब्द का प्रयोग समीक्षा एवं मूल्यांकन, दोनों के लिए किया गया है। लेकिन जब हिन्दी में मूल्यांकन शब्द का प्रयोग होता है, तो उसका अर्थ समीक्षा से थोड़ा अलग हो जाता है। इसका शाब्दिक अर्थ है– किसी वस्तु का मूल्य ज्ञात करना, अर्थात् यह बताना कि कोई वस्तु क्यों इतनी मूल्यवान है या उसका क्यों इतना महत्व है। हाँ, उसके मूल्य को आँकने का यह काम उदाहरणों से किया जाना चाहिए और यदि अपने पक्ष में कोई तर्क दिया जा सके तो और भी बेहतर होगा।

11. **आकलन (Assess)** – यह काफी कुछ मूल्यांकन शब्द के करीब ही है, जिसका अर्थ होता है– अनुसंधान करना, जाँचना। मूल्यांकन से यह इस मायने में थोड़ा–सा अलग है कि आकलन के दौरान हम थोड़ा अनुमान लगा सकते हैं, लेकिन यह पूरी तरह काल्पनिक एवं बिलकुल ही अव्यावहारिक नहीं होना चाहिए।

12. **औचित्य (Justify)** – यह शब्द 'उचित' से बना है। इसके अंतर्गत आपको दिए गए वक्तव्य को सही सिद्ध करना होता है और पर्याप्त उदाहरणों एवं साक्ष्यों के आधार पर सिद्ध करना होता है। यहाँ आपको अपने मत का उपयोग करना चहिए। हाँ, यदि आप किसी तथ्य से सहमत नहीं हैं, तो उसका कारण भी लिखना बेहतर होता है।

13. **पुष्टि (Prove)** – अंग्रेजी में इसके लिए एक अन्य शब्द भी प्रयोग में आया है– Substantiate, जो काफी कुछ 'औचित्य' से मिलता–जुलता है। यदि हम सरल शब्दों में कहना चाहें, तो इसका अर्थ होगा– किसी बात का समर्थन करना या किसी बात को प्रमाणित करना। आप यह काम तथ्यों एवं तर्कों के द्वारा ही कर सकेंगे। संक्षेप में आप पुष्टि करके उत्तर लिख सकते हैं।

14. **सोदाहरण व्याख्या (Illustrate)** – इसका अर्थ है– उदाहरण सहित व्याख्या करना। व्याख्या के बारे में आपको बताया जा चुका है। यह व्याख्या से अलग केवल इस मायने में है कि इसमें मुख्यतः उदाहरण दिए जाते हैं। ये उदाहरण तथ्य, आँकड़े, घटनाएँ तथा चित्र आदि कुछ भी हो सकते हैं। आपको प्रत्येक बात उदाहरण के साथ रखनी होती है।

15. **वर्णन कीजिए (Bring out)** – यह विस्तार के साथ किया जाने वाला विवरण है। इसमें समीक्षा की जरूरत नहीं होती। जो भी जैसा भी होता है, उसे उसी तरह से रख दिया जाता है। वर्णन के अंतर्गत किसी विषय या टॉपिक के बारे में सूचनाओं और तथ्यों को अभिव्यक्त किया जाता है।

16. **चित्रण कीजिए (Sketch)** – वर्णन कीजिए के समान एक अन्य शब्द है – 'चित्रण कीजिए।' अंग्रेजी में इसके लिए शब्द है – Sketch, यानी कि चित्र बनाइए। स्पष्ट है कि इसके अंतर्गत भी पूछे गए तथ्य की जानकारी देनी होती है तथा उसको ग्राफ या छोटे चित्रों (स्कैच) के द्वारा स्पष्ट करना होता है।

17. **परिचय दीजिए (Identify)** – इसमें भी समीक्षा की आवश्यकता नहीं होती। किसी वस्तु या व्यक्ति के बारे में जो कुछ भी ज्ञात जानकारी है, उसे ही लिखना होता है, ताकि उसकी पहचान स्पष्ट हो सके।

18. **विशेषताएँ बताइए (Features)** – हिन्दी में इसके लिए 'अभिलक्षण' तथा 'लक्षण' शब्द के प्रयोग भी हुए हैं। इसके अंतर्गत किसी भी तथ्य से जुड़ी सारी बातें नहीं लिखी जातीं, केवल महत्वपूर्ण बातें ही लिखी जाती हैं। उन महत्वपूर्ण बातों में भी उन बातों को प्राथमिकता दी जाती है जो विलक्षण हैं, अद्‌भुत हैं। यह एक प्रकार से किसी की विशेषता या लक्षण बताना है।

19. तुलना कीजिए (Compare) – जब भी तुलना करने के लिए कहा जाए, तो आप उन दोनों के बीच उपस्थित समानता और भेद, दोनों को स्पष्ट करें, न कि केवल समानता को ही। हाँ, जब कहा जाए कि 'विरोध' बताएँ (Contrast), तब केवल उन दोनों के बीच के अन्तर को ही लिखें। यहाँ किसी भी तरह की समानता को लिखने के मोह से बचें।

20. परिभाषित कीजिए (Define) – निश्चित रूप से ऐसे प्रश्न में सबसे महत्वपूर्ण बात है– उस तथ्य की परिभाषा लिखना। लेकिन ध्यान दीजिए कि यहाँ परिभाषा की थोड़ी–सी व्याख्या भी करनी होगी, ताकि मूल विचार का अर्थ स्पष्ट हो सके। इसे आप एक प्रकार से 'एक किस्म का लघु लेख' या लघु निबन्ध समझ सकते हैं। संबद्ध विषय के किसी प्रसिद्ध मूर्धन्य विद्वान द्वारा दी गई परिभाषा को भी इसमें जगह दी जानी चाहिए।

❖ अच्छा स्कोर लाने के लिए परेफक्ट उत्तर लिखने का अभ्यास

आर.ए.एस. टॉपर बनना आर.ए.एस. की लिखित परीक्षा 800 नम्बर तथा इंटरव्यू 100 नम्बर (कुल 900) में से अच्छे स्कोर पर निर्भर करता है। यद्यपि इंटरव्यू कई प्रकार की परिस्थितियों पर निर्भर करता है। लेकिन लिखित परीक्षा का 800 का स्कोर आपके हाथ में है। आप जितने अच्छे संक्षिप्त और समग्र उत्तर लिखेंगे, आपका स्कोर उतना ही अच्छा रहेगा। इसलिए परफेक्ट उत्तर लिखने का अभ्यास करें। उदाहरण–

प्रश्न – वैश्वीकरण (20/50 शब्द)।

उत्तर – ज्ञान, विज्ञान, तकनीक, श्रम, पूँजी, मुद्रा, व्यापार, शिक्षा, संस्कृति इत्यादि का भौगोलिक सीमाओं से परे निर्बाध प्रवाह की प्रक्रिया वैश्वीकरण है। वैश्वीकरण के परिणामस्वरूप पूरा विश्व एक वैश्विक ग्राम (Global Village) (मार्शल मैक्लुहान) बनता जा रहा है। वैश्वीकरण की प्रक्रिया निजीकरण और उदारीकरण से सहसम्बंधित है जिन्हें संयुक्त रूप से आर्थिक सुधार कहा गया है। भारत ने उदारीकरण–निजीकरण–वैश्वीकरण (LPG) को 1991 में अपनाया तथा वर्तमान में हम दूसरी पीढ़ी के आर्थिक सुधारों की ओर अग्रसर हैं।

प्रश्न – आतंकवाद (20/50 शब्द)।

उत्तर – ऐसी कुत्सित (कलुषित) विचारधारा जो जनता व सरकार में डर, भय, हिंसा, खौफ एवं आतंक फैलाकर अवैध उद्देश्यों की पूर्ति में संलग्न हो, आतंकवाद है। हमारा देश पाक प्रायोजित आतंकवाद से पीड़ित है। आतंकवाद के कई प्रकार देखे जा सकते हैं – वैचारिक–आतंकवाद, एथनो–राष्ट्रवादी आतंकवाद,

राज्य प्रायोजित आतंकवाद, नारको आतंकवाद, पर्यावरण और ईको आतंकवाद, आत्मघाती (सुसाइडल) आतंकवाद, साइबर आतंकवाद इत्यादि।

उपरोक्त प्रश्नों में यह उल्लेखनीय है कि उत्तर में मुख्य बात जरूर आनी चाहिए। जैसे वैश्वीकरण एक निरन्तर चलने वाली प्रक्रिया है अतः उत्तर में प्रक्रिया शब्द जरूर आना चाहिए। इसी प्रकार आतंकवाद एक विचारधारा है इसलिए उत्तर में कलुषित विचारधारा शब्द जरूर आना चाहिए। दहेज, ऑनर किलिंग, बाल–विवाह इत्यादि सामाजिक–सांस्कृतिक समस्याएं हैं तो उत्तर में यह जरूर उल्लेखित किया जाना चाहिए। समलैंगिकता सहजीवन (लिव–इन रिलेशन), इच्छा मृत्यु आदि समकालीन सामाजिक एवं वैधानिक मुद्दे हैं। इनके उत्तरों में समकालीन चर्चित मुद्दे शब्दावली का उल्लेख अवश्य होना चाहिए।

अच्छे नोट्स बनाने के लिए कुछ महत्वपूर्ण टिप्स

नए पाठ्यक्रम का गहन अध्ययन तथा विगत दस वर्षों के प्रश्नों का विश्लेषण करें। इन दोनों कार्यों में पर्याप्त समय दें, क्योंकि सिलेबस और विगत प्रश्नों की जितनी अच्छी समझ होगी, आगे रणनीति बनाने और तैयारी करने में उतनी सहूलियत होगी।

- सम्पूर्ण सिलेबस कुछ खंड़ों और उपखंड़ों में बँटा होता है। प्रश्न–संग्रह की सहायता से या ट्रेंड एनालिसिस से यह पता लगाएँ कि किन खंड़ों के किन उपखंड़ों से अधिक प्रश्न पूछने की प्रवृत्ति रही है और आगे क्या संभावना है।
- प्रारंभिक परीक्षा में केवल तथ्यों का ज्ञान ही पर्याप्त नहीं है। उस तथ्य से जुड़ी अवधारणाओं/संकल्पनाओं/व्यावहारिक उपयोग/भविष्य की संभावना/अंतर्संबंध आदि भी जानने आवश्यक हैं।
- अब प्रत्येक टॉपिक के अनुसार, संक्षिप्त, सारगर्भित, केवल परीक्षोपयोगी, नोट्स बनाएँ। सर्वप्रथम प्रथम खंड का नाम बड़े अक्षरों में लिखें। उसके नीचे उस खंड के प्रथम उपखंड को शीर्षक के रूप में लिखें। अब इस टॉपिक से संबंधित सारे तथ्यों–अवधारणाओं को बिंदुबार लिखें। क्वैश्चन बैंक का बहुत ही अच्छी तरह अध्ययन–विश्लेषण करें, ट्रेंड एनालिसिस देखें, परीक्षा की माँग को समझें, बहुत अधिक तथ्यों–आँकड़ों में न उलझें।
- सिलेबस और क्वैश्चन बैंक के अनुसार परीक्षा के माहौल में पूर्वाभ्यास करें। क्वैश्चन बैंक पर अच्छी तरह पकड़ होने के बाद स्तरीय अभ्यास सेट से पूर्वाभ्यास करें।

- नीर–क्षीर विवेकी होकर नोट्स में कम–से–कम शब्दों का प्रयोग करें, लेकिन इतना भी कम नहीं कि रिवीजन के समय उसका संदर्भ ही समझ में न आए।
- अवधारणात्मक स्पष्टता (Conceptual Clarity) जरूर रखनी चाहिए। रटने की बजाय मुद्दों और कॉसेप्ट को समझकर याद करना चाहिए। बिना समझे रटने वाली चीजें रिकॉल नहीं होती हैं।
- चित्र, डायग्राम, टेबुल, अंडरलाइन, संकेत चिन्हों का प्रयोग खुलकर करें। कई विभिन्न रंगों के पेन का इस्तेमाल करें। याद रखें, जहाँ भी तथ्य या आँकड़ों में परिवर्तन की संभावना हो, वहाँ पेंसिल का प्रयोग करें, ताकि भविष्य में उसे मिटाया जा सके, इससे नोट–बुक गंदी नहीं होगी।
- हर भाग की समाप्ति के बाद पर्याप्त खाली जगह छोड़ें, ताकि बाद में कुछ बिंदुओं को वहाँ जोड़ा जा सके।
- नोट्स बनाने के लिए यथासंभव खूबसूरत और अच्छी डायरी खरीदें और उसे साफ–सुथरा सजाकर रखें, ताकि आपकी रुचि उसमें हमेशा बनी रहे।
- किसी विषय का विद्वान् होना और उस विषय से परीक्षा में सफल होना दोनों अलग–अलग बातें हैं। इसलिए नोट्स बनाते समय ध्यान रखें कि सभी महत्वपूर्ण तथ्य नहीं लिखने हैं, बल्कि क्वैश्चन बैंक और ट्रेंड एनालीसिस कर केवल प्रारंभिक परीक्षा की दृष्टि से जो भी आपको महत्वपूर्ण लगे, केवल वही नोट करें।
- टॉपिक वाइज नोट्स (Topic-wise notes) बनाने के बाद उसी डायरी में कुछ सूची तैयार कर लें। जैसे–उस टॉपिक या विषय से संबंधित पुस्तक–लेखक, व्यक्ति–कालावधि आदि। विभिन्न टॉपिक में अंतर्संबंध स्थापित करते हुए भी, यदि आवश्यक लगे, तो कुछ नोट्स बना लें।
- नोट्स तैयार करते समय क्वैश्चन बैंक और ट्रेंड एनालीसिस हमेशा साथ रखें। जिस टॉपिक का नोट्स बनाएँ, उस टॉपिक से संबंधित जितने प्रश्न आए हैं, सबको बारीकी से देखकर, विश्लेषित करके ही नोट्स बनाना शुरू करें।
- अति महत्वपूर्ण, महत्वपूर्ण, कम महत्वपूर्ण आदि के लिए अपने अनुसार संकेत–चिन्ह बनाएँ और उनका प्रयोग करें।
- जिस टॉपिक से अधिक प्रश्न पूछने की प्रवृति हो, उसका बारीकी से, विस्तार से गहन अध्ययन–विश्लेषण करें।
- नोट्स को हमेशा रिवाइज करते रहें, परीक्षापयोगी महत्वपूर्ण बिंदुओं को जोड़ते रहें।

- स्तरीय मित्रों के साथ Topic-wise विचार–विमर्श करें।
- एक स्तरीय समूह बनाकर पूर्वाभ्यास करें। टेस्ट सीरीज द्वारा गंभीरतापूर्वक अभ्यास करें।
- हर टॉपिक को विभिन्न आयामों में सोचें, देखें, विचार करें। (Inter-disciplinary Approach)
- यदि भटकाव से बचना है तो हमेशा पाठ्यक्रम और प्रश्न कोष के इर्द–गिर्द ही रहें। इनसे दूर होने का मतलब है – सफलता से दूर होना।
- नोट्स तैयार होने के बाद उसे याद करने और याद रखने की कोशिश करें। नियमित रिवीजन करें।
- पाठ्य–सामग्री हमेशा स्तरीय रखें। उसे अपडेट करते रहें।
- नोट्स बनाने तक अधिक–से–अधिक पाठ्य–सामग्री पढ़ें, पर नोट्स को संपूर्ण बनाने के बाद केवल नोट्स और बेसिक पुस्तिका को ही बार–बार पढ़ें।
- दस किताबों को एक बार पढ़ने से अच्छा है – एक किताब को दस बार पढ़ना।
- खाली समय में (भोजन के समय, सोने से पहले भी) नोट्स के महत्वपूर्ण बिंदुओं पर चिंतन–मनन करते रहें। टॉपिक से संबंधित नए–नए प्रश्न स्वयं बनाएँ और उन पर विचार–विमर्श करें।

परिश्रम से ही कार्यसिद्धि – एस. एस. बिस्सा (आई.ए.एस., से.नि.), विजिटिंग प्रोफेसर हरिश्चन्द्र माथुर, लोक प्रशासन संस्थान ओ.टी.एस. जयपुर

"उद्यमेन हि सिद्धयन्ति कार्याणि न मनोरथैः

न हि सुप्तस्य सिंहस्य प्रविशन्ति मुखेमृगाः।।"

– पंचतन्त्र, मित्रसम्प्राप्ति

Tasks can only be achieved througha industriousness not intentions.

Prey don't fall into the mouth of a sleeping lion.

जीवन में जिम्मेदारी, अनुशासन एवं जवाबदेही का बहुत महत्व है। विशेष रूप से जब आपको कोई सिद्ध कार्य करना हो, अपने लक्ष्य को साधना हो; तब ये नैतिक दायित्व आपको उस शिखर तक पहुँचा देते हैं जिसका आपको अन्दाजा भी नहीं होता। आर.ए.एस. परीक्षा का टॉपर बनना या इसमें अच्छी रैंक के साथ

सेलेक्शन होना किसी अनुष्ठान से कम नहीं है। लेकिन आर.ए.एस. में सफलता के लिए आपको कड़ी मेहनत और परिश्रम करना होगा। बिना परिश्रम के कार्यसिद्धि संभव नहीं है।

अधिकांश स्टूडेन्ट्स अपनी पढ़ाई को आर.ए.एस. के सिलेबस तक ही सीमित रखते हैं। इस सिलेबस को ध्यान में रखकर किताबें लिखी जाती है और नोट्स बनाए जाते हैं, जो बाजार में उपलब्ध हैं। स्टूडेन्ट्स के लिए यह सबसे सुविधाजनक होता है कि वे सिलेबस के आधार पर लिखी इन किताबों को खरीदें और पढ़ें। यह उपाय गलत नहीं है, क्योंकि अंततः सिलेबस तो आपको पढ़ना ही है। इसके बिना परीक्षा पास कर अच्छा स्कोर संभव नहीं होता। लेकिन क्या अन्य भी कोई ऐसा उपाय है जो सिलेबस के आधार पर प्राप्त ज्ञान के स्तर को न केवल बेहतर बना दे बल्कि उसे ऊपर भी उठा दे? यहाँ मैं जिस 'बेहतर बनाने और स्तर ऊपर उठाने' की बात कह रहा हूँ, वह मूलतः इस बात पर आधारित है कि आपमें नया क्या है। आप अन्य अभ्यर्थियों से अलग कैसे हो।

प्रत्येक स्टूडेन्ट उन्हीं किताबों को पढ़ता है, याद करता है, समझता है और उन्हीं के आधार पर अपने उत्तर लिख आता है। यदि आप भी वैसा ही करते हैं, तो आप भी उन्हीं सब जैसे बन जाते हैं। यहाँ बात आर.ए.एस. टॉपर बनने की हो रही है तो आपको औरों से अलग (कुछ स्पेशल) दिखना व लिखना पड़ेगा। और इसीलिए मुझे लगता है कि सिलेबस से हटकर कुछ पुस्तकों का अध्ययन किया जाना आपके लिए बहुत अधिक उपयोगी हो सकता है।

❖ मानक पुस्तकों की अहम भूमिका

- ये मानक पुस्तकें उन विषयों के प्रतिष्ठित विशेषज्ञों द्वारा लिखी जाती हैं। इसलिए इनमें विषय को गम्भीर तरीके से उठाया जाता है।
- सिलेबस के आधार पर लिखी गई पुस्तकें बहुत मैकेनिकल एवं तथ्यों का संकलन मात्र होती हैं। जबकि मानक पुस्तकों में लेखक अपनी बात को बहुत विस्तार के साथ रसपूर्ण तरीके से रखता है। इसके कारण विषय हमारे दिमाग में बहुत स्पष्ट तरीके से रचता चला जाता है।
- इन पुस्तकों के लेखन में लेखक हमेशा अपने अनुभवों को शामिल करता है। अनुभव मूलतः किस्से–कहानी, उदाहरण और केस स्टडीज के रूप में होते हैं। इनके चलते विषय को समझना न केवल आसान हो जाता है, बल्कि रोचक भी हो जाता है।
- लोकप्रिय मानक पुस्तकों में एक ही विषय को बहुत विस्तार के साथ बताने की कोशिश होती है। यह ठीक है कि इन्हें पढ़ने में थोड़ा अधिक समय

लगेगा, लेकिन आर.ए.एस. जैसी परीक्षा टॉप करने के लिए यह समय लगाया ही जाना चाहिए।

- सिलेबस की पुस्तकें अधिकांशतः नीरस होती हैं, लेकिन इन्हें पढ़ना जरूरी होता है। सहायक एवं मानक पुस्तकें उस नीरसता को सरसता में बदलने की ताकत रखती हैं। साथ ही आपकी रुचि को बरकरार रखते हुए आपके अवकाश के समय (Leisure Time) का सदुपयोग करती हैं।
- सिलेबस की किताबों के तथ्यों को याद किया जा सकता है, लेकिन इन मानक पुस्तकों को नहीं। एक ही पुस्तक अनेक विद्यार्थी पढ़ेंगे, लेकिन उनमें से सभी विद्यार्थी अपने–अपने तरीके से अपने लिए सामग्री निकालेंगे और अपने–अपने तरीके से उसे समझेंगे भी। यही 'अपना–अपना तरीका' दूसरे स्टूडेन्ट्स की तुलना में आपको अलग बना देगा और तभी आप 'भीड़ में अलग' दिखाई देंगे और टॉपर बनेंगे।

कुछ महत्वपूर्ण उपयोगी मानक पुस्तकें

- इंडिया – 2020 – ए.पी.जे. अब्दुल कलाम
- मुक्त भारत – गुरूशरण दास
- भारतीय अर्थतंत्र : इतिहास और संस्कृति– अमर्त्य सेन
- द वंडर – दैट वाज इंडिया – ए.एल.बाशम
- पीपुल ऑफ इंडिया– हरबर्ट रिजले,
- पैक्स इंडिका – शशि थरूर,
- भारतनामा– सुनील खिलनानी,
- भारत : नेहरू के बाद– रामचन्द्र गुहा
- भारत : गांधी के बाद– रामचन्द्र गुहा
- सत्य के प्रयोग– महात्मा गांधी
- भारत एक खोज– जवाहरलाल नेहरू
- स्वराज– अरविंद केजरीवाल
- उभरते भारत की तस्वीर– नंदन नीलकेणी
- संस्कृति के चार अध्याय– रामधारी सिंह दिनकर
- संस्कृति का प्रश्न– जे. कृष्णमूर्ति
- समय और संस्कृति– श्यामाचरण दुबे
- किसकी सदी, किसकी सहस्त्राब्दी– एजाज अहमद

- सामाजिक मुद्दे– डॉ. जी. एल. शर्मा
- India – What can it teach us – Max Muller
- Makers of Modern India – R.C.Guha
- Turning Point – A.P.J. Kalam
- The Art of Life – Epectitus
- India Discovered – John Keay
- Delhi – Kulwant Singh
- Eternally Telented India 108 Facts – Vivekanand
- The Wonder that was India – A.L. Basham

सफलता और संघर्ष की प्रेरक कहानी – वरुण कुमार बरनवाल - साइकिल रिपेयरिंग से आई.ए.एस. तक का सफर

वरुण कुमार बरनवाल की कहानी संघर्ष की कहानी है। जब वरुण दसवीं में थे तब पिता का साया सिर से उठ गया। वरुण की मजबूरी थी कि उसे परिवार की साइकिल की दुकान को संभालना पड़ा। ट्यूशन पढाकर अपनी स्कूल और कॉलेज की पढ़ाई की और टॉप किया। इंजीनियरिंग में ग्रेजुएशन कर पब्लिक सेक्टर यूनिट में जॉब किया और आई.ई.एस. तथा फिर आई.ए.एस. की तैयारी शुरू की।

वरुण कहते हैं कि तैयारी में स्वयं को नोट्स बनाने चाहिए जिससे आपको अपने कंटेन्ट और ग्रामेटिकल एरर्स को अपडेट करने का अवसर मिलता है। एकदम विषम परिस्थितियों को पराजित करते हुए, संघर्ष करते हुए वरुण ने भारतीय प्रशासनिक सेवा में अपना मुकाम बनाया है। वे लाखों युवाओं के लिए प्रेरणास्रोत बन चुके हैं। वरुण उन दोस्तों को याद करते हैं जिन्होंने उनके कॉलेज की फीस भरी।

संघर्ष और अभाव के दिनों को याद करके वरुण कहते हैं कि अगर हमारे परिचित एक डॉक्टर साहब मेरे एडमिशन की फीस जमा नहीं कराते तो मैं शायद इस मुकाम तक नहीं पहुँच पाता।

ऐसे शुभचिन्तकों को मैं भगवान के समान मानता हूँ। उन्हें धन्यवाद देकर मैं उनका एहसान कम नहीं करना चाहता। सिविल सेवा परीक्षा के अभ्यर्थियों को मैं यह संदेश देना चाहता हूँ कि मेहनत को कोई शॉर्टकट नहीं है। जब आप मन से और सच्चे दिल से संघर्ष करते हैं तो पूरी कायनात आपके साथ लग जाती है।

हार जाते हैं वो जो वक्त के आगे घुटने टेक दिया करते हैं।
जीत उन्हीं की होती है, जो बहानों के लिबासों को उतार फेंक दिया करते हैं।।

सकारात्मकता आपको हमेशा आगे रखेगी – राकेश कुमार मीना (आर.ए.एस.)

आर.ए.एस. की तैयारी के दौरान हमेशा सकारात्मक रहें और अपने भीतर ऊर्जा के संचार को बनाए रखें। इससे यह नहीं लगेगा कि आप एक बोझ तले दबकर पढ़ाई कर रहे हैं। सकारात्मक ऊर्जा पाने के लिए पूर्व में सफल अभ्यर्थियों के साक्षात्कारों को पढ़ें। कठिन समय में जिन लोगों ने अनेक परेशानियां सहकर अंततः सफलता हासिल की है, उनके बारे में जानें। जहां से भी कोई प्रेरक प्रसंग मिले उससे प्रेरणा लेकर आप लक्ष्य की ओर बढ़ते जाएं।

आप हमेशा अपना लक्ष्य स्पष्ट रखें। इस परीक्षा की तैयारी के दौरान प्रति माह कई परीक्षाएं होती हैं, लेकिन आपका ध्येय केवल आर.ए.एस./आई.ए.एस. परीक्षा ही होना चाहिए। यह इसलिए आवश्यक है कि अलग–अलग भर्ती परीक्षाओं के लिए अलग पाठ्यक्रम और सवालों का स्तर भी अलग होता है, इसी कारण सभी चीजों को एक साथ पढ़ना और उसे नियमित बनाए रखना कठिन होता है। इसलिए केवल इसी परीक्षा के पाठ्यक्रम पर पकड़ को मजबूत बनाने की चेष्टा करें।

इस परीक्षा की तैयारी के दौरान किसी भी प्रकार के पूर्वाग्रह से बचें। अक्सर नए अभ्यर्थी थोड़ी–बहुत तैयारी के बाद ही खुद के चयन को सुनिश्चित मानकर तैयारी में ढील दे देते हैं। इसका खामियाजा उन्हें 2–3 प्रयास या पूरी तरह नाकामयाबी पाकर भुगतना पड़ता है। इसलिए 'कर्म कर फल की इच्छा नहीं' वाले भाव से इस परीक्षा की तैयारी को अंजाम देना चाहिए।

अपने अंतिम चयन से पूर्व कभी भी अपने आत्मविश्वास की अति न होने दें। इस परीक्षा के तीन चरण हैं और कहीं भी अति–उत्साह आपको पुनः शुरुआती चरण के लिए धकेल सकता है। आत्मविश्वासी अवश्य रहें, लेकिन इसकी सीमा को लांघना किसी भी लिहाज से उचित नहीं है।

पढ़ाई के दौरान हर तरह के शौक या ऐसी चीजों से बचें, जो आपका समय खराब कर सकती हैं या पढ़ाई की नियमितता में बाधक हो सकती हैं। इनमें मोबाईल, इंटरनेट पर बेकार की सर्फिंग, बाइक्स चलाने का शौक, नए फैशन के कपड़े पहनना आदि हैं। मैं सभी अभ्यर्थियों को स्पष्ट कर दूं कि सफलता के बाद

आपके लिए इन सभी चीजों की लाइन लग जाएगी और अपने शौक पूरे करने के लिए पूरी जिन्दगी भी कम पड़ेगी। तैयारी के दौरान आपको इन सभी शौकों को कुछ दिनों के लिए छोड़ना ही पड़ेगा।

इस परीक्षा की पूरी तैयारी के दौरान यह यकीन बनाए रखें कि मैं एक प्रशासक बनने की पूरी योग्यता रखता हूं। इस तरह का दृष्टिकोण आपको आत्मविश्वास से लबरेज रखेगा। जिसकी बदौलत आप तैयारी के किसी भी मोड़ पर निराश नहीं होंगे।

सफलता के लिए संघर्ष तो करना होगा – मीनू वर्मा, आर.ए.एस.

मेरा मानना है कि आर.ए.एस. की परीक्षा ही नहीं मनुष्य का पूरा जीवन ही संघर्ष की गाथा है। लेकिन कोशिश करने वालों की कभी हार नहीं होती (कवि सोहन लाल द्विवेदी)। नन्हीं चींटी जब दाना लेकर चलती है। चढ़ती दीवारों पर सौ बार फिसलती है। गिरकर चढ़ना चढ़कर गिरना....... कोशिश करने वालों की कभी हार नहीं होती है। इसलिए आलस्य त्याग कर लग जाइए और बन जाइए अग्निपथ।

ये महान दृश्य है, चल रहा मनुष्य है।
अश्रु श्वेत रक्त से लथपथ, अग्निपथ, अग्निपथ, अग्निपथ।।

तू युद्ध कर

माना हालात प्रतिकूल हैं, रास्तों पर बिछे शूल हैं रिश्तों पे जम गई धूल है।
पर खुद अपना अवरोध न बन, तू उठ..... खुद अपनी राह बना।
माना सूरज अंधेरे में खो गया है........
पर रात अभी हुई नहीं, यह तो प्रभात की बेला है।
तेरे संग है उम्मीदें, किसने कहा तू अकेला है?
तू खुद अपना विहान बन, तू खुद अपना विधान बन।
सत्य की जीत ही तेरा लक्ष्य हो
अपने मन का धीरज, तू कभी ना खो।
रण छोड़ने वाले होते हैं कायर,
तू तो परमवीर है, तू युद्ध कर – तू युद्ध कर।

इस युद्ध भूमि पर, तू अपनी विजय गाथा लिख
जीतकर के ये जंग, तू बन जा वीर अमिट।
तु खुद सर्व समर्थ है, वीरता से, जीने का ही कुछ अर्थ है,
तू युद्ध कर – बस युद्ध कर।।

निराशावाद से बचें
– सुमित अरोडा, सिविल सेवा परीक्षा प्रबंधक

इस परीक्षा की तैयारी के दौरान मन और दिमाग में किसी भी प्रकार के नकारात्मक विचारों को प्रवेश न होने दें, बल्कि बार–बार खुद से यही कहते रहें कि मैं एक दिन आर.ए.एस. जरूर बनूंगा। इस प्रकार की बड़ी परीक्षाओं में एक भी नकारात्मक विचार एक वायरस की तरह होता है, जो चंद दिनों में आपके पूरे जीवन की कार्ययोजना को ध्वस्त करने की ताकत रखता है। परिस्थिति चाहे जैसी हो लेकिन आपको केवल आगे की ही तरफ देखना है, यकीन मानिए यही भाव आपको कामयाब बनाएगा।

नकारात्मक सोच रखने वाले रिश्तेदारों, मित्रों और अन्य लोगों से दूर रहें। इस तरह के लोगों का मकसद किसी कामयाब होने वाले व्यक्ति को नाकामयाबी की तरफ खींचना होता है। कभी भी परिणाम या परीक्षा तिथि के इंतजार में अपनी पढ़ाई को न बिगड़ने दें तथा धैर्य के साथ अपनी पढ़ाई जारी रखें, चाहे परिणाम कैसा भी हो।

अपने व्यक्तित्व को निराशावादी या मृतप्रायः नहीं होने दें, बल्कि पूरी ऊर्जा के साथ तैयारी करें। स्वयं को एक प्रशासक मानकर ही तैयारी करें। हर प्रकार की चुनौतियों को झेलने की क्षमता विकसित करें। अच्छी किताबें पढ़ें और उन पर मनन करें।

अनवरत, अनवरत, अनवरत
– अर्पिता सोनी, आर.ए.एस. बैच 2012

अक्सर यह देखा गया है कि हम अपने काम में निरन्तरता नहीं रख पाते और कल का इंतजार करते रहते हैं। कल से करेंगे, परसों से करेंगे, उस दिन से करेंगे, अच्छे वार से शुरू करेंगे। आर.ए.एस. परीक्षा के लिए भी यह सूत्र लागू होता है। तैयारी के समय प्रत्येक पल, क्षण और मौके का सदुपयोग कर निरन्तरता बनाए रखनी चाहिए। इसलिए बिना किसी मुहूर्त और चौघड़िया के तैयारी में लग जाना है। और तब तक नहीं रुकना जब तक आप आर.ए.एस. टॉप न कर लें।

अपने काम की शीघ्र सिद्धि चाहने वाला कभी नक्षत्रों की प्रतीक्षा नहीं करता।

ऋग्वेद कहता है कि – "आ नो भद्रा कृत्त्वो यन्तु विश्वतः" (Let the knowledge come from every side)। जानकारी और ज्ञान का दायरा असीमित है। यह कहीं से भी किसी से भी कभी भी प्राप्त किया जा सकता है। पश्चिमी विचारक माइकल फूको कहते हैं कि ज्ञान ही शक्ति (Knowledge is Power) है। इसलिए ज्ञान के मार्ग को सदैव खुला रखें जिससे बुद्धिमत्ता (Wisdom) विकसित होती है और यह बुद्धिमत्ता हमारे व्यक्तित्व में सद्गुण (Virtues) के रूप में परिलक्षित होती है। इसलिए अपने व्यक्तित्व को सहज, सरल एवं सजग रखते हुए ज्ञान का मार्ग और दरवाजे खुले रखने चाहिए। अपना ज्ञान व्यापक करने के लिए अपने चारों और के पर्यावरण से पल–प्रति–पल सीखा जा सकता है। ज्ञान की शक्ति आपको नक्षत्र की तरह स्थापित कर सकती है। अतः अनवरत ज्ञानार्जन में रहते हुए आर.ए.एस. टॉप करने के लक्ष्य को प्राप्त किया जा सकता है।

घिर जाता जब चहुँओर अंधियारा, श्याम मेघों की बढ़ती घटाओं में,
एक आलोक तुम्हारा, मिटा देता सब अंधियारा।
नयनों में फिर हर्ष समाता, प्रफुल्लित ज्योत्सना छिटक–सी जाती चहुँओर,
सुगन्धित समीर लेती प्रतिपल हिलौर। अनवरत्, अनवरत्, अनवरत्...
तुम्हारा आलोक...
गौरवमय नक्षत्र अन्तस् के, गौरवमय नक्षत्र प्राच्य के।।

महत्वपूर्ण पठनसामग्री (प्रारंभिक एवं मुख्य परीक्षा तथा साक्षात्कार) – टीम पैनासीआ (पैनासीआ रिसर्च फाउण्डेशन)

- **राजस्थान का इतिहास और संस्कृति** – सांस्कृतिक राजस्थान (पद्मश्री रानी लक्ष्मीकुमारी चूंडावत), राजस्थान की सांस्कृतिक परंपराएं (डॉ. महेन्द्र सिंह तंवर), राजस्थान की लोक संस्कृति और साहित्य (डी.आर. आहुजा), राजस्थान का सांस्कृतिक इतिहास तथा राजस्थान का इतिहास कोष तथा राजस्थान सरकार के पर्यटन विभाग की वेबसाइट (www.rajasthantourism.gov.in), राजस्थान पाठ्य पुस्तक शिक्षण मंडल की किताबें। गोपीनाथ शर्मा, जयसिंह नीरज एवं बी.एल. पनगडिया की पुस्तकें।
- **भारतीय साहित्य और संस्कृति** – भारतीय संस्कृति के लिए राष्ट्रीय मुक्त विद्यालयी शिक्षा संस्थान (एन.आई.ओ.एस.) की किताबें, आधुनिक इतिहास के लिए स्पेक्ट्रम प्रकाशन की 'ए ब्रीफ हिस्ट्री ऑफ मॉडर्न इंडिया', भारतीय स्वतंत्रता संग्राम के लिए विपिन चंद्र की किताब।

- **बौद्धिक क्षमता एवं तार्किकता** – ए मॉडर्न अप्रोच टु वर्बल एंड नॉन–वर्बल रीजनिंग (डॉ. आर.एस. अग्रवाल)
- **विज्ञान और प्रौद्योगिकी** – एन.सी.ई.आर.टी. कक्षा 7वीं से 10वीं विज्ञान की किताबें, स्पेक्ट्रम की 'साइंस एंड टेक्नोलॉजी' पर किताब, विज्ञान एवं प्रौद्योगिकी – उपेन्द्र अनमोल, राजस्थान सरकार के विज्ञान एवं प्रौद्योगिकी विभाग की वेबसाइट (dst.rajasthan.gov.in)।
- **पर्यावरण और जैव–विविधता** – खुला विद्यालय राष्ट्रीय संस्थान की किताबें, कक्षा 6 से 12वीं तक विज्ञान विषय की एन.सी.ई.आर.टी., राजस्थान राज्य पर्यावरण नीति 2010, राजस्थान राज्य वन नीति 2010, राजस्थान सौर ऊर्जा नीति, राजस्थान अक्षय ऊर्जा निगम, वन्यजीव अभ्यारण्यों, राष्ट्रीय पार्कों एवं राजस्थान वन विभाग की वेबसाइट।
- **भूगोल** – विश्व–भारत के लिए एन.सी.ई.आर.टी. की कक्षा 6 से 12वीं तक की किताबें, राजस्थान के भूगोल के लिए राजस्थान राज्य पाठ्य पुस्तक मंडल की सामाजिक विज्ञान और भूगोल संबंधी किताबें। भूगोल – महेश वर्णवाल तथा उपेन्द्र अनमोल।
- **अर्थव्यवस्था** – राजस्थान का आर्थिक सर्वेक्षण, आम बजट, राजस्थान राज्य की पंचवर्षीय योजनाएं, मेक्ग्रा हिल प्रकाशन की भारतीय अर्थव्यवस्था से संबंधित इग्नू की किताबें। राजस्थान की अर्थव्यवस्था – नाथूरामका।
- **राजव्यवस्था** – भारतीय राजव्यवस्था (एम. लक्ष्मीकांत), राजस्थान राज्य पाठ्यपुस्तक मंडल की सामाजिक विज्ञान/नागरिक शास्त्र की किताबें, राजस्थान राज्य संबंधी शासन व्यवस्था पर किताबें। राजव्यवस्था – बी.एल. फड़िया तथा सामाजिक मुद्दे – डॉ. जी.एल. शर्मा।
- **कुछ उपयोगी वेबसाइट** – www.indiagovernance.gov.in, www.globalissues.org, www.finmin.nic.in, www.iea.org, www.epw.in, www.ideasforindia.in, www.pib.nic.in, www.ncert.nic.in, www.space.com, www.life.time.com, www.hindi.moneycontrol.com, www.mrunal.org, www.princedhawan.wordpress.com,

सफलता एक अनवरत यात्रा है, अंतिम पड़ाव नहीं विकास – राजपुरोहित, आर.ए.एस. बैच 2012 (रैंक - 6)

जिजीविषा का आलम यह होना चाहिए कि मुझे प्रत्येक दशा में आगे बढ़ना है और अपना रास्ता खुद बनाना है– यहाँ यह भी ध्यान रखने योग्य है कि यह जिजीविषा

भी 'आसक्ति' से प्रभावित नहीं होनी चाहिए। जब कोई व्यक्ति जीने की प्रबल इच्छा के साथ फल से आसक्त हुए बगैर आगे बढ़ता है, तो उसकी सफलता की संभावना बहुत बढ़ जाती है। इस तरह की सोच के साथ तैयारी करने पर व्यर्थ के तनाव एव दबाव से बचा जा सकता है और उत्कृष्ट प्रदर्शन को संभव बनाया जा सकता है। परीक्षा में सफलता मिले या न मिले, जिंदगी कभी रुकती या थमती नहीं है और व्यक्ति अपने जीवन में बेहतरी के लिए हमेशा प्रयास जारी रखता है, भले ही माध्यम कोई भी हो; क्योंकि सफलता एक अनवरत यात्रा है अंतिम पड़ाव नहीं। (Success is a journey, not a destination)।

जीवन में कैरियर को लेकर बालक–बालिकाओं में बड़ा भम्र रहता है। इसलिए अगर जीवन में आपको कुछ अथॉरिटी लेनी है तो प्रशासनिक सेवाएं इसमें उत्तम हैं। जीवन में नकारात्मक रवैया ऐसे निर्णय में आपको सही दिशा और दशा नहीं दे सकता। निराशावाद से आपके निर्णय सीमित या गलत या डरकर लिए जाते हैं। इसलिए जब आपको कैरियर के बारे में निर्णय लेना हो तो प्रसन्नचित्त अवस्था में लेना चाहिए। आशावाद से ही सही और उचित निर्णय होते हैं। आशावादी और सकारात्मक नजरिये से ही आर.ए.एस. जैसी परीक्षाओं में सफलता पाई जा सकती है।

अंग्रेजी में ऐसे 3 टिप्स दिए गए हैं–खुशी में वायदे, गुस्से में जवाब और दुःख/निराशा में कोई निर्णय नहीं लेना चाहिए।

Don't Promise when you are Happy,

Don't reply when you are Angry,

Don't decide when you are Sad.

दीप मेरे जल अकम्पित
– रीना छिम्पा, आर.ए.एस. बैच 2012

आर.ए.एस. की परीक्षा वास्तव में धैर्य और आशावाद की परीक्षा है। अगर आप दृढ़ संकल्पित होकर डटे रहते हैं और सकारात्मक दृष्टिकोण के साथ अपनी कमियों को निरन्तर सुधारते हुए लगे रहते हैं, तो कोई ताकत आपको सफल होने से नहीं रोक सकती। इसलिए दीप और लहर की तरह आप अपने लक्ष्य पर अडिग रहकर डटे रहिए। सफलता अवश्य ही आपका वरण करेगी।

सिविल सेवा परीक्षाओं की तैयारी में अभ्यर्थियों को दीपक की तरह निरन्तर जलना पड़ता है। कवि दुष्यंत कुमार त्यागी लिखते हैं–

नदी की धार से ठंडी हवा आती तो है, नाव जर्जर ही सही लहरों से टकराती तो है।

एक चिन्गारी कहीं से ढूँढ लाओ दोस्तो, इस दिये में तेल से भीगी बाती तो है।

नदी की लहर की तरह अनवरतता और रिदम उसे परफेक्शन की ओर ले जाते हैं। जन्मजात कोई जीनियस नहीं होता। सब कुछ यहीं सीखा जाता है। आप में अगर जज्बा और संकल्प शक्ति है तो आप कुछ भी कर सकते हैं, बस आपको मन से उद्यम करना होगा।

दीप जो रात भर जलता रहा, एक प्रश्न अंधेरे से करता रहा।
क्या अपने बाती के प्राण देकर भी, तुम्हें मैं हर सकता हूँ।।
इस संसार में अपनी बाती को बचा,
क्या उजाला कर सकता हूँ।

अंधेरा कुछ मुस्कुराया, पर उत्तर अपना बतलाया
वो बाती जो प्राण देने का साहस न रखती है।
न मिलती आग से कभी निरर्थक ही मर जाती है,
पर दो घूँट पी स्नेह का, जो जलती है
अमावस की रात को भी रोशन कर जाती है।
लहर जो लहर पर चढ़ती रही, एक प्रश्न सागर से करती रही।
क्या बिना दूसरे को रौंदे, तुमसे तर सकती हूँ
सागर कुछ मुस्कुराया, पर उत्तर अपना बतलाया
वो लहर जो रौंदने का साहस न रखती है,
न मिलती किनारे से कभी, व्यर्थ ही मर जाती है,
पी पूरे सागर को इठला कर जो चलती है।
वही लहर रूप तूफान का धरती है।।

सफलता और संघर्ष की कहानी - लोगों के आँसू पौंछने के सपने देखना मेरी हॉबी – डॉ. मनीराम शर्मा आई.ए.एस. - डिसएबल्ड से डिफरेंटली एबल्ड तक का सफर

हरियाणा कैडर के आई.ए.एस. मनीराम शर्मा अलवर जिले के खेडली कस्बे (तहसील – कठूमर) के पास छोटे से बदनगढ़ी गांव में जन्मे जहाँ आज भी कोई स्कूल नहीं है। बचपन अभाव और संघर्ष में गुजरा। पिता खेतिहर मजदूर थे और माँ दृष्टिहीन। मनीराम पाँच किलोमीटर नंगे पैर चलकर स्कूल जाते थे। दसवीं कक्षा में मनीराम ने राजस्थान माध्यमिक शिक्षा बोर्ड में मेरिट में 5वाँ स्थान प्राप्त किया।

मनीराम के माता–पिता, परिवारजन और रिश्तेदारों को पढ़ाई और मेरिट आदि से कोई सरोकार नहीं था। कोई पढ़ा–लिखा नहीं था, कोई मार्गदर्शन नहीं मिला। हाँ स्कूल में जरूर कुछ अध्यापक और साथी छात्र मोटिवेट करते थे। **यस यू केन डू मनीराम।** आप कुछ भी कर सकते हो। एक जन्मजात बहरा गूँगा–सा अदना–सा गरीब मजदूर का बेटा जब मेरिट ला सकता है तो इससे बड़ा चमत्कार क्या हो सकता है।

नौकरी के लिए पहली परीक्षा क्लर्क की दी उसमें टॉप किया। प्राइवेट ग्रेजुएशन, पोस्ट ग्रेजुएशन किया। नेट, स्लेट, जे.आर.एफ., पी–एच.डी. की। व्याख्याता बने, आर.ए.एस. में चयन हुआ और अब बारी थी यू.पी.एस.सी की। तीन बार अपनी कैटेगिरी में टॉप किया लेकिन मेडिकल बोर्ड ने सौ फीसदी बहरा बताकर रिजेक्ट कर दिया। लेकिन हिम्मत नहीं हारी, संघर्ष किया डी.ओ.पी. से लेकर प्रधानमंत्री कार्यालय तक सबको हिला दिया। और अन्ततः प्रोपर आई.ए.एस. में नियुक्ति हुई और अभी पलवल के जिला कलेक्टर (डी.सी.) पद को सुशोभित कर रहे हैं।

इस प्रकार मनीराम ने डिस्एबल्ड के अर्थ को ही बदल दिया। मनीराम की कहानी से ही निःशक्तजनों को विशेष योग्यजन (Specially Abled Person) या डिफरेन्टली एबल्ड (Differently Abled) कहा जाने लगा।

मनीराम जैसी शख्सियत का होना इस पृथ्वी पर दुर्लभ है। लेखक वर्ष 2001 से लगातार मनीराम से अभिन्न मित्र के रूप में परिचित हैं। यद्यपि इससे पूर्व भी मनीराम की बौद्धिक क्षमताओं के चर्चे गाँव के आसपास सुनते रहते थे। लेखक का पैतृक गाँव मनीराम के गाँव के बिलकुल समीप है। लेखक स्वयं मनीराम जी के बहुत बड़े प्रंशसक और फैन है तथा उनकी बुद्धिमत्ता के मुरीद हैं। मनीराम वास्तव में जन्मजात जीनियस हैं। ऐसे श्रेष्ठीजन हमारी जन्मभूमि खेडली (अलवर) के लिए सौभाग्य और गर्व की बात है।

आर.ए.एस. के इंटरव्यू के फॉर्म में एक कॉलम आता है हॉबी का। मनीराम के जीवन में हॉबी नाम की कोई चीज नहीं थी। अवकाश (फुर्सत) का समय नहीं था। मनीराम ने उस कॉलम में अपनी हकीकत बताते हुए हॉबी भरी सपने देखना। ऐसे सपने देखना जिसमें मैं स्वयं कुछ बनकर गरीब–पीड़ित अभावग्रस्त लोगों के आँसू पौंछ सकूँ। यह मनीराम के दिल से निकली हुई बात थी। उन्होंने कभी लाल बत्ती का या कलेक्टर या मिनिस्टर या प्रेसीडेंट बनने का सपना नहीं देखा। बल्कि ऐसा सपना देखा जिसमें वे प्रतिदिन दस–पाँच गरीबों, पीड़ितों, दमितों और अभावग्रस्त लोगों के आँसू पौंछने वाले बनें। इसी समाज सेवा के सपने ने मनीराम को सिविल सेवा दिलाई। आज वे निरन्तर समाज और लोक सेवा में रत रहते हुए लोगों के आँसू पौंछकर अपने सपनों को साकार कर रहे हैं। **डॉ. मनीराम का कहना है कि – अभी मीलों मुझको चलना है ...**

Woods are lovely dark and deep
But I have promise to keep
And miles to go before l sleep
And Miles to go before l sleep.

—Robert Frost

गहन सघन मनमोहक वन तरू मुझको आज बुलाते हैं,
किन्तु किए थे वादे मैंने, मुझको याद दिलाते हैं।
अभी कहाँ आराम मुझे, यह मूक निमंत्रण छलना है,
और अभी तो मीलों मुझको, मीलों मुझको चलना है।।
(अनुवादक – हरिवंशराय बच्चन)

❑❑

अध्याय-5

आपके सवाल : टॉपर्स के जवाब (Your Questions: Toppers' Answers)

इस परीक्षा के पाठ्यक्रम से लेकर साक्षात्कार तक कुछ सवाल नए–पुराने अभ्यर्थियों को अक्सर परेशान करते हैं जिनका आसान और संतुष्टिपरक जवाब मिलना कठिन होता है। हमने ऐसे ही कुछ सवाल चुने हैं और आर.ए.एस. टॉपर्स तथा सिविल सेवा एक्सपर्ट्स की मदद से हमने इनका परफेक्ट जवाब पेश करने का प्रयास किया है। हमें उम्मीद है कि आपकी तैयारी में मददगार साबित होंगे।

प्रश्न 1 : आर.ए.एस. परीक्षा के लिए किस तरह की मानसिक तैयारी की जरूरत होती है?

उत्तर : किसी भी कार्य की सफलता में दृढ़ इच्छाशक्ति और सकारात्मक मानसिकता की महत्वपूर्ण भूमिका होती है। क्या आप वाकई प्रशासनिक अधिकारी बनना चाहते हैं? यह सवाल आप ईमानदारी से खुद से पूछ सकते हैं। यहां जो जवाब आपको मिलता है, वहीं आपकी मानसिकता का मापदंड है, जिसका अनुसरण कर आप सही मायनों में खुद को इस परीक्षा की तैयारी करने के लिए तैयार कर पाएंगे। अपने आत्मविश्वास और धैर्य को बनाएं रखें और एक सुनियोजित रणनीति और सकारात्मक मानसिकता के साथ इस परीक्षा की तैयारी में जुट जाइए।

प्रश्न 2 : आर.ए.एस. परीक्षा में कामयाबी के लिए क्या कोचिंग जरूरी है?

उत्तर : इस परीक्षा की सुनियोजित तैयारी के लिए छह बातें अहम हैं...

1. सटीक रणनीति, 2. व्यवस्थित दिनचर्या, 3. जवाबों (उत्तर) का आकर्षक प्रस्तुतीकरण (प्रभावी अभिव्यक्ति), 4. करेंट अफेयर्स पर मजबूत पकड़, 5. मानक किताबों का अध्ययन, 6. कामयाबी पाने के प्रति बेशुमार जुनून।

इन सभी छह बातों का यदि सख्ती से पालन किया जाए, तो इस परीक्षा में कामयाब होने से कोई भी नहीं रोक सकता। इसके विपरीत यदि कोचिंग की बात की जाए, तो कोचिंग संस्थान अभ्यर्थियों के महज तीन मकसदों को पूरा कर सकते हैं...

1. अध्ययन के समय को व्यवस्थित करने में मदद करना।
2. सटीक रणनीति के साथ तैयारी करवाना।
3. पाठ्य–सामग्री जुटाने में मदद करना।

यदि आप इन तीनों मांगों को पूरा करने में सक्षम हैं, तो स्वयंपाठी (Self Study) के रूप में आप बेहतर तैयारी कर सकते हैं। कुछ ऐसी धारणाएं हैं कि कोचिंग संस्थानों के बिना सिविल सेवाओं में सफलता नहीं पाई जा सकती है, जो कतई उचित नहीं है। सिविल सेवाओं में लगभग 50 प्रतिशत से ज्यादा अभ्यर्थी स्वयंपाठी होते हैं, जो अपने मजबूत इरादों और आत्मविश्वास के दम पर इस प्रकार की परीक्षाओं में कामयाबी हासिल करते हैं। इसके बाद भी यदि आपको कोचिंग की जरूरत महसूस हो रही है, तो बेशक आप कोचिंग ज्वॉइन कर सकते हैं। पहले उस संस्थान की विश्वसनीयता और गुणवत्ता की जांच अवश्य करें। यह ध्यान रखें कि तैयारी की गंभीरता ही आपको सफल बना सकती है। फिर चाहे आप कोचिंग की मदद लें या नहीं लें, उससे खास फर्क नहीं पड़ेगा।

प्रश्न 3 : सामान्य अध्ययन के लिए प्रारंभिक और मुख्य परीक्षा का पाठ्यक्रम लगभग समान है। बावजूद इसके क्या दोनों के लिए अध्ययन की अलग रणनीति होनी चाहिए?

उत्तर : पाठ्यक्रम में समान टॉपिक होने के बावजूद अध्ययन की रणनीति के लिहाज से प्रारंभिक और मुख्य परीक्षा के लिए इन्हें एक समान नहीं मान सकते। दोनों परीक्षाओं का पैटर्न और उनकी मांग अलग है। जहां प्रारंभिक परीक्षा में तथ्यों व अवधारणाओं की स्पष्टता, विश्लेषण क्षमता, याद्दाश्त और विस्तृत अध्ययन की जरूरत होती है, वहीं मुख्य परीक्षा में इन सभी के साथ–साथ किसी भी बात के रचनात्मक (सृजनात्मक) प्रस्तुतीकरण का भी विशेष ध्यान रखना होता है।

प्रारंभिक परीक्षा के लिए गाइड और कोचिंग कक्षाओं के नोट्स मददगार हो सकते हैं, लेकिन मुख्य परीक्षा की तैयारी के लिए स्तरीय पुस्तकों से तैयारी करनी होती है, क्योंकि जैसा व्यक्ति पढ़ता है, उसका असर स्पष्ट रूप से उसकी लेखन शैली एवं प्रस्तुतीकरण में साफ तौर पर देखा जा सकता है।

सामान्य अध्ययन के मामले में तैयारी को मुख्य परीक्षा के लिहाज से किया जाना अधिक बेहतर विकल्प होगा। मुख्य परीक्षा में लगभग समान पाठ्यक्रम से वर्णनात्मक और विश्लेषणात्मक प्रकृति के लघु, मध्यम और दीर्घ उत्तर वाले प्रश्न

पूछे जाते हैं। इसलिए समग्र और ज्यादा रूप से पढ़ते हुए प्रत्येक बिंदु व पहलू का विश्लेषणात्मक अध्ययन भी साथ–साथ करते रहें।

अवधारणाओं का स्पष्ट होना (Conceptual Clarity) दोनों परीक्षाओं के लिए बहुत महत्वपूर्ण हैं। लेकिन आपके पास समय कम है, तो विस्तृत पढ़ने की कोशिश न करें। इससे प्रारंभिक परीक्षा का पाठ्यक्रम पूरा नहीं हो पाएगा।

प्रश्न 4 : क्या आर.ए.एस. और आई.ए.एस. परीक्षा की तैयारी एक साथ कर पाना संभव है?

उत्तर : आर.ए.एस. और आई.ए.एस. परीक्षा का पाठ्यक्रम लगभग एक समान है, क्योंकि वैकल्पिक विषय और राजस्थान के सामान्य ज्ञान के अलावा आर.ए.एस. का पाठ्यक्रम आई.ए.एस. से मेल खाता है। यद्यपि आई.ए.एस. में भूगोल, इतिहास, राजनीति विज्ञान और अर्थशास्त्र जैसे वैकल्पिक विषयों का चयन करने वालों को आर.ए.एस. परीक्षा में अतिरिक्त फायदा हो सकता है।

वर्तमान आर.ए.एस. परीक्षा के पाठ्यक्रम में किए गए बदलावों में इसी प्रकार की पहल की गई थी, जिससे आर.ए.एस. की तैयारी करने वाला अभ्यर्थी आसानी से आई.ए.एस. परीक्षा की तैयारी कर सके।

प्रश्न 5 : स्वयंपाठियों (Self Study) के लिए तैयारी की क्या रणनीति होनी चाहिए?

उत्तर : वे सबसे पहले इस परीक्षा के पाठ्यक्रम को स्पष्ट रूप में पढ़ें और जिस बिंदु के बारे में असमंजस की स्थिति हो, उसे किसी भी विशेषज्ञ या सफल अभ्यर्थी की मदद से स्पष्ट कर लें। पाठ्यक्रम का गहन अध्ययन इस परीक्षा की तैयारी का महत्वपूर्ण और पहला चरण माना जाता है। इसके बाद प्रत्येक विषय को आवश्यकतानुसार समय–सारणी में विभाजित करने के साथ संबंधित विषयों के पाठ्यक्रम को एक बार पूरा करने की समय–सीमा तय करें।

स्वयंपाठी (Self Study) अभ्यर्थी को इस परीक्षा की तैयारी के लिए दिए जाने वाले समय को व्यवस्थित (Time Management) करने की जरूरत है। उपलब्ध समय को इस तरह निर्धारित करें, जिससे पाठ्यक्रम से संबंधित सभी विषयों को पर्याप्त समय मिल जाए। जिस विषय पर आपको ज्यादा तैयारी की जरूरत है, उसे ज्यादा समय दें। इससे आपका आत्मविश्वास बढ़ेगा। तैयारी के दौरान किसी भी प्रकार का मानसिक तनाव नहीं रखें।

समय के सदुपयोग के लिए सटीक और बेहतर पाठ्यसामग्री की भी जरूरत होती है। पढ़ने की शुरुआत पुराने पेपरों से करें। पिछली मुख्य परीक्षा और प्रारंभिक परीक्षाओं के सवालों को खुद हल करें और इसके लिए संदर्भ किताबें देखते रहें। आपको खुद मालूम चल जाएगा कि कौन–सी किताबें इस परीक्षा के

लिहाज से ज्यादा प्रासंगिक हैं। पहले 10–15 दिन केवल यही करें। उसके बाद स्तरीय संदर्भ पुस्तकों का चयन करें।

प्रश्न 6 : आर.ए.एस. एवं आई.ए.एस. परीक्षा की एक साथ तैयारी के लिए अध्ययन सामग्री का चयन किस प्रकार किया जाए?

उत्तर : आर.ए.एस. परीक्षा के पाठ्यक्रम में लगभग 25 से 30 प्रतिशत भाग राजस्थान से जुड़ा है। जिसके लिए राजस्थान माध्यमिक शिक्षा बोर्ड की 9वीं से 12वीं कक्षा तक की चार भागों में प्रकाशित **'राजस्थान अध्ययन'** की पुस्तकें, राजस्थान सरकार की आर्थिक समीक्षा या सर्वेक्षण, सुजस, राजस्थान सरकार के प्रकाशन विभाग की वेबसाइट से राजस्थान की कला, संस्कृति के अलावा साहित्य से जुड़े प्रकाशनों को देख सकते हैं। **प्रो. नाथूरामका** की राजस्थान की अर्थव्यवस्था, **डॉ. भल्ला** की राजस्थान का भूगोल और **डॉ. जय सिंह नीरज** की राजस्थान की सांस्कृतिक परंपरा आदि किताबें अत्यधिक विश्वसनीय हैं।

राजस्थान **हिंदी ग्रंथ अकादमी** से संबंधित **किलों, पोशाकों, प्रजामंडल** से संबंधित छोटी–छोटी किताबें भी परीक्षा के लिए मददगार सिद्ध हो सकती हैं। **राजस्थानी ग्रंथागार, जोधपुर** की राजस्थान से जुड़े विषयों पर प्रकाशित पुस्तकें भी इस परीक्षा के लिहाज से विश्वसनीय हैं। माध्यमिक शिक्षा बोर्ड राजस्थान की पुस्तकें भी बेसिक नॉलेज के लिए मददगार बन सकती हैं।

पाठ्यक्रम के शेष बचे हुए 70 से 75 प्रतिशत भाग की तैयारी के लिए **एन. सी.ई.आर.टी.** की छह से 12वीं कक्षा तक की **इतिहास, भूगोल, राजनीति विज्ञान, अर्थशास्त्र** जैसी किताबों की मदद ले सकते हैं। भूगोल विषय के लिए महेश वर्णवाल की किताब और अर्थशास्त्र के लिए एन.सी.ई.आर.टी. की किताबें ही पर्याप्त हैं। वैसे भी अर्थशास्त्र से जुड़े सवाल अमूमन सामयिकी से संबंधित होते हैं। इसलिए, भारत सरकार का आर्थिक सर्वेक्षण, मिश्रा एवं पुरी की भारतीय अर्थव्यवस्था, आर.बी.आई. की आधिकारिक वेबसाइट आदि उपयोगी हैं।

विज्ञान और तकनीकी के लिए **वी. वास पेनोरमा,** पर्यावरण के लिए **अमर उजाला** की **ए–टू–जेड ऑफ इनवायरनमेंट एंड इकोलॉजी** बहुत उपयोगी हैं। **एम. लक्ष्मीकांत** की भारत की राजव्यवस्था, **सुभाष कश्यप** की संविधान पर पुस्तक, हिंदी माध्यम कार्यान्यवन निदेशालय की इतिहास की पुस्तकें, प्राचीन भारत के इतिहास के लिए **झा एवं श्रीमाली,** मध्यकाल के लिए **हरिश्चन्द्र वर्मा, सतीश चन्द्र, इम्तियाज अहमद** तथा आधुनिक भारत के लिए **यशपाल, ग्रोवर,** भारत का स्वतंत्रता संग्राम **विपिन चंद्र** और **जैन एवं माथुर** की किताबें जरूर पढ़नी चाहिए।

सामयिकी से जुड़ी एक स्तरीय पत्रिका अवश्य पढ़नी चाहिए। साथ ही, योजना के नियमित और **कुरूक्षेत्र** के विशेष अंक पढ़ने चाहिए। समाचार पत्र पढ़ते समय

पेन लेकर बैठना चाहिए। जैसे ही आपको कोई नया तथ्य मिले, आप उसे रेखांकित कर दें या गोला बना दें और संबंधित अच्छे आलेखों को काटकर अलग एक फाइल में रखें। भारत सरकार के विभिन्न मंत्रालयों की आधिकारिक वेबसाइट से सरकार की नीतियों, कार्यकलापों और योजनाओं पर नजर रख सकते हैं।

प्रश्न 7 : उत्तर लेखन का प्रभावी प्रारूप क्या हो सकता है?

उत्तर : जवाब लिखते समय शब्द–सीमा का विशेष ध्यान रखें। यदि 100 शब्द में जवाब मांगा गया है, तो चाहे 90 शब्द ही लिखें, लेकिन 110 शब्दों तक जवाब को न ले जाएं। कहने का तात्पर्य यह नहीं है कि शब्दों को गिनते हुए जवाब लिखें, लेकिन इस परीक्षा में शब्द सीमा के उल्लंघन को अनुशासनहीनता माना जाता है। और साथ ही आपका समय अतिरिक्त लगता है।

बड़े जवाबों को मुख्य रूप से इन तीन भागों में बांटना चाहिए – भूमिका, विस्तार और उपसंहार। भूमिका या प्रस्तावना में यह बात जरूर आनी चाहिए कि सवाल में क्या पूछा जा रहा है। इसी हिस्से से निरीक्षक को जानकारी मिल जाती है कि आप आगे क्या लिखने जा रहे हैं। इसलिए **भूमिका टू–द–प्वॉइंट** होनी चाहिए। इसके बाद उत्तर लेखन के विस्तार भाग में सवाल की मांग के मुताबिक **आंकड़ों, तथ्यों** और **उदाहरणों** का प्रयोग करते हुए जवाब को लिखें। उपसंहार में समाधान या सुझावात्मक बातों को शामिल कर सकते हैं।

प्रश्न 8 : आर.ए.एस. परीक्षा के दृष्टिकोण से लेखन शैली की क्या उपयोगिता है?

उत्तर : विषय के विस्तृत ज्ञान के बाद ही लेखन शैली और विचारों के प्रवाह को विकसित करने की आवश्यकता होती है। आर.ए.एस. जैसी परीक्षाओं में सभी सवाल हल करने और कॉपी भरने मात्र से ही अच्छे अंक नहीं मिलते, बल्कि सवालों के जवाब एक विश्लेषक के नजरिए से देने पर ही आप औरों से अलग समझे जाएंगे। हमारी परंपरागत शिक्षा प्रणाली में प्रयुक्त लिखित परीक्षा और आर.ए.एस./आई.ए.एस. की लिखित मुख्य परीक्षा में जमीन–आसमान का अंतर होता है।

परंपरागत अकादमिक परीक्षाओं में विषय के इर्द–गिर्द भटकते हुए और किताबी भाषा के प्रयोग से अच्छे अंक हासिल किए जा सकते हैं। क्योंकि इन परीक्षाओं में उद्देश्य अभ्यर्थी के विषयात्मक ज्ञान का परीक्षण करना होता है, जबकि इसके विपरीत आर.पी.एस.सी./यू.पी.एस.सी. के द्वारा ली जाने वाली लिखित परीक्षाओं का उद्देश्य देश/राज्य के लिए सर्वश्रेष्ठ अधिकारियों का चयन करना होता है।

अभ्यर्थी एक बात स्पष्ट जरूर समझ लें कि इस परीक्षा में आपका उद्देश्य उस कसौटी के अनुरूप लिखना होना चाहिए, जिसकी अपेक्षा आर.पी.एस.सी./यू.पी.

एस.सी. एक भावी सिविल अधिकारी से करता है। जवाबों में तथ्य, तर्क, भाषा और विश्लेषण का संतुलित मिश्रण होना चाहिए। आप कसावट के साथ रोचक ढंग से जवाब देकर परीक्षक को सहज ही अपनी पूरी कॉपी पढ़ने के लिए आकर्षित कर सकते हैं। आपके जवाबों में एक तार्किक प्रवाह होना चाहिए व तथ्यों के आधार पर जवाब न लिखकर अपने विश्लेषण में तथ्यों का समावेश करना चाहिए।

प्रश्न 9 : समाचार पत्रों, पत्रिकाओं और इंटरनेट की भूमिका को समझाइए।

उत्तर : सामान्य अध्ययन के पेपरों में अधिकतर सवाल सरकार की नीतियों, निर्णयों, अंतरराष्ट्रीय संबंधों, रेटिंग और नए बदलावों आदि के बारे में पूछे जाते हैं। इस प्रकार की सभी जानकारियां समाचार–पत्रों में आसानी से मिल जाती हैं। अमूमन एक समाचार–पत्र को पूरा पढ़ने में न्यूनतम एक घंटे का समय लगता है। समाचार पत्रों में पूरा ध्यान संपादकीय और फीचर के पन्नों पर रखें और उसके अलावा तकनीक व अर्थशास्त्र की महत्वपूर्ण खबरों को देखते रहें। अखबारों और पत्रिकाओं में कई बार आपके महत्व की खबरें बहुत छोटी जगह बना पाती हैं। किसी विषय पर समाचार–पत्र या पत्रिकाओं की जानकारी अपर्याप्त लगने पर आप इंटरनेट की सहायता ले सकते हैं। वर्तमान में इंटरनेट इस परीक्षा रूपी जंग में मुख्य हथियार नहीं, बल्कि रेस्क्यू ऑपरेशन में काम आने वाली एक अहम चीज है। जिसको साथ लिए बिना कामयाबी कठिन होती है। इसलिए इस परीक्षा में समाचार–पत्रों, पत्रिकाओं और इंटरनेट की भूमिका बहुत ही अहम है। रोमन सैनी की UNACADEMY, BYJU, RajRAS, RASNotes जैसे वेबपेज महत्वपूर्ण हैं।

प्रश्न 10 : आर.ए.एस. की तैयारी के दौरान समय प्रबंधन (Time Management) की क्या महत्ता है?

उत्तर : जीवन के किसी भी क्षेत्र में कामयाबी हासिल करने के लिए समय प्रबंधन सबसे अहम कारक है। समय प्रबंधन के बारे में चीन के कन्फ्यूशियस ने बताया है 'जो मनुष्य काफी पहले नहीं सोचता और योजना नहीं बनाता है, वह अपने घर से निकलते ही मुसीबतों से भेंट करता है।' यह बात हम सभी पर लागू होती है।

इस परीक्षा में समय और कामयाबी के बीच एक गहरा रिश्ता है। जब कोई अभ्यर्थी तैयारी के दौरान समय गंवाता है, तो वह प्रत्येक क्षण कामयाबी से दूर होता जाता है। इसलिए, इस परीक्षा की तैयारी के दौरान एक–एक मिनट बहुत मायने रखता है।

एक ऐसी कार्ययोजना बनाएं, जिससे न्यूनतम किताबों की मदद से अधिकतम विषयों को कवर किया जा सके और पढ़ाई इस रीति से करें कि एक बार में ही टॉपिक्स पुख्ता तौर पर तैयार हों। कमजोर विषयों को नकारने की अपेक्षा ज्यादा

महत्व दें। परीक्षा में कामयाबी के लिए सभी विषयों का औसत न्यूनतम ज्ञान होना जरूरी है। किसी कमजोर विषय को मजबूत करने में इतने मशगूल न हो जाएं कि अन्य विषयों पर जरूरत के मुताबिक ध्यान न दे पाएं। क्योंकि यहां प्रत्येक प्रश्न–पत्र की उपयोगिता बराबर है।

प्रश्न 11 : क्या सामाजिक–पारिवारिक जिम्मेदारियों को निभाते हुए इस परीक्षा की तैयारी संभव है?

उत्तर : जरूरी नहीं कि सभी अभ्यर्थियों के घर–परिवार में इस परीक्षा की तैयारी के लिए अनुकूल वातावरण मिले। परिवार के सभी सदस्यों पर कई तरह की जिम्मेदारियों को निभाते हुए इस परीक्षा की तैयारी करना कई बार तनाव का कारण बन जाता है। लेकिन, जिम्मेदारियों को भी दरकिनार नहीं किया जा सकता।

बहरहाल, समय का व्यवस्थित उपयोग कर इन छोटी–मोटी पारिवारिक जिम्मेदारियों को बिना किसी तनाव के पूरा किया जा सकता है। ऐसे अभ्यर्थियों को पढ़ने की सामग्री हमेशा साथ रखनी चाहिए। जब, जहां जैसे मौका मिले पढ़ाई करें। यह जरूरी नहीं कि तय घंटों के हिसाब से तैयारी के लिए समय नियोजित करें, बल्कि जब समय मिले तब पढ़ाई की जा सकती है। बस, इस दौरान एकाग्रता बनाए रखना बहुत जरूरी है।

प्रश्न 12 : जॉब के साथ–साथ इस परीक्षा की तैयारी को किस प्रकार नियोजित किया जा सकता है?

उत्तर : इंजीनियरिंग एवं मेडिकल क्षेत्र के कई अभ्यर्थी कैरियर बैकअप बनाने के बाद इस परीक्षा की तैयारी में जुटते हैं। ठीक उसी प्रकार कुछ अभ्यर्थी ऐसे भी होते हैं, जो पढ़ाई एवं तैयारी के खर्चों को पूरा करने के लिए जॉब के साथ तैयारी को नियोजित करते हैं। साथ ही, कुछ लोग को मजबूरन जॉब करना होता है, लेकिन वे देश या राज्य की प्रशासनिक व्यवस्था का हिस्सा बनने का ख्वाब लिए इस परीक्षा की तैयारी में संलग्न रहते हैं।

जॉब के साथ तैयारी को नियोजित करना थोड़ा कठिन होता है। अभ्यर्थी सबसे पहले अपना संकल्प मजबूत करें कि इस परीक्षा में उच्च स्थान हासिल करना ही है। इस बात का ध्यान रखें कि नौकरी के साथ–साथ ऐसे शौक पूरा करने में समय बर्बाद न करें, जिनसे आप आप छात्र–जीवन में वंचित रह गए थे।

कामयाबी के लिए कुछ दिन और अपना छात्र–जीवन जारी रखें। जॉब के साथ तैयारी को अंजाम देने वाले अभ्यर्थियों को दिनचर्या का सख्ती से पालन करना बहुत ही जरूरी है। ऑफिस के अलावा शेष बचे हुए समय को विषयानुसार

तरीके से विभाजित करें और तैयारी को आगे की ओर बढ़ाते रहें। छुट्टी वाले दिन सप्ताहभर तक पढ़ें मेटर का रिवीजन करें और साप्ताहिक रूप से पढ़ाई की रणनीति बनाए।

प्रश्न 13 : कैसे पढ़ें? पढ़ने का माकूल तरीका क्या है?

उत्तर : पढ़ाई करने का अपना–अपना अलग तरीका होता है। कोई भी तरीका जो आपको पसंद है, अपना सकते हैं, बस वो पढ़ा हुआ याद होना चाहिए और वह जरूरत के वक्त (परीक्षा में) Recall (Retrieve) हो जाए। जिसमें पढ़ी हुई सामग्री कभी भी Recall हो जाए – वहीं तरीका श्रेष्ठ है। पढ़ते वक्त ध्यान पूरी तरह (Concentration) रहना चाहिए।

प्रश्न 14 : क्या पढ़ें? पाठ्य सामग्री क्या पढ़ी जाए?

उत्तर : एक विषय या टॉपिक पर प्रायः एक ही पाठ्य–सामग्री पढ़ें। एक विषय या टॉपिक पर कई पुस्तकें और नोट्स इत्यादि पढ़ने से कन्फ्यूजन हो जाता है और वो रिकॉल नहीं होता। इसलिए कम पुस्तकें पढ़ें, लेकिन उसे नियमित रिवीजन करते रहें।

प्रश्न 15 : तैयारी शुरू कैसे करें?

उत्तर : विज्ञप्ति, सिलेबस, पुराने पेपर्स। सबसे पहले आर.ए.एस. की भर्ती विज्ञप्ति को पढ़े, सिलेबस (प्री. एवं मैन्स) पूरा पढ़ें और फिर पिछले वर्षों के पेपर्स पढ़ें। फिर टॉपिक–वाइज अपनी व्यवस्थित पढ़ाई चालू करें।

प्रश्न 16 : क्या लिखकर पढ़ना जरूरी है?

उत्तर : हाँ। मुख्य परीक्षा के लिए तो बहुत जरूरी है। क्योंकि आपको मुख्य परीक्षा में उत्तर लिखित में देने हैं। जिस प्रकार तैरना सीखने के लिए पानी में कूदना जरूरी है, उसी प्रकार लिखित परीक्षा में टॉपर बनने के लिए लेखन का अभ्यास अति आवश्यक है। इसलिए लिखकर पढ़ना चाहिए।

प्रश्न 17 : टेस्ट सीरीज का कितना महत्त्व है?

उत्तर : टेस्ट सीरीज आपको आईना दिखा देती है। आपकी असलियत और स्वीकृत का पता टेस्ट सीरीज से ही चलता है। इसलिए खुद की परफॉर्मेंस चैक करने के लिए मॉक टेस्ट देना जरूरी है।

प्रश्न 18 : कोचिंग और ट्यूशन की भूमिका?

उत्तर : अति आवश्यक नहीं है। लेकिन आपको यह मलाल नहीं रहना चाहिए कि कोचिंग नहीं की। कोचिंग पढ़ाई को सही दिशा और मार्गदर्शन अवश्य देती हैं। इससे भटकाव कम हो जाता है।

प्रश्न 19 : हैण्ड–राइटिंग अच्छी होना जरूरी है?

उत्तर : हैण्ड राइटिंग लिखित परीक्षा में स्कोर को प्रभावित करती है। अच्छी और सुस्पष्ट (Legible) हैण्ड राइटिंग निस्सन्देह परीक्षक को प्रभावित करेगी। क्योंकि उसे उसको पढ़ने और चैक करने में सहूलियत होती है। खराब हैण्डराइटिंग को चैक करने में, समझने में परीक्षक को इरिटेशन होती है। यह मानवीय मनोविज्ञान है। इसलिए हैण्ड–राइटिंग अच्छी, साफ–सुथरी एवं सुस्पष्ट (Legible) होनी चाहिए। इससे आपको स्कोर में सकारात्मक मदद मिलेगी।

प्रश्न 20 : इन्टरनेट/गूगल की भूमिका?

उत्तर : निस्सन्देह आज के साइबर युग में इन्टरनेट और गूगल बाबा की भूमिका अति महत्वपूर्ण हो गई है। यू–ट्यूब और ब्लॉग पर बेहतरीन पाठ्य–सामग्री उपलब्ध है। आई.ए.एस. से इस्तीफा देकर मार्गदर्शन देने वाले रोमन सैनी ने UNACADEMY बनाई है, जो निःशुल्क मार्गदर्शन कर रही है। इसके अलावा BYJU वेबसाइट, ई–प्रोग्राम, यू–ट्यूब, Rajras.in, Rasnotes.com, Rasfreenotes.in इन वेबसाइट्स की मदद भी ली जा सकती है।

सत्यान्वेषी बनना होगा
– डॉ. बी. आर. बिश्नोई, आर.ए.एस.

आर.ए.एस. में सफलता का राज सत्य की खोज जैसा है। किताबों के ढेर में खोना नहीं है, उसमें से क्रीम–क्रीम निकाल कर उसे आत्मसात् करना है। किसी एक टॉपिक के लिए एक ही स्रोत–किताब (कोई भी) नोट्स या गाइड का चयन कर उसी का निरन्तर अभ्यास करें। किताबों की, कोचिंग की और नोट्स की भीड़ में उलझना नहीं है। पिन पाइंटेड तैयारी करें। सिलेबस और पिछले पेपर्स आपके लिए ब्ल्यू प्रिंट का काम करेंगे।

फेनिल आवर्तों के मध्य, अजगरों से घिरा हुआ
विषबुझी फुंकारें सुनता सहता, अगम, नीलवर्णी,
इस जल के कालियादाह में दहता, सुनो, कृष्ण हूँ मैं,
भूल से साथियों ने, इधर फेंक दी थी जो गेंद,
उसे लेने आया हूँ, आया था, आऊँगा, लेकर जाऊँगा।।
अब तक ग्रह कुछ बिगड़े–बिगड़े से थे इस मंगल तारे पर।।
नई सुबह की नई रोशनी हावी होगी अंधियारे पर।।

उलझ गया था कहीं हवा का आंचल अब जो छूट गया है।।

एक परात से ज्यादा राख नहीं है युग के अंगारे पर।।

सिविल सेवा - समाज सेवा, इसमें आप सुपात्र पथिक बनिए – राजकुमार कस्वाँ आर.ए.एस.

प्रशासनिक सेवाओं की शुरुआत के साक्ष्य 5वीं सदी के करीब सर्वप्रथम प्राचीन चीन साम्राज्य के समय से मिलते हैं। आधुनिक युग में यह फ्रांस और ब्रिटेन की देन है। भारत में सिविल सेवा की अवधारणा को ईस्ट इंडिया कंपनी ने 1829 में प्रारम्भ किया। यद्यपि भारत में सिविल सेवा की नींव लॉर्ड कॉर्नवालिस (1786–93) के समय भारत शासन अधिनियम (The India Act), 1784 के माध्यम से रखी गई। इसलिए कॉर्नवालिस को भारत में सिविल सेवा का जनक कहा जाता है। उस समय भी सिविल सेवा के अधिकारियों को व्यापक अधिकार प्राप्त थे तथा उनका प्रमुख कार्य कानून – व्यवस्था, न्याय, राजस्व संग्रहण इत्यादि था।

प्रतिवर्ष 21 अप्रैल को सिविल सेवा दिवस मनाया जाता है। वर्ष 2018 में सिविल सेवा दिवस का थीम था – **न्यू इंडिया : शेपिंग द फ्यूचर।**

विकास एवं प्रगति की योजनाएं, जनकल्याण का मसौदा, प्राकृतिक आपदा इन सभी में प्रथम प्रतिक्रिया प्रशासन की ओर से ही आती है। राष्ट्र–निर्माण के तमाम कार्यो की शुरुआत प्रशासन से ही होती है। समस्याग्रस्त लोगों के दर्द और दिक्कतों को दूर करने में आत्म संतोष का अनुभव प्रशासनिक सेवा में ही संभव है। इसलिए सिविल सेवा को समाज सेवा कहा गया है।

आर.ए.एस. की तैयारी में निरन्तरता जरूरी है। लेकिन कहीं असफल होने पर भी अपना धैर्य और मनोबल बनाए रखकर फिर अपने उद्यम को निरन्तर रखें। अडिग होकर जो लक्ष्य का पीछा करते हैं, उन्हें सफल होने से कोई नहीं रोक सकता। आपको ऐसा सुपात्र पथिक बनना है। मेरी अनन्त शुभकामनाएं ....

राह चाहे पथरीली हो, लक्ष्य चाहे दुष्कर हो

कदम चाहे लड़खड़ाए, साँस चाहे उखड़ जाए

कई बार गिरा है तू, कई बार थका है तू

गिरकर भी उठा है तू, थककर भी चला है तू

हार नहीं स्वीकार है, यही जीवन का सार है।

अभ्यास और निरन्तरता से जीनियस बनकर सफलता का वरण कीजिए
– मनोज कुमार शर्मा, आर.ए.एस. टॉपर 2010

निरंतर कोशिश करते रहने वालों के आगे कुछ नहीं टिक सकता, प्रतिभा भी नहीं, इससे ज्यादा कोई आम बात है ही नहीं कि बहुत सारे प्रतिभाशाली लोग असफल देखने को मिलते हैं। जीनियस (genius) भी नहीं – हारे हुए जीनियस तो एक कहावत है। शिक्षा भी नहीं – दुनिया पढ़े–लिखे नासमझों से भरी हुई है। लगातार कोशिश और दृढ़ इच्छा ही सर्वसागर्थ है और सफलता का मूलमंत्र भी।

महान वायलिनवादक फ्रिट्ज क्रिस्लर (Fritz Kreisler) से किसी ने पूछा, "आप इतनी अच्छी वायलिन कैसे बजाते हैं? क्या यह भाग्य की देन है?" उन्होंने जवाब दिया "यह अभ्यास का नतीजा है। अगर मैं एक महीने तक अभ्यास न करूँ, तो मेरे वायलिन बजाने में आए फर्क को श्रोता महसूस कर सकते हैं। अगर मैं एक सप्ताह तक अभ्यास न करूँ, तो मेरी पत्नी फर्क को बता सकती है, और अगर मैं एक दिन अभ्यास न करूँ तो मैं खुद फर्क बता सकता हूँ।"

दृढ़ता, प्रतिबद्धता का परिणाम होती है और उसी से संकल्प का जन्म होता है। धैर्य आनंद देता है। कुछ सेकेंड, या कुछ मिनट तक अपनी क्षमता प्रदर्शित करने के लिए खिलाड़ी सालों अभ्यास करते हैं। हर काम को पहली बार ही सही ढंग से कीजिए, और फिर हर बार सही ढंग से कीजिए। आने वाले कल का सबसे अच्छा बीमा आज अच्छे ढंग से किया गया काम है।

माइकेल एंजेलो (Michel Angelo) कई दिनों से एक प्रतिमा पर काम कर रहे थे। वह हर बारीकी को सुधारने में काफी वक्त लगा रहे थे। पास खड़े एक आदमी को ये सुधार गैरजरूरी लगे। उसने माइकेल एंजेलो से पूछा कि वह उन बारीकियों की इतनी चिंता क्यों कर रहे हैं। माइकेल एंजेलो ने जवाब दिया "छोटी–छोटी चीजें ही पूर्णता लाती हैं, और पूर्णता कोई छोटी चीज नहीं है।"

ज्यादातर लोग यह भूल जाते हैं कि आपने कोई काम कितनी तेजी से किया, लेकिन उन्हें यह याद रहता है कि आपने वह काम कितने अच्छे ढंग से किया था।

मार्टिन लूथर किंग जूनियर कहते हैं कि – अगर किसी आदमी को सड़क साफ करने का काम दिया जाए तो उसे सफाई वैसे ही करनी चाहिए, जैसे माइकेल एंजेलो पेंटिंग करता हो या बीथोवन संगीत की रचना करता हो या शेक्सपियर कोई कविता लिखता हो। उसे सड़क की सफाई इतनी अच्छी तरह करनी चाहिए कि स्वर्ग और पृथ्वी, दोनों जगहों के लोग रुककर बोलें कि यहाँ सड़क की सफाई करने वाला रहता था, जिसने अपना काम गर्व से और बहुत

अच्छी तरह किया। यही फितरत आर.एस.एस परीक्षा की है। अगर आप परफेक्ट और प्रभावी तैयार करते हो तो आपकी सफलता सुनिश्चित है। इस अभ्यास को निरन्तर बनाए रखना जरूरी है।

❖ असफलता के प्रमुख कारण (Some Reasons of Failure)

प्रत्येक व्यक्ति के जीवन में ऐसी कुछ वजह हैं, जो उन्हें असफल बना सकती हैं। इन वजहों को दूर कर हम अपनी सफलता की राह में बाधा बनने वाले ब्रेकों को हटा सकते हैं।

1. खतरे उठाने से बचना (Unwillingness to Take Risks)
2. लगातार कोशिश की कमी (Lack of Persistence)
3. शॉर्टकट की तलाश (Looking for Shortcuts)
4. दृढ़ विश्वास की कमी (Lack of Conviction)
5. बहाने बनाना (Easy Excuses)
6. पिछली गलतियों से सीख न लेना (Not Learning From Past Mistakes)
7. अवसर को न पहचान पाना (Inability to Recognise Opportunities)
8. डर को दूर भगाइये (Keep Fear Away) (FEAR- False Evidence Appearing Real)
9. अनुशासन की कमी (Lack of Discipline)
10. भाग्यवादी नजरिया (Fatalistic Attitude)

आदमी की कीमत – बुद्ध की प्रेरक कथा

एक बार एक आदमी महात्मा बुद्ध के पास पहुंचा। उसने पूछा – "प्रभु, मुझे यह जीवन क्यों मिला? इतनी बड़ी दुनिया में मेरी क्या कीमत है?" बुद्ध उसकी बात सुनकर मुस्कुराए और उसे एक चमकीला पत्थर देते हुए बोले, "जाओ, पहले इस पत्थर का मूल्य पता करके आओ। पर ध्यान रहे, इसे बेचना नहीं, सिर्फ मूल्य पता करना है।"

वह आदमी उस पत्थर को लेकर एक आम वाले के पास पहुंचा और उसे पत्थर दिखाते हुए बोला, "इसकी कीमत क्या होगी?" आम वाला पत्थर की चमक देखकर समझ गया कि अवश्य ही कोई कीमती पत्थर है। लेकिन वह बनावटी आवाज में बोला, "देखने में तो कुछ खास नहीं लगता, पर मैं इसके बदले 10 आम दे सकता हूं।" वह आदमी आगे बढ़ गया। सामने एक सब्जीवाला था। उसने उससे पत्थर का दाम पूछा। सब्जी वाला बोला, "मैं इस पत्थर के बदले एक बोरी आलू दे सकता हूं।" आदमी आगे चल पड़ा। उसे लगा पत्थर कीमती है, किसी

जौहरी से इसकी कीमत पता करनी चाहिए। वह एक जौहरी की दुकान पर पहुंचा और उसकी कीमत पूछी। जौहरी उसे देखते ही पहचान गया कि यह बेशकीमती रूबी पत्थर है, जो किस्मत वाले को मिलता है। वह बोला, ''पत्थर मुझे दे दो और मुझसे 10 लाख रु. ले लो।''

उस आदमी को अब तक पत्थर की कीमत का अंदाजा हो गया था। वह बुद्ध के पास लौटने के लिए मुड़ा। जौहरी उसे रोकते हुए बोला, ''अरे रुको भाई, मैं इसके 50 लाख दे सकता हूं।'' लेकिन वह आदमी फिर भी नहीं रुका। जौहरी किसी भी कीमत पर उस पत्थर को अपने हाथ से नहीं जाने देना चाहता था। वह उछल कर उसके आगे आ गया और हाथ जोड़ कर बोला, ''तुम यह पत्थर मुझे दे दो, मैं 1 करोड़ रुपये देने को तैयार हूं।'' वह आदमी जौहरी से पीछा छुड़ा कर जाने लगा। जौहरी ने पीछे से आवाज लगाई, ''ये बेशकीमती पत्थर है, अनमोल है। तुम जितने पैसे कहोगे, मैं दे दूंगा।'' यह सुनकर वह आदमी हैरान–परेशान हो गया। वह सीधा बुद्ध के पास पहुंचा और उन्हें पत्थर वापस करते हुए सारी बात कह सुनाई।

बुद्ध मुस्करा कर बोले, ''आम वाले ने इसकी कीमत '10 आम' लगाई, आलू वाले ने 'एक बोरी आलू' और जौहरी ने बताया कि 'अनमोल है'। इस पत्थर के गुण जिसने जितने समझे, उसने उसकी उतनी कीमत लगाई। ऐसे ही यह जीवन है। हर आदमी एक हीरे के समान है। दुनिया उसे जितना पहचान पाती है, उसे उतनी महत्ता देती है। लेकिन आदमी और हीरे में एक फर्क यह है कि हीरे को कोई दूसरा तराशता है और आदमी को खुद अपने आपको तराशना पड़ता है। तुम भी अपने आपको तराश कर अपनी चमक बिखेरो, तुम्हें भी तुम्हारी कीमत बताने वाले मिल ही जाएंगे।''

आर.ए.एस. की तैयारी धर्म युद्ध की तरह है – रवीन्द्र कुमार, आर.ए.एस.

सीढ़ियाँ उनके लिए बनी हैं, जिन्हें छत पर जाना है।
लेकिन जिनकी नजर आसमान पर हो, उन्हें तो रास्ता खुद बनाना है।।
ये राहें ही ले जायेंगी मंजिल तक हौसला रख,
कभी सुना है कि अँधेरे ने सवेरा न होने दिया।

जब आपके सामने कोई लाइन खिंची हो तो उसके पास अपनी एक बड़ी लाइन खींच दो। हमें किसी की लाइन को छोटा नहीं करना है अपितु स्वयं मेहनत करके उसके समक्ष बड़ी लाइन बनाने का प्रयास करना चाहिए। यह दृष्टिकोण आपको इस आर.ए.एस. के धर्म युद्ध में अवश्य विजयी बनायेगा। धर्म का आशय यहाँ कर्तव्य (उत्तरदायित्व) से है, वर्च्यू (Virtue) से है। यह हमारे चारों पुरुषार्थो

– धर्म, अर्थ, काम और मोक्ष में जीवन का सबसे पहला लक्ष्य है। अतः अपनी लाइन बड़ी करते चलो, सफलता आपके पीछे–पीछे स्वतः आ रही होगी.....

तेजी से एक दर्द, मन में जागा

मैंने पी लिया, छोटी सी एक खुशी अंधेरों में आई

मैंने उसको फैला दिया, मुझको सन्तोष हुआ और लगा.....

हर छोटे को बड़ा करना 'धर्म' है।।

सफलता की कुंजी
– दौलत खान (सिविल सेवा परीक्षा एक्सपर्ट)

- योजनाबद्ध कार्य करना (रणनीति)।
- समय व्यर्थ न गवाएं (समय प्रबंधन)।
- पिछले वर्षों के प्रश्नों को हल करके संभावित प्रश्नों का अंदाजा लगाकर उनका अभ्यास करें।
- परिणाम का सटीक विश्लेषण करना सीखें और अपनी रणनीति को संग्रहित करते रहें।
- रिवीजन नियमित रूप से करें।
- कम पढ़ें, लेकिन गहन रूप से पढ़ें, जिससे वो आपको याद रहे।
- अपने आपको अपडेट रखें। विषय और टॉपिक्स को आपस में लिंक करें। इन्टर–डिसीप्लीनरी एप्रोच अपनाएं।
- स्वयं पर विश्वास रखें और धैर्य बनाए रखें।
- नोट्स और कोचिंग इत्यादि पर आश्रित न रहें।

जिन्दगी तो अपने दम पर ही जी जाती है,

दूसरों के कंधों पर तो जनाजे ही उठा करते हैं।

इसी प्रकार किसी शायर ने कहा है कि चोट और संघर्ष को सहने वालों की पूजा होती है–

न हम झुकेंगे, न हम रुकेंगे, न हम टूटेंगे।

जो पत्थर चोट लगकर टूट जाता है, वह कंकर हो जाता है।

और जो पत्थर उस चोट को सह जाता है, वह शंकर हो जाता है।।

आर.ए.एस. की तैयारी में कई उतार–चढ़ाव आते हैं। लेकिन जो मैदान में डटकर धैर्यपूर्वक अपने लक्ष्य की ओर अग्रसर होता रहता है, वह सफलता का वरण अवश्य करता है।

अति उत्साह एवं अति आत्मविश्वास से बचें (Avoid Over Confidence) – उमाशंकर शर्मा (सिविल सेवा परीक्षा एक्सपर्ट)

हम हौसला नहीं करते, इसलिए कि कुछ करना दुष्कर है।
कुछ करना दुष्कर इसलिए होता है कि हम हौसला नहीं करते।।

आर.ए.एस. जैसी सिविल सेवा परीक्षा की तैयारी में आत्मविश्वास और उत्साह महत्वपूर्ण भूमिका निभाते हैं। लेकिन कई विषय और टॉपिक्स ऐसे होते हैं, जिनको अत्यधिक आत्मविश्वास के कारण उपेक्षित छोड़ दिया जाता है। यही टॉपिक अनदेखी करने के कारण मैरिट से बाहर कर देते हैं। इसलिए सभी विषयों और भागों को समान महत्व देते हुए तैयारी को अंजाम दें। सिविल सेवा परीक्षाओं विशेष रूप से आर.ए.एस. में अभ्यास का विशेष महत्व है। इसलिए अच्छी टेस्ट सीरीज अवश्य ज्वाइन करनी चाहिए। टेस्ट सीरीज से आपका आत्मविश्वास भी बढ़ेगा और आपकी असलियत भी सामने आने लगेगी।

जिन्दगी में कभी भी अपने किसी हुनर पे घमण्ड मत करना,
क्यूँकि पत्थर जब पानी में गिरता है तो अपने ही वजन से डूबता है।
ज्ञान हमें मुक्ति की तरफ ले जाता है, पर उसका घमंड नरक की तरफ।

जीवन में अच्छे भविष्य के लिए सच्चाई से काम कीजिए और स्वयं पर तथा ईश्वर पर भरोसा रखिए, आपको सफलता अवश्य मिलेगी। जीवन में कोशिश (Try), ईमानदारी (True), और विश्वास (Trust), ये तीनों चीजें अत्यधिक महत्व रखती हैं –

- **3T in your Pocket** –
- TRY – Try For Better Future
- TRUE – True With Your Work
- TRUST – Trust in yourself & in God

इसी प्रकार जीवन में सफलता दृष्टिकोण और समर्पित उद्यम से मिलती है।

❖ सफलता के दो पैमाने - विजन और मिशन (Success depends upon 2 parameters)

Vision – For seeing the invisible

Mission – For doing the impossible

सफल लोग वो करते हैं, जिन्हें करने में आम लोगों को परेशानी होती है। जैसे– सुबह जल्दी उठना, योग–प्राणायाम करना, मन पर नियंत्रण, हार्ड वर्क, समय की पाबन्दी इत्यादि।

साधारण से श्रेष्ठ बनने के लिए विफलता जरूरी है – महेन्द्र लोढा, आर.ए.एस. टॉपर 1999

यह सच है कि सफलता हमें खुशी देती है और विफलता हमें मायूसी और हताशा। जमाना सफल होने वालों की बात करता है और उनके किस्से सुनाता है और क्यों न करे, यही तो हम सबकी चाहत होती है।

यदि हमने सोचा वह पा लिया तो हम सफल अन्यथा विफल यानी जब हम कोई काम करते हैं, तो उसका एक परिणाम और समय सीमा भी तय करते हैं और यही परिणाम हमारे सफल या विफल होने का सूचक होता है। हम अपने आस–पास देखेंगे कि सफल होने वाले लोगों की संख्या कम है और विफल होने वाले ज्यादा हैं। महत्वपूर्ण यह नहीं है कि हम सफल हुए या विफल। महत्वपूर्ण तो यह है कि हम उसके प्रति क्या नजरिया रखते हैं। सफलता हमें कुछ बातें सिखाती है, लेकिन विफलता टीचर की तरह हमें ढेरों सीख दे जाती है।

❖ विफलता हमें अन्य रास्ते दिखाती है

जब हमें विफलता मिलती है तो वह हमारी विफलता न होकर हमारे काम करने के तरीकों या उनके अभ्यास करने के तरीकों की विफलता होती है। जब भी विफलता मिलें तब समझें कि यह अभ्यास के तरीकों को बदलने का या उस काम को अन्य तरीकों से करने व सीखने का सही समय है। जब हम अन्य रास्तों और संसाधनों के बारे में सोचते हैं, तब समाधान नजर आने लगता है। श्रेष्ठ लोग विफल होने पर भी उस काम को करने के नए नए तरीके आजमाते रहते हैं और सफलता प्राप्त करते हैं।

❖ विफलता व्यावहारिक समझ बढ़ाती है

जिस तरह सफलता कुछ खास तरह के अनुभव हमारी जिंदगी में जोड़ती है, उसी तरह विफलता भी कुछ ऐसे अनुभव हमें देती हैं जो सफलता नहीं दे पाती। ये

अनुभव हमें मजबूत बनाते हैं। इनसे हम दबाव झेलने की क्षमता, उपलब्ध संसाधनों का श्रेष्ठ उपयोग कर पाना, अपने आपको आकलन करने की क्षमता, अपनी अन्य छुपी हुई क्षमताओं को जान पाना, किसी भी मुश्किल वक्त के लिए तैयार हो पाना, अपने आस–पास के लोगों की समझ होना, प्रेम भाव और नम्रता सीखते हैं। यह सब विफलता ही सिखा पाती है। इसलिए यदि हम विफलता के दौर से गुजर रहे हैं तो हताश ना हों, हम एक अच्छे और मजबूत इंसान भी बनते जा रहे हैं। इस वक्त में हम अपने आपके सबसे अच्छे दोस्त होते है और स्वयं को और जानने व समझने की कोशिश करते हैं।

❖ विफलता को अवसरों में बदलते सवाल

जीवन के किसी भी क्षेत्र में विफलता के वक्त ये सवाल जरूर करें, क्योंकि सही सवाल हमारे ध्यान और नजरिये को पूर्ण रूप से बदल देंगे–

प्रश्न – इस विफलता की सबसे अच्छी बात क्या थी?

उत्तर – यह सवाल हमें उस विफलता के बारे में अलग नजरिया देगा।

प्रश्न – इस विफलता से मैंने तीन मुख्य बातें क्या सीखी?

उत्तर – यह सवाल हमें उससे मिलने वाली सीखों पर ध्यान केंद्रित करेगा।

प्रश्न – इस विफलता से मुझे किन नई बातों का पता चला, जो पहले नहीं पता थी?

उत्तर – यह सवाल हमारे अनुभव में नयापन जोड़ देगा।

प्रश्न – इस विफलता से मुझे कौन–से सुधार क्षेत्रों का पता चला?

उत्तर – यह सवाल हमें अपने सुधार के लिए स्पष्टता देगा।

प्रश्न – यह विफलता मेरे लक्ष्य तक पहुंचने में कैसे मददगार होगी?

उत्तर – यह सवाल आगे के कदम के लिए प्रेरित करेगा।

❖ साधारण से श्रेष्ठ बनने का अवसर

यह तय है कि जब हम कोई काम करेंगे तो सफल या विफल दोनों ही परिणाम आने की संभावना होती है, पर एक रिसर्च के अनुसार यह पाया गया है कि बार–बार सुधार के बाद जो कार्य किया जाता है, उसमें गुणवता का स्तर उच्च होता है और सीखने को बहुत मिलता है। जब किसी भी काम में विफल हो तो अपना आकलन कर लिखें और मनन करें कि मुझमें क्या कमजोरियां हैं, जिनको

सुधारना है और क्या विशेषताएं हैं, जिनको आगे बढ़ाना है। विफलता स्पष्ट आईने की तरह काम करती है, जो वास्तविकता का अहसास करवाती है। इससे हम सही आकलन की कमजोरियों को दूर कर पाते हैं।

सभी आयामों के साथ उत्तर लेखन का अभ्यास जरूरी – राजेन्द्र सिंह (आर.ए.एस. टॉपर 2012, रैंक-2)

राजेन्द्र सिंह शेखावत

- **तीसरा स्थान आर.ए.एस. – 2012**
- **जन्म तिथि** – 20.01.1981
- **निवास स्थान** – शिश्यू रानोली (सीकर)
- **प्रयास** – चौथा
- **माध्यम** – हिन्दी
- **साक्षात्कार** – चौथा
- **सेवाओं में प्राथमिकता** – आर.ए.एस., आर.पी.एस., वाणिज्यिक कर सेवा
- **सकारात्मकता** – विपरीत परिस्थितियों में भी हार न मानना
- **नकारात्मकता** – भावुकता
- **रुचि** – बैडमिंटन, फुटबॉल, क्रिकेट, गायन एवं मंच संचालन।
- **पसंदीदा व्यक्तित्व** – मेरे गुरु प्रवीण भाटिया एवं मेरे ससुर गोविन्द सिंह जोधा।
- **शैक्षणिक रिकॉर्ड** –
    - ❖ दसवीं (1996), राजकीय उच्च माध्यमिक विद्यालय, शिश्यू–रानोली (सीकर), राजस्थान बोर्ड 51 प्रतिशत।
    - ❖ बारहवीं (1998), राजकीय उच्च माध्यमिक विद्यालय, शिश्यू–रानोली (सीकर), राजस्थान बोर्ड 59 प्रतिशत।
    - ❖ स्नातक (2001), श्री कल्याण कॉलेज, सीकर, राजस्थान विश्वविद्यालय 59 प्रतिशत अंक।
    - ❖ स्नातकोत्तर अंग्रेजी (2005), राजस्थान विश्वविद्यालय से बतौर स्वयंपाठी 52 प्रतिशत अंक।

- स्नातकोत्तर लोक प्रशासन (2008), राजस्थान विश्वविद्यालय से बतौर स्वयंपाठी 64 प्रतिशत अंक।
- स्नातकोत्तर इतिहास (2013), राजस्थान विश्वविद्यालय से बतौर स्वयंपाठी 65 प्रतिशत अंक।

❖ पूर्व चयन

- वर्ष 2005 में आर.पी.एस.सी. की तृतीय श्रेणी अध्यापक परीक्षा में बतौर थर्ड ग्रेड अध्यापक चयनित।
- राजस्थान पुलिस सब–इंस्पेक्टर परीक्षा–2007 में बतौर सब–इंस्पेक्टर चयनित।
- वर्ष 2010 आर.पी.एस.सी. की द्वितीय श्रेणी अध्यापक परीक्षा में बतौर द्वितीय श्रेणी अध्यापक चयनित।
- आर.पी.एस.सी. की प्रथम श्रेणी अध्यापक परीक्षा–2012 में बतौर हैडमास्टर चयनित।

❖ राजेन्द्र सिंह के संघर्ष की कहानी

बचपन में पिताजी का स्वर्गवास हो जाने के कारण मेरा जीवन शुरू से ही चुनौतियों से भरा रहा। मैं हमेशा एक औसत छात्र रहा। वर्ष 2001 में मैंने बी.ए. पास किया और प्रतियोगी परीक्षाओं की तैयारी में जुट गया। मेरा एकमात्र उद्देश्य तत्काल प्रभाव से एक नौकरी पाना था। अंततः वर्ष 2005 में मैं आर.पी.एस.सी. की तृतीय श्रेणी अध्यापक परीक्षा में बतौर तृतीय श्रेणी अध्यापक चयनित किया गया। यह मेरी पहली कामयाबी थी।

आर.ए.एस. बनना मेरा बचपन का सपना नहीं, बल्कि यह तो स्कूल स्टाफ के एक अध्यापक से मिली प्रेरणा का परिणाम है। जब स्कूल के एक अध्यापक आर.ए.एस. के लिए चयनित किए गए और इसके बाद पूरे समाज में जो सम्मान मिला, उसे देखकर मैंने इस परीक्षा में शामिल होना तय किया। यह प्रण लिया कि मैं आर.ए.एस. अधिकारी जरूर बनूंगा।

पक्के इरादों के साथ मैं अच्छी तैयारी कर पहली बार वर्ष 2007 की आर.ए.एस. परीक्षा में बैठा। परिणामस्वरूप साक्षात्कार तक पहुंच गया, लेकिन मेरा चयन नहीं हो सका। इसका मुख्य कारण वैकल्पिक विषयों में किया गया बेकार प्रदर्शन था। जल्दबाजी में मैंने ऐसे विषय ले लिए, जिनसे दूर–दूर तक मेरा कोई वास्ता

नहीं था। इसी साल यानी वर्ष 2007 में मैं राजस्थान पुलिस में बतौर सब–इंस्पेक्टर चयनित किया गया। यह मेरे जीवन की दूसरी कामयाबी थी।

मेरा अंतिम लक्ष्य आर.ए.एस. बनना था, लिहाजा वर्ष 2008, 2010 की आर.ए.एस. परीक्षा में शामिल हुआ, लेकिन इन दोनों ही प्रयासों में मैं साक्षात्कार से आगे नहीं बढ़ सका। हालांकि वर्ष 2010 की परीक्षा के समय मेरी छोटी बहन की शादी थी, लिहाजा उचित तैयारी नहीं कर सका। मैं आर.ए.एस. परीक्षा के साथ–साथ अन्य परीक्षाओं की तैयारी भी कर रहा था। इसी दौरान वर्ष 2010 में मैंने आर.पी.एस.सी. की द्वितीय श्रेणी अध्यापक परीक्षा दी, जिसमें मेरा चयन हो गया। यानी छोटी–मोटी भर्ती परीक्षाएं तो मैं पास कर पा रहा था, लेकिन आर.ए.एस. परीक्षा के साक्षात्कार में आकर अटक जाता था।

अब मैं अपनी तैयारी को विश्लेषणात्मक तरीके से आगे बढ़ा रहा था। इस दौरान मैंने पाया कि मैं हमेशा मुख्य परीक्षा में मात खा जाता हूं, जिसका मुख्य कारण कम पढ़ाई या कम मेहनत नहीं, बल्कि जवाबों को सही प्रारूप में नहीं लिख पाना था। जो इस परीक्षा के लिहाज से बहुत ही महत्वपूर्ण है। इस बार मैंने लेखन शैली का पूरा अभ्यास किया। मुख्य परीक्षा के बाद इस बार मैं सुनिश्चित था कि मेरा चयन कर लिया जाएगा, लेकिन इतनी अच्छी रैंक मिलेगी यह विश्वास नहीं था।

आर.ए.एस. मुख्य परीक्षा इस पूरी प्रक्रिया का निर्णायक चरण माना जाता है। आर.ए.एस. परीक्षा की पूरी प्रक्रिया में मुख्य परीक्षा का 88 प्रतिशत योगदान होता है। इस चरण में पूछे जाने वाले 20, 50 और 200 शब्दों के जवाबों की कसावट ही कामयाबी का मूलमंत्र है। मुख्य परीक्षा के तहत लिखे गए जवाबों में आयोग द्वारा इस बात का गहन मूल्यांकन किया जाता है कि अभ्यर्थी संबंधित विषय में क्या छोड़ रहा है और क्या शामिल कर रहा है, इससे संबंधित अभ्यर्थी की सोच प्रकट होती है।

जिस प्रकार किसी एक व्यक्ति के व्यक्तित्व के विविध आयाम होते हैं, ठीक उसी प्रकार एक जवाब के भी विविध आयाम होते हैं। इसलिए इस परीक्षा की तैयारी के लिए इन सभी आयामों को साथ लेते हुए जवाबों के लेखन का अभ्यास करना होता है।

आर.पी.एस.सी. के द्वारा वर्ष 2013 में इस परीक्षा के पाठ्यक्रम एवं पैटर्न में किए गए बदलाव के बाद सामान्य अध्ययन के 3 पेपर और सामान्य हिंदी एवं सामान्य अंग्रेजी के 1 पेपर सहित कुल चार पेपरों के लिए परीक्षा देनी होती है। नए पैटर्न और पाठ्यक्रम के कारण आर.ए.एस. मुख्य परीक्षा की तैयारी ऐसे रणनीतिबद्ध करें

कि सभी चारों पेपरों के पाठ्यक्रम को परीक्षा की तिथि से 30 दिन पहले ही खत्म किया जा सके। इसके बाद केवल रिवीजन पर ध्यान दें। इस परीक्षा में अपनाई गई सटीक रणनीति ही आपको कामयाबी के नजदीक पहुंचा सकती है।

इस परीक्षा की प्रकृति यू.पी.एस.सी. की सिविल सेवा परीक्षा से मेल खाती है। यानी अब यह परीक्षा विश्लेषणात्मक शैली पर आधारित हो गई है। नतीजतन अब विषयों पर गहन पकड़ रखने वाले अभ्यर्थी ही मुख्य परीक्षा में अच्छे अंक हासिल कर सकते हैं।

अक्सर देखा जाता है कि परीक्षा की आखिरी घड़ी में अच्छी तैयारी के बावजूद अभ्यर्थी दबाव में होते हैं। उन्हें अंतिम समय में यह समझ में नहीं आता है कि वे क्या छोड़े और किसका रिवीजन करें। इस प्रकार की स्थिति में अभ्यर्थी को पूरा विश्वास नहीं होता कि उसकी तैयारी बेहतर है। ऐसी मनोस्थिति के बीच वह अपना आत्मविश्वास खो बैठता है और परीक्षा कक्ष में जिस सवाल का जवाब आ रहा होता है, उसे भी ठीक से लिख नहीं पाता। इसलिए अंतिम समय में ऐसी स्थिति से बचने का उपाय यही है कि हमेशा आत्मविश्वास बनाए रखें और महत्वपूर्ण बिंदुओं को नोट्स के माध्यम से दोहराएं।

दूसरा पहलू
- एन.के. झा, मार्गदर्शक एवं प्रवक्ता

चलता रहूँगा पथ पर,
चलने में माहिर बन जाऊँगा।
या तो मंजिल मिल जाएगी,
या अच्छा मुसाफिर बन जाऊँगा।।

आर.ए.एस. की परीक्षा की तैयारी करने में सबसे अधिक लाभ यह है कि अगर किन्हीं अपरिहार्य परिस्थितियों के कारण चयन नहीं हो सके तो इसकी तैयारी के दौरान प्राप्त ज्ञान हमें जीवन के हरेक क्षेत्र में अग्रणी रखेगा। क्योंकि वर्तमान वैश्वीकरण का युग ज्ञान की शक्ति (Knowledge of Power) का युग है। और ज्ञान प्राप्त करने का बेहतर मार्ग सिविल सेवा की तैयारी से होकर गुजरता है।

अंग्रेजी के मूर्धन्य लेखक जॉन मिल्टन ने ज्ञान के महत्व के बारे में सच कहा है–

"ज्ञान आत्मा का अमूल्य जीवन रस है। ज्ञान शक्ति को जाग्रत करता है। जैसे शरीर को अन्न से पुष्ट रखा जाता है, वैसे ही जीवन को ज्ञान से परिपूर्ण बनाया जाना आवश्यक ही नहीं अनिवार्य भी है।"

असफलता से निराश नहीं होना चाहिए, अपनी गलतियों से सीख लेते हुए तैयारी करते रहना चाहिए। सोच से प्रारम्भ कर लक्ष्य की पूर्ति हेतु अपनी समस्त ऊर्जा एवं सामर्थ्य का केन्द्रण करते हुए धैर्य और सकारात्मकता के साथ निरन्तर अभ्यास तथा कठिन परिश्रम करना ही सफलता का मूलमंत्र है।

❖ विजेताओं का नजरिया

1. साहस (Courage), 2. दृढ़ता (Perseverance), 3. विश्वास (Belief), 4. धैर्य (Patience), 5. कभी हार न मानना (Never Quit)।

सफलता के छह टिप्स (6 Tips of Success)

आज के इस प्रतिस्पर्धा के दौर में हर व्यक्ति एक–दूसरे को मात देते हुए आगे निकलने की होड़ रूपी छोड़ में शामिल रहता है परन्तु सफलता चंद खुशनसीब लोगों के हाथ ही लगती है। आखिरकार कड़ी मेहनत तो सभी करते हैं, फिर कामयाबी कुछेक लोग ही क्यों पाते हैं? सफलता की सीढ़ियाँ तो सभी चढ़ना चाहते हैं, पर सफलता के आकाश तक वहीं पहुँचता है, जो कड़ी मेहनत व सही समय के साथ–साथ उचित निर्णय लेता है। इस प्रक्रिया के दौरान निरंतर प्रयास करते रहना चाहिए वरना असफलता के गर्त में गिरने में जरा भी समय नहीं लगेगा, क्योंकि सफलता एक सुखद यात्रा है मंजिल कतई नहीं। इसलिए सफलता हासिल करते समय यह हमेशा स्मरण रखें कि आपको हताश और निराश बिलकुल भी नहीं होना है, तभी अंततः आप अपनी कामयाबी की मंजिल तक पहुंच पाएंगे अन्यथा कदापि नहीं।

आर.ए.एस. की परीक्षा में उच्च रैंक के साथ सफलता प्राप्त करके और जीवन के प्रत्येक क्षेत्र में सफलता का डंका बजाने के लिए निम्न छह टिप्स अपनाने होंगे। इन टिप्स के साथ आप सहज रूप से निश्चित ही कामयाबी पा सकेंगे–

1. **मन में लक्ष्य बताएं** – सफलता हासिल करते वक्त सर्वप्रथम यह ध्यान रखें कि आपके पास एक निश्चित लक्ष्य अवश्य हो, जिसको याद करते हुए सदैव कार्य को ईमानदारी पूर्वक सही अंजाम देना चाहिए, इसलिए सबसे पहले मन में लक्ष्य बना कर जीवन की बेहतरीन शुरुआत कीजिए। बिना लक्ष्य के मंजिल तक पहुंचना असंभव है।
2. **कड़ी मेहनत करें** – बिना काम किए लक्ष्य हासिल करने की तमन्ना रखना मूर्खता है, इसलिए सदा कड़ी मेहनत को अपनी दिनचर्या का अंग बनाइए। चुपचाप बैठे रहकर फल की इच्छा रखना बेकार है। जब वन के राजा शेर तक को घूम–घूमकर अपना शिकार करना पड़ता है, उसी प्रकार हमें भी कठोर परिश्रम के द्वारा घूम–फिरकर अच्छे अवसरों की तलाश करते

रहना चाहिए, क्योंकि कर्मो के वृक्ष को मेहनत के पसीने से सींचने पर ही उसका फल मीठा व स्वादिष्ट होता है।

3. **विचारों में दृढ़ता लाएं** – किसी को भी सफलता अर्जित करने के लिए अपने विचारों में दृढ़ता लाना अति आवश्यक है, क्योंकि दृढ़ विचार रखने वाले व्यक्ति को कोई अपनी कुर्सी से नहीं हिला सकता। यदि कोई कमजोर बच्चा भी दृढ़ हिम्मत कर लें कि वह परीक्षा में उत्तीर्ण होगा तो यकीन मानिए विपरीत परिस्थितियों के उपरांत भी वह सफल होगा। इसलिए इस रहस्य को मन में भली–भांति बैठा लें कि सफलता को पाने के लिए विचारों में दृढ़ता लाना बेहद जरूरी है वरना असफल होकर आप अपने सृष्टा की योजना को स्वयं ही बिगाड़ लेंगे। अंततः अपनी शक्तियों पर भरोसा रखना बहुत ही जरूरी है, तभी आप भविष्य में सफल हो पाएंगे।

4. **मुस्कुराते रहें** – कहते हैं कि व्यक्ति जीवन के आधे युद्ध को तभी जीत लेता है, जब वह बुरे दौर में भी मुस्कुरा देता है। इस प्रकार मुस्कुराहट वह अचूक शस्त्र है, जो बड़ी–से–बड़ी मुश्किलों को भी बड़ी आसानी से भेद सकता है। हमारी मुस्कान ही हमारी सफलता की एक बेहतरीन पहचान है, इसलिए ईश्वर के इस वरदान का आभार व्यक्त करते हुए सफलता की सीढ़ियाँ सदा मुस्कुराते हुए चढ़ते रहिये। निस्संदेह एक दिन अवश्य मंजिल तक पहुंच जायेंगे।

5. **समय के महत्व को समझें** – सफलता के रहस्यों में अब बारी आती है समय की। क्या आप जानते हैं कि हम अपना समय कैसे गुजारते हैं? औसतन खेलने में, सैर–सपाटे में, व्यर्थ की भागदौड़ में, खाने–पीने में या फिर मौज–मस्ती में। इस तरह हम अपने कभी न लौटने वाले अमूल्य समय को नष्ट कर देते हैं और बाद में असफलता का रोना दूसरे के सामने सुनाते फिरते हैं, जबकि सफल व्यक्तियों पर एक दृष्टि डालें तो सहज ही मालूम पड़ जाता है कि उनकी सफलता के पीछे समय का पाबंद होना भी होता है, क्योंकि वे समय को अपने धन के तुल्य ही दर्जा देते हैं, इसलिए जहां तक हो सके, समय को उचित कार्यों में लगाएं।

6. **मृदुभाषी बनिए** – सफलता के अंतिम पायदान पर मृदुभाषी होना अति आवश्यक है। जब कभी हम असफल हो भी जाते हैं, तो हमें इसका दामन कतई नहीं छोड़ना चाहिए, बल्कि अधिक प्रेरणा से प्रेरित होकर स्वयं की और अन्य लोगों की भी पीठ थपथपायें। क्योंकि अब आप ऐसा करके ही कदम–दर–कदम अगले पायदान पर पहुंच सकते हैं, जोकि बीते दिनों की तुलना में बेहतर है।

नियमित अभ्यास से असरदार अभिव्यक्ति की कला विकसित करें – बाबू लाल गोयल, आर.ए.एस. टॉपर

असरदार अभिव्यक्ति एक कला है। यह कला नियमित अभ्यास और स्व–परीक्षण से सीखी जा सकती है। असरदार अभिव्यक्ति ही आपको मुख्य परीक्षा में अच्छे अंक दिलाती है। इसलिए प्रश्नों के उत्तर टू द प्वांइट और प्रभावी शैली में लिखे जाने चाहिए। मुख्य परीक्षा में अच्छे अंक लाकर ही आप टॉपर बन सकते हैं।

- लेखन एक कला है। जरूरी है कि इसमें दक्ष होने के लिए तकनीकी प्रयोग के साथ लेखन का अभ्यास करें।
- लिखित संप्रेषण में आपके विचारों में दृढ़ता हो, अतः पिछली रिकॉर्ड–फाइल को देखकर ही तैयारी करें।
- शेक्सपियर ने कहा है–'संक्षेप बुद्धि की आत्मा है।' अतः जो कुछ कहना है, संक्षेप में कहें अथवा लिखें। इसमें मन की एकाग्रता अनिवार्य है।
- बड़े प्रश्नों में समाधान तथा सुझाव महत्वपूर्ण है। इनका प्रयोग इस पर निर्भर करता है कि प्रश्नों की डिमांड क्या है।
- निबंध–लेखन में आपके विचारों की मौलिकता, कल्पना–शक्ति, विषय संबंधी ज्ञान–स्तर तथा व्याख्या करने की क्षमता परखी जाती है।
- इंटरव्यू के दौरान अपनी बातों में सेंस ऑफ ह्यूमर का इस्तेमाल करें, लेकिन तभी जब आपका उस पर अधिकार हो।
- इंटरव्यू के दौरान बोलते समय उपयुक्त बॉडी लैंग्वेज का इस्तेमाल करने से बोर्ड के सदस्यों पर दोगुना प्रभाव पड़ता है। अतः तकनीक का ज्ञान जरूरी है कि कब, कहाँ और किस भाव–मुद्रा/संकेत का प्रयोग किया जाए।

कैरियर में सफलता के मंत्र

कैरियर में सफलता के लिए व्यक्तित्व में कुछ गुणों का विकास करते हुए अवगुणों की पहचान कर उन्हें दूर करना आवश्यक है। आर.ए.एस. की परीक्षा प्रदेश की सर्वोच्च प्रतिष्ठित एवं प्रिमियर एग्जाम है। इसलिए इसकी तैयारी हेतु अपने आपको विशेष रूप से तैयार करना होगा। यहाँ मैं कुछ मंत्र बता रहा हूँ, उन पर फोकस करने से सफलता आसान और सहज हो सकती है–

जब गुण दिखाई दे, तो मन को कैमरा बना लीजिए।

जब अवगुण दिखाई दे, तो मन को आईना बना लीजिए।।

1. निश्चय करें कि आप वास्तव में चाहते क्या हैं?
2. सकारात्मक सोच विकसित करें।
3. सफल छवि बनाएँ।
4. शुरुआत जल्दी करें, अधिक–से–अधिक परिश्रम करें और बाद में भी कायम रहें।
5. अपनी ईमानदारी की रक्षा किसी पवित्र वस्तु की तरह करें।
6. अपने लक्ष्यों पर ध्यान केंद्रित करें।
7. परिणामों पर भी ध्यान केंद्रित करें।
8. समस्या का समाधान करने वाले बनें।
9. श्रेष्ठता के प्रति वचनबद्ध रहें।
10. आधारभूत सिद्धांतों पर फोकस करें।
11. अपनी सकारात्मक शक्ति विकसित करें।
12. अपने लक्ष्य की ओर तीव्र गति से कदम बढ़ाएँ।
13. लगातार त्रुटि–सुधार करते रहें।
14. प्रगति और सीखने की गति तेज करें।
15. अवचेतन मन को सक्रिय बनाएँ।
16. शॉर्टकट या कोई आसान रास्ता न अपनाएँ।
17. सफलता मिलने तक रुकें नहीं, क्योंकि सफलता कोई संयोग नहीं।
18. प्रसिद्ध दार्शनिक कन्फ्यूशियस कहते हैं कि –"**हजारों कदमों की यात्रा सिर्फ एक कदम से शुरू होती है।**"

❖ सफलता के लिए भाग्य नहीं, कड़ी मेहनत की दरकार

सफलता इत्तिफाक से मिलने वाली चीज नहीं है। इसे पाने के लिए काफी तैयारी और चरित्र की जरूरत होती है। ज्यादातर लोग जीतना तो चाहते हैं, लेकिन जीत हासिल करने के लिए मेहनत और वक्त नहीं लगाना चाहते। सफलता पाने के लिए त्याग और आत्म अनुशासन की जरूरत होती है। कड़ी मेहनत का कोई विकल्प नहीं है। हेनरी फोर्ड (Henry Ford) ने कहा था, "आप जितनी कड़ी मेहनत करेंगे, भाग्य आप पर उतना ही मेहरबान होगा।" मैं भाग्य के बारे में कुछ नहीं जानता। मैंने इस पर कभी भरोसा नहीं किया, और जो लोग इस पर ऐतबार करते हैं, मुझे उनसे डर लगता है। मेरे लिए भाग्य मतलब है कड़ी मेहनत, और अवसर की पहचान।

कई लोग निकम्मेपन और फुरसत में फर्क महसूस नहीं करते। निकम्मेपन में वक्त गुजारने का मतलब समय की बरबादी या चोरी है, जबकि फुरसत का वक्त आदमी मेहनत करके हासिल करता है। फुरसत का वक्त बिताने के बाद हम जोश और ताजगी महसूस करते हैं। दूसरी ओर निकम्मेपन हमारी ऊर्जा को निचोड़ लेता है। टालमटोल करते हुए वक्त बिताना निकम्मापन ही है।

उत्तमता भाग्य से हासिल नहीं होती। यह कड़ी मेहनत और अभ्यास का नतीजा होती है। कड़ी मेहनत और अभ्यास से मनुष्य हर काम को बेहतर ढंग से कर सकता है। थिओडोर रूजवेल्ट कहते हैं कि – किसी सार्थक काम के लिए कड़ी मेहनत करने का मौका मुहैया करा कर जिंदगी हमें सबसे बड़ा इनाम देती है।

कड़ी मेहनत अपने आप में यात्रा की शुरुआत भी है, और अंत भी। इंसान जितनी कड़ी मेहनत करता है, खुद को उतना ही बेहतर महसूस करता है। अच्छे से अच्छे विचारों पर भी अगर अमल न किया जाए, तो वे बेअसर हो जाएँगे। इच्छाशक्ति, और कड़ी मेहनत के बिना महान प्रतिभाएँ भी व्यर्थ हो जाती है। हमें कुदरत से सबक लेना चाहिए। बत्तख पानी के अंदर लगातार पाँव चलाती रहती है, पर ऊपर से शांत, और कोमल दिखाई देती है।

महान वायलिनवादक फ्रिट्ज क्रिस्लर (Fritz Kreisler) एक संगीत समारोह में वायलिन बजा रहे थे। उन्होंने वायलिन बजाना बंद किया, तो एक आदमी ने स्टेज पर आकर पूछा, "आपके जैसी वायलिन बजाने के लिए मैं पूरी जिंदगी लगा सकता हूँ।" क्रिस्लर ने जवाब दिया, "मैं तो लगा चुका हूँ।"

सफलता पाने के लिए कोई जादू की छड़ी नहीं होती। वास्तविक जीवन में कामयाबी काम करने वाले को मिलती है, न कि दर्शकों को। दुलत्ती मारने वाला घोड़ा गाड़ी नहीं खींच सकता, और गाड़ी खीचने वाला घोड़ा दुलत्ती नहीं मार सकता। आइए, हम दुलत्ती मारना बंद करके गाड़ी खींचे। कड़ी मेहनत के बिना कामयाबी मिलना नामुमकिन है। इसलिए आज से ही लक्ष्य साधकर मेहनत शुरू करिये और बनिए आर.ए.एस. टॉपर।

❖ उड़ान के लिए चार 'C' (सी) का अभ्यास करें

जब आप कोई छोटा विमान उड़ाना सीखते हैं तो आपको बताया जाता है कि असफलता पर चार **'C' (सी)** का इस्तेमाल करें। ये चार सी हैं – Confess (स्वीकार करें), Climb (उठें), Confirm (पुष्टि करें) और Comply (पालन करें)। ये चार **'C'** आपके कैरियर में सफलता की सीढ़ियाँ हैं।

❑❑

अध्याय-6

पढ़ाई कैसे करें (How to Study)

किसी पुस्तक को कैसे पढ़ा जाना चाहिए, इसके लिए मैं यह स्पष्ट करना चाहूँगा कि आपको खासकर आर.ए.एस. की तैयारी के संदर्भ में पढ़ना है। इसे मैं पढ़ने के छः स्तरों के द्वारा बताना चाहूँगा। जब हम किसी भी पुस्तक को पढ़ते हैं, उसकी विषय–वस्तु को अपने दिमाग में लाना चाहते हैं, तो एक ही विषय में छः तरह की परतें मौजूद रहती हैं–

- सूचना का स्तर (Information)
- ज्ञान का स्तर (Knowledge)
- प्रज्ञा का स्तर (Wisdom)
- तकनीक का स्तर (Technique)
- अभ्यास का स्तर (Practice)
- अभिव्यक्ति (Expression)

❖ सूचना का स्तर (Information)

पढ़ने का पहला स्तर सूचना का होता है, जो मुख्यतः सतही होता है। हमारी आरम्भिक पढ़ाई इसी स्तर की होती है। सच तो यह है कि हम किताबों से अपने लिए कुछ सूचनाएँ ही पाना चाहते हैं और उन्हें अपने दिमाग में रख लेना चाहते हैं। प्राथमिक कक्षा से लेकर कॉलेज तक की पढ़ाई इसी स्तर की होती है। यही हमारी वह कमजोरी होती है जो हमें आर.ए.एस. के लिए अयोग्य बना देती है, क्योंकि आर.ए.एस. की परीक्षा में केवल सूचनाओं से काम नहीं चलता।

सूचनाएँ क्या हैं? निश्चित रूप से वे छोटे–छोटे टुकड़े, जो हमें किताबों से मिलते हैं। जरूरी है कि हम अपने दिमाग में उन्हें रखें, लेकिन अक्सर विद्यार्थी इन सूचनाओं को ही ज्ञान समझ बैठते हैं। कोचिंग क्लास या अपने स्टडी रूम से पढ़कर विद्यार्थी सूचनाओं के टुकड़ों की बमबारी करके सामने वाले पर अपना

रौब जमाने की कोशिश करते देखे गए हैं। लेकिन क्या आपको लगता है कि इन सूचनाओं के दम पर आप आर.ए.एस. पास कर लेंगे?

❖ ज्ञान का स्तर (Knowledge)

यह सच है कि ज्ञान हवा से नहीं आता। यह सूचनाओं से ही प्राप्त होता है। लेकिन यह भी सच है कि सूचनाओं का संकलन ही ज्ञान नहीं होता – और इस बात को आपको अपनी गाँठ से बाँध लेना चाहिए। यदि आप सचमुच आर.ए.एस. में सफल होना चाहते हैं, तो सूचनाएँ आपके लिए केवल रॉ–मैटेरियल मात्र होनी चाहिए। आपको इन सूचनाओं को अपने दिमाग के रसोईघर में पकाकर ज्ञान में तब्दील करना पड़ेगा। अन्यथा मात्र सूचनाएँ बिखरे हुए कंकाल की तरह ही अर्थहीन रह जाएँगी। चाहे प्रारम्भिक परीक्षा की समझदारी वाले प्रश्न हों या मुख्य परीक्षा के विश्लेषणात्मक जैसे प्रश्न, उनके उत्तर देना तभी सम्भव हो सकता है जब आप विषय को ज्ञान के स्तर पर हल करेंगे। ज्ञान का यह स्तर तभी प्राप्त होता है जब आप विषय को रटते नहीं हैं बल्कि उसे समझते हैं। आप इसे यूँ भी कह सकते हैं कि सूचनाओं को रटा जाता है जबकि ज्ञान को समझा जाता है। ज्ञान सूचना से एक सतह गहरे में मौजूद रहता है।

❖ प्रज्ञा का स्तर (Wisdom)

प्रज्ञा मौलिक होती है और अद्‌भुत भी। इसी स्तर पर पहुँचकर कोई भी वैज्ञानिक आविष्कारक बन जाता है और कोई भी लेखक फिलॉसफर। आइंस्टीन महान वैज्ञानिक थे, लेकिन ऐसा नहीं था कि उन्होंने न्यूटन को पढ़ा ही नहीं होगा। कार्ल मार्क्स महान विचारक थे, लेकिन उन्होंने भी हीगल आदि के दर्शन को पढ़ा था। सूचना ज्ञान में परिवर्तित होती है और ज्ञान अंततः प्रज्ञा में।

लेकिन इस स्तर के लिए आपको बहुत अधिक परेशान होने की जरूरत नहीं है। यह हमारे अध्ययन, मनन और चिन्तन का अंतिम पड़ाव होता है, जिसकी आर.ए.एस. में उतनी जरूरत नहीं होती। हाँ, यदि आप इसे हासिल कर सकते हैं तो वह गलत बात नहीं होगी, बल्कि कुछ न कुछ बेहतर ही होगा। किन्तु फिलहाल मैं इसके लिए जद्दोजहद किए जाने की सिफारिश नहीं करूँगा। इसलिए यहाँ मैं इसके विस्तार में भी नहीं जाता।

1. **पहले अध्याय का महत्व (Importance of First Chapter)** – आमतौर पर आर्ट्स के विद्यार्थी पहले अध्याय को बहुत हल्के–फुल्के तरीके से लेते हैं। जबकि मैं समझता हूँ कि यह सबसे महत्वपूर्ण अध्याय होता है, क्योंकि

यह पूरे विषय के लिए नींव का काम करता है। हो सकता है कि इस पहले अध्याय से परीक्षा में कभी कोई भी प्रश्न पूछा न गया हो, लेकिन इसका मतलब यह नहीं है कि आप इसे पढ़ें ही नहीं। आपको चाहिए कि आप इस अध्याय को न केवल पढ़ें ही, बल्कि अच्छी तरह समझने की कोशिश भी करें। यदि आपने इसे अच्छी तरह समझ लिया, तो समझ लीजिए कि आपने उस विषय को पढ़ने की एक बहुत अच्छी शुरुआत कर दी है। आपने एक ऐसी मास्टर चाबी पा ली है, जिससे आपके लिए आगे के अध्यायों के तालों को खोलने में आसानी होगी।

2. **कांसेप्ट को समझें (Concept clarity)** – जब मैं स्टूडेन्ट्स से कहता हूँ कि कला के विषय भी विज्ञान होते हैं, तो वे मेरे मुँह की ओर देखने लगते हैं। क्या ऐसा नहीं है? यदि ऐसा नहीं है, तो क्यों राजनीति के साथ विज्ञान या समाज के साथ 'शास्त्र' शब्द जोड़ा गया है? यह इस बात का सूचक है कि कला का भी अपना विज्ञान होता है, भले ही उसका विज्ञान विज्ञान की तरह का विज्ञान न हो।

   यदि आप एक बार इस तथ्य को स्वीकार कर लेते हैं, तो आप पाएँगे कि आर्ट्स के विषयों को पढ़ने की आपकी दृष्टि ही बदल गई है। अब आप विषय को नहीं पढ़ेंगे बल्कि विषय के कांसेप्ट को पकड़ने की कोशिश करेंगे, उसकी अवधारणा को समझने के प्रयास करेंगे। इस बात पर तनिक भी संदेह न करें कि प्रत्येक विषय की और प्रत्येक विषय के प्रत्येक नए अध्याय की वैसे ही एक ठोस, मजबूत और केन्द्रीय अवधारणा होती है जैसे कि प्रत्येक मनुष्य के शरीर में रीढ़ की हड्डी होती है। इसी रीढ़ की हड्डी पर पूरी देह का ढाँचा खड़ा रहता है।

   उदाहरण के तौर पर आप भूगोल को लें। इसे मैं विज्ञानों का भी विज्ञान मानता हूँ – शुद्धतम् विज्ञान। इस विषय की मूल अवधारणा ग्लोब में छिपी हुई है। या इसे यूँ कह लें कि नक्शे (Map) के सिद्धांत में निहित है। यदि आप भूगोल की अक्षांश–देशांश रेखाओं, समुद्र, वायु, पृथ्वी आदि के परस्पर संबंध तथा इनके विज्ञान को समझ लेते हैं, तो पूरा का पूरा भूगोल आपके लिए बाएँ हाथ का खेल बन जाता है। फिर आपको यह रटने की जरूरत नहीं रह जाती कि पृथ्वी के किस हिस्से की सामाजिक, आर्थिक, राजनीतिक और सांस्कृतिक स्थिति क्या होगी।

   ठीक यही बात राजनीतिशास्त्र पर लागू होती है, अर्थशास्त्र पर भी लागू होती है, इतिहास पर लागू होती है तथा अन्य सारे विषयों पर लागू होती

है जो मानव जाति (Humanities) से जुड़े विषय हैं। यह पुस्तक मुझे यहाँ इसके अधिक विस्तार में जाने की अनुमति नहीं दे रही है।

3. **परस्पर सम्बद्ध कर पढ़ें (Inclusive Method – Inter-disciplinary Approach)** – सामाजिक विज्ञान या मानविकी पर आधारित कोई भी विषय समुद्र में उभरे हुए द्वीप की तरह नहीं होता है कि उसका संबंध अन्य किसी से हो ही नहीं। प्रत्येक विषय न केवल अपने आगे और पीछे के अध्यायों से जुड़ा होता है, बल्कि अन्य विषयों से भी जुड़ा होता है। जब आप इतिहास पढ़ते हैं, तो आप उस समय की राजनीतिक, आर्थिक, सामाजिक और सांस्कृतिक स्थितियों के बारे में नहीं पढ़ते? क्या समाजशास्त्र एंथ्रोपोलॉजी से अलग है, और उसका विज्ञान और भूगोल से कोई लेना–देना नहीं होता? मनोविज्ञान और जीवन विज्ञान के परस्पर संबंधों को बताने की जरूरत मैं नहीं समझता।

   किसी देश के इतिहास को जाने बिना उस देश की वर्तमान राजनीति को समझ पाना आसान नहीं होता है। दरअसल मानविकी के सारे विषय नक्शे पर दिखाए गए महासागरों की तरह होते हैं। ये महासागर नक्शे के अलग–अलग स्थानों पर मौजूद हैं और उनके अलग–अलग नाम भी हैं, लेकिन इनका पानी अलग–अलग नहीं है। इनके पानी के बीच में आपसी आवाजाही बनी रहती है। इसे ही हम इंटरकनेक्टीविटी (पारस्परिक जुड़ाव) कहते हैं और विषयों को पढ़ने के बारे में इसी पद्धति को कहा जाता है – इंटरडिसीप्लीनरी एप्रोच, यानी कि विभिन्न विषयों को एक–दूसरे से जोड़कर पढ़ना। इस तरह पढ़ने से आप में सूचनाओं को ज्ञान में परिवर्तित कर देने की इतनी जबर्दस्त क्षमता आ जाती है कि उसकी अभी आप कल्पना भी नहीं कर सकते। आर.ए.एस. को इसी क्षमता से युक्त जीनियस चाहिए।

❖ तकनीक का स्तर (Technique)

आर.एस.एस परीक्षा में आजकल तकनीक और थोड़े से ट्रिक की आवश्यकता होती है। क्या छोड़ें क्या पढें यह सब आपकसे विश्लेषण और होमवर्क पर निर्भर करता है और इसी पर आपका सलेक्शन।

❖ अभ्यास का स्तर (Practice)

मुख्य परीक्षा में अच्छे अंक पाने के लिए निरन्तर अभ्यास और उसका मूल्यांकन करना आवश्यक है।

❖ अभिव्यक्ति (Expression)

आपकी अभिव्यक्ति की कला ही आपको अन्य अभ्यर्थियों से अलग बनाती है और प्रभावी अभिव्यक्ति ही परीक्षक को प्रभावित कर अच्छे अंक दिला सकती है। यही सफलता का मूलाधार है।

अग्निपथ बनना होगा – पंकज ओझा, आर.ए.एस.

आर.ए.एस. की परीक्षा को टॉप करने के संकल्प को पूरा करने के लिए आपको अग्निपथ बनना होगा। अग्नि की तपन से ही सोना कुन्दन बनता है। आपको तैयारी के दौरान लोहे के चने चबाने होंगे जिससे आप पूरी जिन्दगी हलुवा खाओगे। लक्ष्य कितना भी कठिन हो आपकी दृढ़ इच्छा शक्ति के आगे कोई काम असंभव नहीं है। दुष्यंत कुमार कहते हैं – कौन कहता है आसमान में सुराख नहीं हो सकता। एक पत्थर तो तबियत से उछालो यारो। इसी प्रकार हरिवंश राय बच्चन की अग्निपथ युवाओं की प्रेरणास्रोत है–

वृक्ष हो भले खड़े, हो घने हो बड़े
एक पत्र छाह भी, माँग मत, माँग मत, माँग मत।
अग्निपथ अग्निपथ अग्निपथ।।
तू ना थकेगा कभी, तू ना थमेगा कभी
तू ना मुड़ेगा कभी, कर शपथ, कर शपथ, कर शपथ।
अग्निपथ अग्निपथ अग्निपथ।।
ये महान दृश्य है, चल रहा मनुष्य है
अश्रु, स्वेद, रक्त से लथपथ, लथपथ, लथपथ।
अग्निपथ अग्निपथ अग्निपथ।।

❖ टॉपर बनने के कुछ आधार-सूत्र

1. याददाश्त (स्मृति) (Memory) – नियमित अभ्यास से स्मृति को शार्प बनाए रखें।
2. अवधारणा स्पष्टता (Conceptual Clarity) – कॉन्सेप्ट को क्लीयर करते हुए अपडेट रहें।
3. फोकस (Focus) – अपने लक्ष्य पर फोकस रखें।
4. निर्णय लेने की क्षमता (Decision Making Ability)
5. सजगता एवं सर्तकता (Awareness and Cautiousness)

6. विश्लेषण क्षमता (Analytical Ability)
7. मौलिकता (Originality)
8. भाषा पर अधिकार (Authority on Language)
9. प्रभावी अभिव्यक्ति (Impressive Expression)
10. गागर में सागर (Much in Few Words)
11. टू द प्वाइंट (To the Point)
12. हैण्ड राइटिंग (Good Handwriting)
13. अन्तर–अनुशासनात्मक उपागम (Inter – Disciplinary Approach)
14. प्लान–बी (Plan - B) वैकल्पिक रोजगार का साधन भी तलाशकर रखना चाहिए।
15. धैर्य (Patience) परीक्षा के समय समय प्रबंधन करते हुए धैर्य रखें। **धीरे–धीरे रे मना, धीरे सब कुछ होय। माली सींचे सौ गढा, ऋतु आवै फल होय।।**
16. विषय एवं अवधारणाओं को परस्पर सम्बद्ध करके पढ़ें और एक–दूसरे विषय और मुद्दों को परस्पर सम्बद्ध करके लिखें।

सफलता के लिए प्रभावशाली लोगों की आदतें अपनाइए

सफल और विजेता लोग सदैव कुछ न कुछ प्रभावी आदतें रखते हैं। इन प्रभावशाली लोगों के गुणों को अपनाने का प्रयास करना चाहिए। जैसे सचिन तेंदुलकर की सफलता का राज उसके समर्पण और अनुशासन के साथ की गई मेहनत में छुपा है। इसी प्रकार हमारे प्रधानमंत्री नरेन्द्र मोदी ने अपने जीवन में कितनी निष्ठा और संकल्पों के साथ कठिन उद्यम किए, तब वहाँ तक पहुँचे हैं। इसलिए सफलता के लिए ऐसे सफल और प्रभावशाली लोगों की आदतों को अपनाने का प्रयास करना चाहिए। ऐसी अच्छी आदतों की सूची दी गई है–

- पहल करने वाले बनें।
- मन में ही परिणाम को सोचकर शुरुआत करें।
- पहले वाले काम पहले (प्राथमिकता सूची)।
- हमेशा जीत के बारे में सोचें। (विन–विन एटीट्यूड)
- पहले समझने का प्रयास करें (तभी आप समझ पाएँगे)।
- सह–सक्रियता तथा टीमवर्क (Group Study)।
- जल्दबाजी नहीं करें, धैर्य रखें।

- अपनी पढ़ाई में परफेक्शन लाइए।
- प्रश्नों के उत्तर (प्रजेंटेशन) प्रभावी (Impressive) होना चाहिए।
- धार तेज करें अर्थात् मेमोरी टोनिक्स, टाइम मैनेजमेंट जैसे तरीकों से अपने को लैस करें।

निरंतरता सफलता की कुंजी है – ललित अग्रवाल आर.ए.एस. टॉपर 1998

प्रसिद्ध प्रेरक वक्ता शिव खेड़ा (जीत आपकी) का ब्राण्ड वाक्य है – विजेता कोई भिन्न काम नहीं करते, अपितु प्रत्येक काम भिन्न तरीके से करते हैं। ("Winners don't do the different things, they do the things differently.")

चीजों को अलग ढंग से करने वाले दरअसल जो रणनीति अपनाते हैं, उनमें निरंतरता (Consistency या persistence) एक प्रमुख तत्त्व होता है। हमारे–आपके बीच ऐसे तमाम लोग होते हैं, जो शुरुआत तो बड़े शानदार और महत्वाकांक्षी ढंग से करते हैं, पर अपने उस जज्बे या चिंगारी (Spark) को कायम नहीं रख पाते। ऐसे भी तमाम लोगों से हम मिलते हैं, जो रास्ते में छोटी–मोटी परेशानियों में धैर्य खोकर ढेर हो जाते हैं या परिस्थितियों पर ठीकरा फोड़कर खुद को जस्टिफाई करके बेदाग निकलने की कोशिश करने लगते हैं।

मेहनत का कोई विकल्प नहीं – सकारात्मक सोच और शिद्दत के साथ निरन्तर मेहनत से सफलता का वरण आसानी से किया जा सकता है। मेहनत का कोई विकल्प नहीं है, जो लोग सफलता का शार्टकट ढूंढकर उसे अपनाते हैं, वे बिना सीढ़ियों के दीवार के जरिए छत पर चढ़ने का दुस्साहस करते हैं। शॉर्टकट तरीके आपको धड़ाम से गिराकर आपके जीवन को संकट में डाल सकते हैं। इसलिए जीवन में मेहनत से प्राप्त फल सदैव मीठा और पौष्टिक होता है। यह फल आपकी कई पीढ़ियों के लिए वरदान बन जाता है। जीवन के तमाम क्षेत्रों सहित आर.ए.एस. व अन्य सिविल सेवा परीक्षा के सफल अभ्यर्थियों के ऐसे असंख्य उदाहरण हैं, जिनमें निरंतरता प्रायः सफलता का एक अनिवार्य तत्त्व रहा है। आजकल व्यक्ति की योग्यता का आकलन करने के मानदंडों में काफी बदलाव आया है।

पहले जहाँ बुद्धिलब्धि IQ (Intelligence Quotient) को ही व्यक्ति की काबिलियत का आधार माना जाता था, वहीं बाद में इसमें भावनात्मक बुद्धि EQ (Emotional Quotient) का तत्त्व भी शामिल हुआ और आजकल नियोक्ता अपने

भावी अधिकारी के टिकाऊपन या PQ (Persistence Quotient) तथा धैर्य लब्धि PQ (Patience Quatient) का आकलन करना जरूरी समझने लगे हैं। यदि किसी अधिकारी को कोई प्रोजेक्ट सौंपा जाए और उसका शुरुआती उत्साह व रुचि कुछ दिनों में खत्म हो जाए तो उस प्रोजेक्ट की सफलता की संभावना निश्चय ही कम हो जाती है। लिहाजा, परीक्षा की पूरी प्रक्रिया के दौरान सतत उत्साह और निरंतरता बनाए रखना सफलता की संभावनाओं को कई गुना बढ़ा सकता है।

निरंतरता के इस गुण की प्रासंगिकता को रेखांकित करते हुए राष्ट्र कवि पद्मश्री सोहनलाल द्विवेदी ने लिखा है–

"असफलता एक चुनौती है, इसे स्वीकार करो
क्या कमी रह गई देखो और सुधार करो।
जब तक न हो सफल, नींद–चैन को त्यागो तुम,
संघर्ष का मैदान छोड़कर, मत भागो तुम,
कुछ किए बिना ही जय–जयकार नहीं होती,
कोशिश करने वालों की कभी हार नहीं होती।।"

एकाग्र साध्य से ही सिद्धि संभव
– प्रकाश चन्द रैगर आर.ए.एस.

आर.ए.एस. जैसी सिविल सेवा में सफलता के लिए जो सबसे जरूरी चीज है, वह है आपकी रणनीति। यह ऐसी परीक्षा है, जिसे आप किसी के सहारे उत्तीर्ण नहीं कर सकते। आपका आत्मविश्वास, आपकी इच्छाशक्ति, आपकी अंतःप्रेरणा ही आपको सफलता तक ले जा सकते हैं। इस सेवा में सफलता के पीछे अगर आप कोई बड़ी प्रेरणा लेकर चल रहे हैं तो वह जरूर आपको मदद पहुँचाएगी। यह प्रेरणा समाज–सेवी की हो सकती है। अपने आपको समाज की नजरों में साबित करने की जरूरत हो सकती है या फिर अपने प्रेम को पाने की हसरत। श्रीमद्भगवत गीता में लिखा है–

'अधिष्ठानं तथा कर्ता करणं च पृथग्विधम्।
विविधाश्च पृथक्चेष्टा दैवं चैवात्र पञ्चमम्।। – **(श्रीमद्भगवद्गीता)**

किसी भी कार्य की सिद्धि के लिए पाँच बातें आवश्यक हैं। अधिष्ठान (दृढ़ संकल्प), कर्ता (करने वाला), करण (विभिन्न साधन), चेष्टा (कठोर परिश्रम), दैव (भाग्य, ईश्वर कृपा)।

अपडेट रहें और अन्तर-वैषयिक उपागम अपनाएं – अरुण कुमार पुरोहित आर.ए.एस. टॉपर 1996

आर.ए.एस. परीक्षा में टॉपर बनने के लिए यह आवश्यक है कि 800 नम्बर के चारों प्रश्न–पत्रों तथा इंटरव्यू (100 नम्बर) का स्कोर अच्छा हो। मुख्य परीक्षा का स्कोर पूरी तरह आपके हाथ में होता है। इसलिए आप लिखित परीक्षा की संतुलित तैयारी करते हुए नियमित अभ्यास करें, इससे आपका परफेक्शन बढ़ेगा।

अच्छे स्कोर के लिए यह जरूरी है कि आपका उत्तर प्रभावी हो तथा अन्य लोगों के उत्तर से हटकर हो। उत्तर में कुछ नवाचार एवं सृजनशीलता होनी चाहिए। उत्तर को प्रभावी बनाने के लिए संभावित प्रश्नों से जुड़े पहलुओं के लिए साहित्यकारों के कथन व उद्धरणों का प्रयोग करें। लेखकों/रचनाकारों की मूल रचनाओं का विशद् अध्ययन करें। उनके खास–खास बिंदुओं को एकत्र कर नोट्स बना लें। कुछ खास टिप्स निम्न प्रकार हैं–

- छोटे–छोटे नोट्स व इनकी व्याख्या पर फोकस करें।
- समय प्रबंधन करें तथा तनाव मुक्त रहने की कोशिश करें।
- सटीकता पर जोर दें। अधिक आलंकारिक भाषा दिखाने के फेर में समय व्यर्थ न करें।
- उत्तर देते समय भाषा के प्रवाह में निरंतरता बनाए रखने के लिए पढ़ने व लिखने का ज्यादा से ज्यादा अभ्यास करें।
- अभ्यास हेतु हल किए गए प्रश्नों की सत्यता व सटीकता जाँचने के लिए अच्छे मार्गदर्शक का सहयोग लेना चाहिए।
- पाठ्यक्रम परिवर्तन के बाद जुड़े अध्यायों पर विशेष ध्यान देना चाहिए। नए टॉपिक्स में से प्रश्न आने की संभावनएं अधिक रहती है।
- लेख की निष्पक्षता हेतु सकारात्मक व नकारात्मक पहलुओं में संतुलन बनाए रखने के लिए दोनों ही पक्षों को सही तरीके से आत्मसात् करें।
- समसामयिक घटनाओं पर नजर रखते हुए उससे जुड़े पहलुओं पर विशेष ध्यान दें।
- प्रशासनिक कार्यों से जुड़े संवैधानिक पहलुओं को नजरअंदाज न करें।
- लेखन प्रभावी बनाने के लिए विद्वानों की पुस्तकों के नाम, उनके सिद्धांत व सिफारिशों का अवश्य उल्लेख करें। इसके लिए कुछ सिद्धांतों व विद्वानों का एक संकलन तैयार कर सकते हैं।

- परीक्षा कक्ष में उत्तर देते समय मूल्यांकन स्वयं का होना चाहिए, लेखकों या विद्वानों का नहीं।
- विगत वर्षों के प्रश्नों का विश्लेषण कर प्रमुख टॉपिक्स की पहचान करें और साथ ही प्रश्नों के स्वरूप को पहचानें।
- सभी प्रश्नों का उत्तर प्रारूप तैयार कर लें तथा उसी के अनुरूप अभ्यास करें।
- प्रामाणिक तथ्यों और आँकड़ों का सही संकलन करें, गलत तथ्यों का नकारात्मक प्रभाव होता है। अगर कोई तथ्य या आँकड़े कंफर्म नहीं हों तो लिखने से बचना चाहिए।
- दो अंकों के प्रश्नों और शॉर्ट नोट्स के लिए विशेष तैयारी करें। इसमें लगभग सौ प्रतिशत अंक मिलते हैं।
- उत्तर लेखन में अन्तर–वैषयिक उपागम (Inter-disciplinary Approach) अपनाना चाहिए
- अभिव्यक्ति प्रभावी एवं आँकड़े और तथ्य अपडेटेड होने चाहिए।
- मॉडल प्रश्नों को हल करते समय प्रश्नों के अनुसार सटीक उत्तर देने का अभ्यास करना चाहिए।
- लेखन शैली इस तरह से विकसित करें कि आपके उत्तर में सिविल सेवक की मानसिकता व व्यापक सोच की झलक मिले।
- भाषा के प्रवाह के साथ प्रश्नों में निहित एक से अधिक आयामों को जोड़ने का प्रयास करें। जिसके लिए समाचार–पत्रों व पत्रिकाओं को नियमित रूप से पढ़ें व महत्वपूर्ण तथ्यों के नोट्स बनाएँ।

सफलता की प्रेरक कहानी

❖ राजस्थान के लाल - मजदूर से सिविल सर्वेंट तक का सफर

एक दिन वह बच्चा अकाल राहत कार्यस्थल पर मजदूरी कर रहा था। वहाँ कुछ अधिकारी जाँच–पड़ताल करने आए। पता चला कि ये लोग अपनी रिपोर्ट सबसे बड़े अधिकारी कलेक्टर को देंगे, उसी दिन उसने ठान लिया कि अब कलेक्टर ही बनना है। कहने को छोटी–सी, मगर बेहद प्रेरक संघर्षगाथा है आई.ए.एस. की परीक्षा में अच्छी रैंक हासिल करने वाले हुकमाराम चौधरी की। वे अपने गाँव और क्षेत्र के पहले प्रशासनिक अधिकारी हैं। अभी वे दिल्ली में ए.सी.पी. हैं। उन्हें दिल्ली–अंडमान निकोबार सिविल सेवा (DANICS) का कैडर मिला।

नागौर के छोटे से गाँव भेरूंदा में रहने वाले हुकमाराम बताते हैं कि पिता अस्थमा के रोगी थे, इसलिए परिवार की जिम्मेदारी बचपन से उनके कंधों पर आ गई। हुकमाराम स्कूल जाने के साथ खेत संभालते और गरमी की छुटि्टयों में मजदूरी करते थे। विपरीत परिस्थितियों में भी उन्होंने हार नहीं मानी। 12वीं पास कर कॉलेज की पढ़ाई पूरी कर गाँव के बच्चों को ट्यूशन भी पढ़ाई। एम.एस.सी. की पढ़ाई पूरी की।

स्नातक होते–होते हुकमाराम का शिक्षक भर्ती परीक्षा में चयन हो गया था, लेकिन उनका लक्ष्य आई.ए.एस. अफसर बनना था। साल भर दिल्ली में रहकर परीक्षा की तैयारी की और उनकी मेहनत रंग लाई। जब गाँव वालों को उनके आई.ए.एस. बनने की खबर लगी, तब पूरे गाँव ने उनके सम्मान में जुलूस निकाला। हुकमाराम कहते हैं, "लक्ष्य को पाने के लिए ईमानदारी से मेहनत करना जरूरी है।" हुकमाराम ने युवाओं के सामने एक मिसाल कायम की है। मंजिल की राहें कितनी कठिन क्यों न हों, उस पर पहुँचने के लिए कड़ा परिश्रम करना पड़ता है। महाकवि माघ ने लिखा है–

सफलता मिलती है समझदारी और परिश्रम से।
यदि तुम्हें सफलता की सीढ़ी चढ़ना है, तो दोनों को अपना लो।।

कार्य योजना बनाकर तैयारी करें
– जगदीश ताखर, सिविल सेवा परीक्षा प्रबंधक

आर.ए.एस. परीक्षा में टॉप करने तथा अन्य वैकल्पिक कैरियर के लिए एक कार्य योजना (Action Plan) तैयार करने में मदद करना हमारा मुख्य उद्देश्य है। अगर आपने अब तक कोई कार्य योजना नहीं बनाई है, तो यहाँ आपको तीन चीजें बताई जा रही हैं–

1. आप क्या हासिल करना चाहते है?
2. किस तरह से उसे हासिल करना चाहते है?
3. कब तक हासिल करने की योजना (Plan) है?

कामयाबी के ये उसूल इस आधार पर लिखे गए हैं कि ज्यादातर लोग काबिलियत या अक्ल की कमी के कारण नाकामयाब नहीं होते बल्कि इरादा (desire), रास्ता (direction), समर्पण (dedication) और अनुशासन (discipline) की कमी के कारण नाकामयाब होते हैं।

❖ सकारात्मक नजरिया अपनाएं (Adopt Positive Attitude)

सकारात्मक नजरिए वाला आदमी हर मौसम में फलने वाले (बारहमासी फल) जैसा होता है। उसका हमेशा स्वागत किया जाता है।

- शख्सियत खुशनुमा हो जाती है।
- जोश पैदा होता है, कुछ करने का मन करता है।
- जिंदगी का आनंद बढ़ जाता है।
- आपके अगल–बगल के लोगों को प्रेरणा मिलती है।
- आप समाज में महत्वपूर्ण योगदान देने वाले सदस्य और राष्ट्र की संपत्ति बन जाते हैं।

जीतने वाला बनाम हारने वाला (Winners Versus Losers)

- जीतने वाला बनिए – हारने वाला नहीं।
- जीतने वाला हमेशा समाधान का हिस्सा होता है। हारने वाला हमेशा समस्या का हिस्सा होता है।
- जीतने वाले के पास हमेशा कोई न कोई कार्यक्रम (Programme) होता है। हारने वाले के पास हमेशा कोई न कोई बहाना।
- जीतने वाला कहता है – "मैं आपके लिए यह काम कर देता हूँ"। हारने वाला कहता है – "यह मेरा काम नहीं है।"
- जीतने वाले के पास हर समस्या का कोई न कोई हल होता है। हारने वाले के पास हमेशा समस्या मौजूद रहती है।
- जीतने वाला कहता है – "मुश्किल होने के बावजूद यह काम किया जा सकता है।" हारने वाला कहता है, "इस काम को किया जा सकता है, पर यह बहुत मुश्किल है।"
- कोई गलती करने पर जीतने वाला कहता है, "मैं गलत था।" हारने वाले से कोई गलती होती है, तो वह कहता है, "इसमें मेरी कोई गलती नहीं थी।"
- जीतने वाला वचनबद्ध होता है। हारने वाला खोखले वायदे करता है।
- जीतने वाले की आँखों में कामयाबी के सपने होते हैं। हारने वाले के पास खोखली योजनाएँ होती हैं।
- जीतने वाला कहता है – "मुझे कुछ करना चाहिए।" हारने वाला टीम के हिस्से करता है।
- जीतने वाला लाभ को देखता है। हारने वाला तकलीफ को देखता है।

- जीतने वाला संभावनाओं को देखता है। हारने वाला समस्याओं को देखता है।
- जीतने वाला "सभी की जीत" के सिद्धांत में विश्वास करता है। हारने वाला मानता है कि जीतने के लिए किसी का हारना जरूरी है।
- जीतने वाला आने वाले कल को देखता है। हारने वाला बीते कल को देखता है।
- जीतने वाला स्थिर स्वभाव वाले तापस्थायी (Thermostate) जैसा होता है। हारने वाला तापमापी (Thermometer) जैसा होता है।
- जीतने वाला सोच कर बोलता है। हारने वाला बोल कर सोचता है।
- जीतने वाला विनम्र शब्दों में कड़े तर्क पेश करता है। हारने वाला कड़े शब्दों में कमजोर तर्क पेश करता है।
- जीतने वाला बुनियादी मूल्यों (Values) पर मजबूती से टीका रहता है, पर छोटी–मोटी चीजों पर समझौता कर लेता है। हारने वाला छोटी–मोटी बातों पर अड़ जाता है, लेकिन मूल्यों पर समझौता कर लेता है।
- जीतने वाला दूसरों की भावनाओं को महसूस करने में विश्वास करता है। वह मानता है कि "दूसरों के साथ वैसा व्यवहार नहीं करना चाहिए, जैसे व्यवहार की उम्मीद हम दूसरों से अपने लिए नहीं करते।" हारने वाला इस में विश्वास करता है कि दूसरे तुम्हारे साथ कुछ करें, उससे पहले ही तुम वह काम उनके साथ कर दो।
- जीतने वाले काम को अंजाम देते हैं। हारने वाले काम के होने का इंतजार करते हैं।
- जीतने वाले जीतने की योजना बनाते हैं, और तैयारी करते हैं। तैयारी ही मूलमंत्र है।

(साभार – जीत आपकी : शिव खेडा)

❖ सकारात्मक दृष्टिकोण की ईंट से सफलता के भवन का निर्माण

सकारात्मक दृष्टिकोण न केवल आर.ए.एस. परीक्षा की सफलता के लिए अपितु जीवन के प्रत्येक क्षेत्र में सफलता के लिए जरूरी है। नकारात्मक और निराशावादी लोग सामना करने से पूर्व ही पलायनवादी हो जाते हैं। इसलिए जीवन में सकारात्मक दृष्टिकोण को विकसित करें। इससे आपको सफलता की राह अवश्य मिलेगी।

मैं सफलता का अच्छी किस्मत का नतीजा मानता हूँ, जो हमें प्रेरणा, आकांक्षा, हताशा, और तैयारी की वजह से मिलती है। आम तौर पर कामयाबी के सफर का सिलसिला ऐसा ही होता है।

सफलता और प्रसन्नता का चोली–दामन का साथ है। सफलता का मतलब यह है कि हम चाहें उसे पा लें, और प्रसन्नता का मतलब यह है कि हम जो पाएँ, उसे चाहे। सफलता का मतलब अपने अस्तित्व को कायम रखना भर नहीं है। इसका अर्थ उससे ज्यादा व्यापक है।

सिर्फ जिंदगी न गुजारो – जीओ (Do more than exist – live)

सिर्फ छुओ नहीं – महसूस करो (Do more than touch – feel)

सिर्फ देखो नहीं – गौर करो (Do more than look – observe)

सिर्फ पढ़ो नहीं – जीवन में उतारो (Do more than read – Absorb)

सिर्फ सुनो नहीं – ध्यान से सुनो (Do more hear - listen)

सिर्फ ध्यान से ही न सुनो – समझो (Do more than listen - understand)।

❖ सकारात्मक दृष्टिकोण निर्माण के कुछ महत्वपूर्ण तरीके

- अच्छी चीजों की तलाश करें।
- हर काम फौरन करने की आदत डालें।
- अहसानमंद होने का नजरिया बनाएँ।
- लगातार ज्ञान हासिल करने का कार्यक्रम तैयार करें।
- अच्छे स्वाभिमान का निर्माण करें।
- नकारात्मक असर से दूर रहें।
- जो काम जरूरी हैं, उन्हें पसंद करने की आदत डालें।
- अच्छे ढंग से दिन की शुरुआत करें।
- निरंतरता बनाए रखें, ठहराव नकारात्मकता का द्योतक है।
- दूसरों की गलतियों से सबक सीखिए।
- अच्छे श्रोता बनिए, कम बोलिए; जो भी बोले, तौल–तौल कर बोलें।

सफलता की राह में आने वाली बाधाओं को दूर करें – कृष्णा शुक्ला, आर.ए.एस. टॉपर 2007

किसी शायर ने कहा है कि – मैं जिन्दगी भर पहाड़ों से टकराता रहा मंजिल पाने के लिए, और अमां कुछ लोग गीली मिट्टी खोदकर मुकाम पा गए। अगर आपके मार्ग में कोई बड़ी बाधा है तो उसे जरूर हटा दीजिए जिससे आपका

रास्ता साफ हो जाए। सफलता की राह में आने वाली बाधाओं को दूर करके ही आप सफल पथिक बन सकते हो।

- अहंकार (Ego)
- असफल/सफल होने का डर; आत्मसम्मान की कमी? (Fear of failure/success; lack of self-esteem)
- कोई योजना न होना (No plan)
- कोई निश्चित लक्ष्य न होना (Lack of formalized goals)
- जिंदगी के उतार–चढ़ाव (Life changes)
- टालमटोल की आदत (Procrastination)
- पारिवारिक जिम्मेदारियाँ (Family responsibilities)
- आर्थिक सुरक्षा से जुड़े मसले (Financial security issues)
- एकाग्रता की कमी, भ्रमित हो जाना (Lack of focus, being muddled)
- पैसे के लालच में दूर की न सोचना (Giving up vision for promise of money)
- सारा बोझ खुद उठाना (Doing to muchAlone)
- क्षमता से अधिक उलझ जाना (Overcommitment)
- जुड़ाव न महसूस करना (Lack of commitment)
- गाइडेन्स या ट्रेनिंग की कमी (Lack of guidance or training)
- दृढ़ता की कमी (Lack of persistence)
- प्राथमिकताएँ न तय कर पाना (Lack of priorities)

सफलता की प्रेरक कहानी

❖ केरल की नर्स बनी आई.ए.एस.

केरल के एक गाँव के किसान ने सपना देखा। सपना यह कि उसकी बेटी आई.ए.एस. बने। इसी सपने के साथ उसने अपनी बेटियों को बेहतरीन शिक्षा दी और उस किसान के सपने को उसकी बेटी ने सच कर दिखाया। जिस लड़की ने अपने पिता के सपने को सच किया, वे हैं एनीज कनमणि जॉय, जोकि सिविल सेवा परीक्षा 2012 पास करने में कामयाब रहीं। एनीज कनमणि जॉय ने न सिर्फ 2012 में परीक्षा पास की बल्कि 65वाँ रैंक भी हासिल किया।

ऐसा नहीं है कि एनीज ने ये पहली बार किया, 2011 में भी एनीज ने सिविल सेवा पास की थी। तब उनका रैंक 580 था। उसी के आधार पर एनीज भारतीय अकाउंट सेवा के तहत ट्रेनिंग ले रही थीं। आई.ए.एस. बनने की प्रेरणा कैसे मिली, इस सवाल के जवाब में एनीज कहती हैं, "बचपन" से ही पिताजी ने सपना दिखाया था, लेकिन मैंने बचपन से इसकी तैयारी नहीं की थी। इंटर्नशिप के बाद मैंने इस इम्तिहान की तैयारी की।"

एनीज पहली नर्स है, जो सिविल सेवा परीक्षा पास करने में कामयाब रहीं। क्या उन्हें पता था कि अगर ये परीक्षा पास कर लेती हैं तो ऐसा करने वाली वे पहली महिला होंगी, इस सवाल के जवाब में एनीज कहती हैं, "जब मैंने तैयारी शुरू की तो मैंने सोचा कि किसी आई.ए.एस. नर्स से सलाह लेनी चाहिए, लेकिन मैं ऐसी किसी नर्स को नहीं ढूँढ़ पाई। हालाँकि मुझे इस बारे में पक्का पता इम्तिहान पास कर लेने के बाद ही चला।"

एनीज स्वीकार करती हैं कि उन्होंने पिछले दो साल में नौ–नौ घंटों पढ़ाई की है। जब उनसे पूछा गया कि क्या आपको लगता है कि आपने पिछले दो साल में कुछ मिस किया है तो एनीज ने कहा, "हो सकता है कि कुछ सामाजिक त्योहार या मुलाकात से वंचित रही हूँ, लेकिन ऐसा कुछ खास मिस नहीं किया।"

सफलता की हर कहानी महान असफलताओं की भी कहानी है (Every Success Story is also a Story of Great Failure)

असफलता, सफलता हासिल करने का राजमार्ग (Highway) है। आई.बी.एम. के टॉम वाट्सन, सीनियर (Tom Watson Sr.) का कहना, "अगर आप सफल होना चाहते हैं, तो अपनी असफलता की दर दूनी कर दीजिए।"

अगर हम इतिहास पढ़ें, तो पाएँगे कि सफलता की हर कहानी के साथ महान असफलताएँ भी जुड़ी हुई हैं। लेकिन लोग उन असफलताओं पर ध्यान नहीं देते। वे केवल नतीजों को देखते हैं, और सोचते हैं कि उस आदमी ने क्या किस्मत पाई है, "वह सही वक्त पर, सही जगह रहा होगा।" जबकि ऐसा नहीं होता।

एक आदमी की जिंदगी की कहानी बड़ी मशहूर है। यह आदमी 21 साल की उम्र में व्यापार में नाकामयाब हो गया; 22 साल की उम्र में वह एक चुनाव हार गया; 24 साल की उम्र में उसे व्यापार मे फिर असफलता मिली; 26 साल की उम्र में उसकी पत्नी मर गई; 27 साल की उम्र मे उसका मानसिक संतुलन (nervous breakdown) बिगड़ गया; 34 साल की उम्र में वह कांग्रेस का चुनाव हार गया; 45 साल की आयु में उसे सीनेट के चुनाव में हार का सामना करना पड़ा; 47

साल की उम्र में वह उपराष्ट्रपति बनने में असफल रहा; 49 साल की आयु में उसे सीनेट के एक और चुनाव में नाकामयाबी मिली; और वहीं आदमी 52 साल की उम्र में अमरीका का राष्ट्रपति चुना गया। वह आदमी अब्राहम लिंकन था।

सफलता की सारी कहानियों के साथ महान असफलताओं की कहानियाँ भी जुड़ी हुई हैं। फर्क केवल इतना था कि हर असफलता के बाद वे जोश के साथ फिर उठ खड़े हुए। इसे पीछे धकेलने वाली नहीं, बल्कि आगे बढ़ाने वाली नाकामयाबी कहते हैं। हम सीखते हुए आगे बढ़ते हैं। हम अपनी असफलताओं से सबक लेते हुए आगे बढ़ते हैं।

एडीसन की कहानी – शानदार नजरिया

सन 1914 में थॉमस एडीसन (Thomas Edison) की फैक्ट्री जल गई। उस समय उनकी उम्र 67 साल थी। एडीसन जवान नहीं रह गए थे, और फैक्ट्री का बीमा बहुत थोड़े पैसों का था। इसके बावजूद अपनी जिंदगी भर की मेहनत को धुँआ बन कर उड़ते हुए देख कर उन्होंने कहा, "यह बरबादी बहुत कीमती है। हमारी सारी गलतियाँ जल कर राख हो गई। मैं ईश्वर को धन्यवाद देता हूँ कि उसने हमें नई शुरुआत करने का मौका दिया।" उस तबाही के तीन हफ्ते बाद ही उन्होंने फोनोग्राफ (Phonograph) का आविष्कार किया। जीवन के प्रति क्या शानदार नजरिया है।

सफल लोगों की असफलताओं के कुछ और उदाहरण–

- थॉमस एडीसन बिजली का बल्ब बनाने से पहले लगभग दस हजार बार असफल हुए।
- हेनरी फोर्ड 40 साल की उम्र में दिवालिया हो गए थे।
- ली इयाकोका (Lee Iacocca) को 54 साल की उम्र में हेनरी फोर्ड द्वितीय ने नौकरी से निकाल दिया था।
- बीथोवॉन (Beethoven) जब युवा थे, तो उनसे कहा गया था कि उनमें संगीत की प्रतिभा (talent) नहीं है, लेकिन उन्होंने संसार को संगीत की कुछ उत्तम रचनाएँ दीं।

गहरी इच्छा – सफलता का रहस्य : कन्हैया लाल स्वामी आर.ए.एस. टॉपर 1991

एक युवक ने सुकरात से सफलता का रहस्य पूछा? सुकरात ने उससे दूसरे दिन सुबह नदी के किनारे मिलने के लिए कहा। दूसरे दिन युवक सुकरात से मिलने

नदी के किनारे पहुँचा, तो उन्होंने उसे नदी की ओर चलने के लिए कहा। जब पानी उनकी गर्दन तक पहुँच गया, तो सुकरात ने अचानक युवक का सिर पानी में डुबो दिया। युवक पानी से बाहर निकलने के लिए छटपटाने लगा, पर सुकरात काफी मजबूत थे। उन्होंने युवक को पानी में डुबोए रखा। युवक का शरीर जब नीला पड़ने लगा, तब सुकरात ने उसका सिर पानी से बाहर निकाला। सिर पानी से बाहर निकलते ही युवक ने सबसे पहले हवा में एक गहरी सांस ली। सुकरात ने युवक से पूछा, "जब तुम पानी के अंदर थे, तो तुम्हें किस चीज की जरूरत सबसे ज्यादा महसूस हो रही थी?" युवक ने जवाब दिया, "हवा की।" सुकरात ने कहा, "सफलता का यही रहस्य है। जब तुम्हें सफलता हासिल करने की वैसी ही तीव्र इच्छा होगी, जैसी पानी के अंदर हवा के लिए हो रही थी, तब तुम्हें सफलता मिल जाएगी।" गहरी इच्छा हर उपलब्धि की शुरुआती बिंदु होती है। जिस तरह आग की छोटी लपटें अधिक गर्मी नहीं दे सकती, वैसे ही कमजोर इच्छा बड़े नतीजे नहीं दे सकती।

जीवन में सफलता के लिए वचनबद्धता जरूरी है (Playing to Win Requires Commitment)। हारने वाले सुरक्षा चाहते हैं, जबकि जीतने वाले अवसर तलाशते हैं। हारने वालों को मौत से अधिक जिंदगी से डर लगता है। हमें याद रखना चाहिए कि असफल हो जाना कोई अपराध नहीं है, पर कोशिश न करना यकीनन अपराध है।

भाग्य और ईश्वर उनकी मदद करता है, जो अपनी मदद खुद करते हैं
– डॉ. राजेश कुमार शर्मा, एसो. प्रोफेसर, निदेशक नेहरू अध्ययन केन्द्र राजस्थान विश्वविद्यालय, जयपुर

भाग्यवादी दृष्टिकोण व्यक्ति को अकर्मण्य बनाता है। दरअसल भाग्य अगर कुछ है तो वह कर्म के कंधों पर ही टिका हुआ है। कर्म के बिना भाग्य का व्याकरण रचित नहीं हो सकता। मानव जीवन में तो कर्म सर्वोपरि है। आप स्वयं कर्मठ और उद्यमी हैं तो निश्चित मानिए सभी लोग और ईश्वर भी आपकी मदद को तैयार रहेंगे। और अगर आप कुछ करना ही नहीं चाहते तो परिणाम आप स्वयं जानते हैं। इसलिए अगर आप जीवन में सफल होना चाहते हैं, आर.ए.एस. टॉपर बनना चाहते हैं तो कर्म करते जाइए, पूरी कायनात आपको सफल बनाने में लग जाएगी।

एक कस्बे में बाढ़ आई। एक आदमी के सिवा वहाँ रहने वाला हर आदमी किसी सुरक्षित स्थान पर जा रहा था। जिस आदमी ने अपनी जगह नहीं छोड़ी, उसका कहना था, मुझे विश्वास है कि भगवान मेरी रक्षा करेगा।" पानी का स्तर बढ़ने पर उसे बचाने के लिए एक जीप आई। पर उस आदमी ने यह कह कर

जाने से इनकार कर दिया, "मुझे विश्वास है कि भगवान मेरी रक्षा करेगा।" पानी का स्तर और बढ़ने पर वह अपने मकान की दूसरी मंजिल पर चला गया। तब उसकी मदद करने के लिए एक नाव आई। उस आदमी ने उसके साथ भी यही कह कर जाने से इनकार कर दिया कि "मुझे विश्वास है, भगवान मेरी रक्षा करेगा।" पानी का स्तर बढ़ता जा रहा था। वह आदमी अपने मकान की छत पर चला गया। उसकी मदद के लिए हेलीकॉप्टर (helicopter) आया। लेकिन उस आदमी ने अपनी वहीं बात फिर दुहराई "मुझे विश्वास है, भगवान मेरी रक्षा करेगा।" आखिरकार वह डूब कर मर गया। भगवान के पास पहुँचने पर उसने गुस्से भरे लहजे में सवाल किया, "मुझे आप पर पूरा विश्वास था, फिर आपने मेरी प्रार्थनाओं को अनसुना कर मुझे डूबने क्यों दिया?" भगवान ने जवाब दिया, "तुम क्या सोचते हो – तुम्हारे पास जीप, नाव और हेलीकॉप्टर किसने भेजा था?"

भाग्यवादी नजरिये से उभरने का केवल एक ही तरीका है कि जिम्मेदारियाँ कबूल करें, और किस्मत पर यकीन करने के बजाए 'वजह और नतीजे के सिद्धांत में विश्वास करें। जिंदगी में कोई लक्ष्य, इंतजार, चाहत और अचंभित होकर सोच–विचार करते रहने से नहीं, बल्कि काम, तैयारी और योजना से हासिल होता है। कर्म ही सर्वोपरि है। कर्म से ही भाग्योदय संभव है और फिर सफलता के सारे द्वारों का खुलना अवश्यंभावी है। श्रीमद्‌भगवद्‌गीता (2/47) अनुष्टुप छन्द में भगवान श्रीकृष्ण कहते हैं–

कर्मण्येवाधिकारस्ते मा फलेषु कदाचन। मा कर्मफलहेतुर्भूमा ते संगोत्स्व कर्मणिः।

संघर्ष और सफलता की प्रेरक कहानी, रिक्शा चालक का बेटा संतोष बना आई.ए.एस

मुरारी लाल गुप्ता, बिहार के रिक्शा ढेला चालक, के सुपुत्र संतोष कुमार गुप्ता ने अपने पिता के सपनों को साकार कर दिया। मुरारी रिक्शा चलाते हुए एक सपना देखते थे कि उनका बेटा लाल बत्ती की गाड़ी में बैठे, कलेक्टर बने और लोगों की परेशानियों का समाधान करें।

संतोष आई.ए.एस. बनने के बाद अपनी सफलता से इसलिए संतुष्ट है कि उन्होंने अपने पिता के सपनों को साकार किया। जब संतोष ने आई.ए.एस. की तैयारी प्रारम्भ की तो लोग उसका और उसके पिता का मजाक उड़ाया करते थे। और कहते थे कि कितना भी पढ़ लो आखिर तुम को भी ठेला ही चलाना है। इससे संतोष का संकल्प और भी सुदृढ़ होता गया और अन्ततः एक साधारण रिक्शा चालक के असाधारण बेटे ने चमत्कार करते हुए सफलता के शिखर को प्राप्त किया।

संतोष के परिवार में कोई पढ़ा–लिखा नहीं था और कोई भी उसे गाइडेन्स करने वाला नहीं था। संतोष का कहना है कि इच्छा शक्ति (Will Power) और संकल्प शक्ति हो तो बहुत कुछ प्राप्त किया जा सकता है। संतोष ने संघर्ष के रास्ते में सफलता को देखा। संतोष ने भी अपनी पढ़ाई करते हुए पिताजी के साथ ठेला चलाया। इस प्रकार संतोष के संघर्ष की कहानी लाखों युवाओं के लिए प्रेरणा स्रोत बन चुकी है।

जो तूफानों में पलते जा रहे हैं,
वहीं दुनिया बदलते जा रहे हैं। —जिगर मुरादाबादी

सफलता का नुस्खा
– विनोद कुमार मीना, आर.ए.एस. (A Recipe for Success)

सफलता पाना केक बनाने की तरह है। अगर हमारे पास सही नुस्खा न हो, तो हमको कामयाबी नहीं मिलेगी। अच्छा केक बनाने के लिए हमारे पास सही मात्रा में उम्दा किस्म की सामग्री होनी चाहिए। हमको उसे न तो ज्यादा आँच देनी होगी, न ही कम। अगर हमारे पास सही नुस्खा हो तो अभ्यास, और कभी–कभार होने वाली गलतियों से मिलने वाली सीख की मदद से यह काम आसान हो जाता है। अब नुस्खा हमारे पास है। हम इसका इस्तेमाल करेंगे, या नहीं, यह हमको तय करना है। सफलता के बताए गए रास्तों के अनुसार अनुसरण करके उसका वरण सहजता से किया जा सकता है। आर.ए.एस. टॉपर बनकर आप अपना, समाज का, परिवार का और अपने गाँव का नाम रोशन कर सकते हैं। सफलता के कुछ नुस्खे जो न केवल आर.ए.एस. परीक्षा में अपितु जीवन के प्रत्येक क्षेत्र में आपको शिखर पर पहुँचा सकते हैं–

- अपनी सच्चाई के साथ कभी समझौता न करें।
- हारने के लिए नहीं, बल्कि जीतने के लिए खेलें।
- दूसरों की गलतियों से सीखें।
- ऊँचे चरित्र वाले लोगों से संबंध रखें।
- जितना पाते हैं, उससे अधिक दें। चीजों को बाँटना, उसमें इजाफा करने का कदम है – प्रसिद्ध कवि उदय प्रताप दद्दा अपनी कविता फूल और कली में लिखते हैं – गंध उपवन की विरासत है, इसे संचित न कर। बाँटने के सुख से अपने आपको वंचित न कर...

- अपने आप से ईमानदारी रखें। जीवन में कृत्रिमता को हावी न होने दें। नैसर्गिक रहें।
- बिना कुछ दिए, कुछ पाने की उम्मीद न रखें।
- हमेशा दूर की सोचें (दूरदृष्टि)।
- अपने मजबूत पहलुओं को जानें, और उनकी बुनियाद पर अपना विकास करें। (SWOT Analysis)
- फैसला लेते समय हमेशा हालात की व्यापक तस्वीर को ध्यान में रखें।
- आत्म अवलोकन करें, और ईमानदारी से अपनी कमियों (खामियों) को दूर करें।
- अपने अहम् (ईगो) को अपने ऊपर हावी न होने दें।
- स्वीकारोक्ति और "ना" कहने की हिम्मत जुटाएं।

संघर्ष का कोई विकल्प नहीं (STRUGGLE) – डॉ. अवि गर्ग, आर.ए.एस. टॉपर (रैंक-7) तथा सिविल सर्विस एक्सपर्ट

जीवन में संघर्ष का कोई विकल्प नहीं है। संघर्षमय जीवन सफल जीवन की पूर्व आवश्यकता (Pre-requisition) है। मैंने जीवन में संघर्ष किया और अन्ततः सफलता के शिखर को छूआ। इसलिए मैं मानता हूँ कि बिना संघर्ष सफलता मिल भी जाए तो उसमें मजा नहीं आ सकता। क्योंकि सफल होने वाले ने उस आनन्द को नहीं चखा (भोगा) जो संघर्ष भरी डगर में रस भर देता है। इसलिए संघर्ष से ही सफलता की मिठास आती है।

इतिहास बताता है कि बड़े–बड़े विजेताओं को भी जीत से पहले हताश कर देने वाली बाधाओं का सामना करना पड़ा। उन्हें जीत इसलिए मिली कि वे अपनी असफलताओं से मायूस नहीं हुए।

जीव विज्ञान (Biology) के एक वैज्ञानिक अपने स्कॉलर्स को प्रयोगशाला में सिखा रहे थे कि सूँडी (caterpillar) तितली में कैसे बदल जाती है। उन्होंने छात्रों को बताया कि कुछ ही घंटों में तितली अपनी खोल से बाहर निकलने की कोशिश करेगी। उन्होंने छात्रों को आगाह किया कि वे खोल से बाहर निकलने में तितली की मदद न करें। इतना कह कर वह प्रयोगशाला से बाहर चले गए।

स्कॉलर्स इंतजार करते रहे। तितली खोल से बाहर निकलने के लिए संघर्ष करने लगी। एक स्कॉलर को उस पर दया आ गई। अपने वैज्ञानिक की सलाह

न मान कर उसने खोल से बाहर निकलने की कोशिश कर रही तितली की मदद करने का फैसला किया। उसने खोल को तोड़ दिया, जिसकी वजह से तितली को बाहर निकलने के लिए और मेहनत नहीं करनी पड़ी। लेकिन वह थोड़ी ही देर में मर गई।

वापस लौटने पर वैज्ञानिक को सारी घटना मालूम हुई। तब उन्होंने स्कॉलर्स को बताया कि खोल से बाहर आने के लिए तितली को जो संघर्ष करना पड़ता है, उसी की वजह से उसके पंखों को मजबूती और शक्ति मिलती है। यही प्रकृति का नियम है। तितली की मदद करके छात्र ने उसे संघर्ष करने का मौका नहीं दिया। नतीजा यह हुआ कि वह मर गई। प्रसिद्ध विचारक एच.रॉस पेरॉट कहते हैं कि–

अधिकतर लोग ठीक उस समय हार मान लेते हैं, जब सफलता उन्हें मिलने ही वाली होती हो। विजय–रेखा बस एक कदम की दूरी पर होती है, तभी वे कोशिश बंद कर देते हैं। वे खेल के मैदान से अंतिम मिनट में हट जाते हैं, जबकि उस समय जीत का निशान उनसे केवल एक फुट के फासले पर होता है।

विल्मा रूडोल्फ की प्रेरक कहानी – नामुमकिन कुछ भी नहीं (The Wilma Rudolph's Motivational Story – Nothing is Impossible)

विल्मा रूडोल्फ (Wilma Rudolph) (1940–1994) का जन्म टेनेसी (Tennessee, USA) के एक गरीब परिवार में हुआ था। चार साल की उम्र में उसे डबल निमोनिया (Double Pneumonia) और काला बुखार (Scarlet Fever) ने गंभीर रूप से बीमार कर दिया। इनकी वजह से उसे पोलियो हो गया। वह पैरों को सहारा देने के लिए ब्रेस (Brace) पहना करती थी। डॉक्टरों ने तो यहाँ तक कह डाला था कि वह जिंदगी भर चल–फिर नहीं सकेगी। लेकिन विल्मा की माँ ने उसकी हिम्मत बढ़ाई और कहा कि ईश्वर की दी हुई क्षमता, मेहनत और लगन से वह जो चाहे कर सकती है। यह सुन कर विल्मा ने कहा कि वह इस दुनिया की सबसे तेज धाविका (Runner) बनना चाहती है। नौ साल की उम्र में डॉक्टरों के मना करने के बावजूद विल्मा ने ब्रेस को उतार कर पहला कदम उठाया, जबकि डॉक्टरों ने कहा था कि वह कभी चल नहीं पाएगी। 13 साल की होने पर उसने अपनी पहली दौड़ प्रतियोगिता में हिस्सा लिया और सबसे पीछे रही। उसके बाद वह दूसरी, तीसरी, चौथी दौड़ प्रतियोगिताओं में हिस्सा लेती रही और हमेशा आखिरी स्थान पर आती रही। वह तब तक कोशिश करती रही, जब तक वह दिन नहीं आ गया, जब वह फर्स्ट आई। 15 साल की उम्र में विल्मा टेनेसी

अमेरिका स्टेट यूनिवर्सिटी (Teennessee State University) गई, जहाँ वह एड टेम्पल (Ed Temple) नाम के कोच से मिली। विल्मा ने उन्हें अपनी यह ख्वाहिश बताई कि "मैं दुनिया की सबसे तेज धाविका बनना चाहती हूँ।" तब टेम्पल ने कहा, "तुम्हारी इसी इच्छाशक्ति की वजह से तुम्हें कोई भी नहीं रोक सकता और साथ में मैं भी तुम्हारी मदद करूँगा।"

आखिरकार वह दिन आया जब विल्मा ने ओलंपिक में हिस्सा लिया। ओलंपिक में दुनिया के सर्वश्रेष्ठ खिलाड़ियों में मुकाबला होता है। विल्मा का मुकाबला जुत्ता हैन (Jutta Heine) से था, जिसे कोई भी हरा नहीं पाया था। पहली दौड़ 100 मीटर की थी। इसमें विल्मा ने जुत्ता को हराकर अपना पहला गोल्ड मेडल जीता। दूसरी दौड़ 200 मीटर की थी। इसमें विल्मा ने जुत्ता को दूसरी बार हराया और उसे दूसरा गोल्ड मेडल मिला। तीसरी दौड़ 400 मीटर की रिले रेस थी और विल्मा का मुकाबला एक बार फिर से जुत्ता से ही था। रिले में रेस का आखिरी हिस्सा टीम का सबसे तेज एथलीट ही दौड़ता है। इसलिए विल्मा और जुत्ता, दोनों को अपनी–अपनी टीमों के लिए दौड़ के आखिरी हिस्से में दौड़ना था। विल्मा की टीम के तीन लोग रिले रेस के शुरुआती तीन हिस्से में दौड़े और आसानी से बेटन बदली। जब विल्मा के दौड़ने की बारी आई, उसके हाथ से बेटन ही छूट गई। लेकिन विल्मा ने देख लिया कि दूसरे छोर पर जुत्ता हैन तेजी से दौड़ चली है। विल्मा ने गिरी हुई बेटन उठाई और मशीन की तरह ऐसी तेजी से दौड़ी कि जुत्ता को तीसरी बार भी हराया और अपना तीसरा गोल्ड मेडल जीता। यह बात इतिहास के पन्नों में दर्ज हो गई कि एक लकवाग्रस्त महिला 1960 के रोम ओलंपिक में दुनिया की सबसे तेज धाविका बन गई। विल्मा ने यह साबित कर दिया कि नामुमकिन कुछ भी नहीं (Nothing is impossible) है।

भौंरे से सीखिए – हौसले की उड़ान

हमें कुदरत से सीखने की जरूरत है। वैज्ञानिकों के मुताबिक भौंरे (Bumblebee) का शरीर काफी भारी होता है और उड़ने के लिहाज से पंखों का फैलाव काफी कम होता है। उड़ान के नियमों (aerodynamics) के अनुसार, भौंरा उड़ नहीं सकता, लेकिन भौंरे को इस बात की खबर नहीं है, और वह उड़ता रहता है।

जब हम अपनी हदों और सीमाओं को नहीं जानते, तो हम बड़े और ऊँचे काम करके खुद को ही आश्चर्यचकित कर देते हैं। पीछे मुड़ कर देखने पर हैरानी होती है कि क्या मेरी कोई सीमा भी थी। हम सिर्फ उन्हीं सीमाओं से बँधे हैं, जो हमने अपने लिए खुद बनाई है। शिक्षा को अपने ऊपर बंधन मत लगाने दें। एक उदाहरण–

इस चित्र को एक ही बार में बिना रिपीट किए और बिना पैन उठाए बनाना था। लेकिन क्लास में कोई नहीं बना पाया। लेकिन कॉलेज का यंग पीओन यह

सुन–देख रहा था, उसने प्रोफेसर से कहा, क्या में ट्राई कर सकता हूँ। उसने उसे एक बार में ही बना दिया। यह पीओन बाद में उस देश का राष्ट्रपति बना। उसे इस रेखाचित्र को बनाने में अपनी हद (सीमा) से परे जाना पड़ा। यही नवाचार है, हमें लकीर का फकीर नहीं बने रहना चाहिए।

जॉर्ज वाशिंगटन ने कहा कि – अगर आप खुद के मान–सम्मान को महत्व देते हैं, तो गुणवान लोगों की संगति में रहें। खराब संगत में रहने से तो अच्छा है कि आप अकेले ही रहें।

आशावाद बनाम निराशावाद (Optimistic Versus Pessimistic)

प्रशासनिक सेवा परीक्षाओं में (सफलता के लिए यह आवश्यक है कि) अभ्यर्थियों में आशावादी दृष्टिकोण का विकास हो। निराशावाद व्यक्ति के जीवन में न केवल नकारात्मक ऊर्जा संचालित करता है अपितु उसे कर्तव्यहीन और कर्महीन भी बना देता है। इसलिए आर.ए.एस. जैसी सिविल सेवा परीक्षाओं के तैयारी के दौरान अपने आप में सकारात्मक और आशावादी बने रहें, यह आप में आत्मबल और उच्च मनोबल का संचार करेंगे। आशावाद (सकारात्मक) और निराशावाद (नकारात्मक) के बीच अन्तर हम निम्न प्रकार विवेचन कर सकते हैं–

अलबर्ट आइंस्टीन (Albert Einstein) का कहना था, "मुझे लगता है कि मैंने जिंदगी में अपनी केवल 25 प्रतिशत बौद्धिक क्षमता (Intellectual Capital) का उपयोग किया।"

विलियम जेम्स (William James) के मुताबिक इंसान अपनी केवल 10–12 प्रतिशत आंतरिक क्षमता और बुद्धि का उपयोग करता है।

आशावादी (Optimistic) बनाम निराशावादी (Pessimistic)

1. विचारों के बारे में बात करते हैं (Talk about ideas)	• लोगों के बारे में बात करते हैं (Talk about people)
2. दूसरों की परवाह करते हैं (Caring attitude)	• दूसरों की आलोचना करते हैं (Critical attitude)
3. विनम्र (Humility)	• घमंडी (Arrogance)
4. सत्ता का सम्मान (Respect authority)	• सत्ता से विद्रोह (Rebel against authority)

5. दृढ़ विश्वास भरा साहस होता है (Courage of conviction)	• साथ में रहने के लिए साथ निभाते हैं (Go along to get along)
6. आत्मविश्वासी (Confidence)	• भ्रमित (Confusion)
7. चरित्र की चिंता करते हैं (Concerned about character)	• प्रसिद्धि की चिंता करते हैं (Concerned about reputation)
8. दृढ़ (Assertive)	• आक्रामक (Aggressive)
9. जिम्मेदारी कबूल करते हैं (Accept responsibility)	• पूरी दुनिया पर इल्जाम लगाते हैं (Blame the whole world)
10. हितों की चिंता (Self-interest)	• स्वार्थी (Selfish) होते हैं
11. दूसरों की जरूरत समझते हैं (Understanding)	• लालची होते हैं (Greedy)
12. सीखने की इच्छा रखते हैं (Willing to learn)	• समझते हैं कि वे सब कुछ जानते हैं (Know it all)
13. संवेदनशील (Sensitive)	• तुनकमिजाज (Touchy)
14. एकांतप्रिय होते हैं (Solitude)	• अकेलापन चाहते हैं (Lonely)
15. बहस करते हैं (Discuss)	• विवाद करते हैं (Argue)
16. अपनी काबिलीयत में विश्वास रखते हैं (Believe in self worth only)	• केवल दौलत–जायदाद को महत्व देते हैं (Believe in net worth)
17. सही दिशा जानते हैं (Guided)	• भटकाव के शिकार होते हैं (Misguided)
18. अनुशासित (Discipline)	• आजादी की गलत धारणा (Distored sense of freedom)
19. आत्मप्रेरित (Internally driven)	• बाहर से प्रेरित (Externally driven)
20. दूसरों को सम्मान देते हैं (Respect others)	• दूसरों को नीचा मानते हैं (Look down on others)
21. सलीका–पसंद (Enjoy decency)	• भद्दगी–पसंद (Enjoy vulgarity)

22. हद जानते हैं (Know limit)	• इनके लिए सब जायज होता हैं (Everything goes)
23. देते हैं (Giver)	• केवल लेते हैं (Taker only)

थोड़ा नहीं पूरा प्रयास करें – कोशिश शत-प्रतिशत होनी चाहिए, थोड़ी नहीं
– डॉ. दिनेश रॉय सॉंपेला, आर.ए.एस.

सिविल सेवा परीक्षा हो या आर.ए.एस. की परीक्षा अगर हम पूरे मन से सौ फीसदी प्रयास करते हैं तो हमें सफल होने से कोई नहीं रोक सकता। उत्कृष्ट प्रदर्शन से सदैव उत्कृष्ट परिणाम ही आते हैं। अगर आपको आर.ए.एस. टॉप करना है तो आपका प्रयास भी टॉप स्तर का होना जरूरी है। बहुत से लोग कहते हैं कि थोड़ी कोशिश कर लेता हूँ। "मैं कोशिश करूँगा। अगर नहीं बन पाएगा, तो उस काम को छोड़ दूँगा।" मैं थोड़ी–बहुत कोशिश करके देखता हूँ, नहीं बन पाया तो कोई बात नहीं। यह थोड़ी कोशिश मन से, समर्पण से नहीं होती। इसलिए सफलता की संभावना स्वतः कम हो जाती है। अतः कोशिश तो शत–प्रतिशत होनी चाहिए, थोड़ी नहीं।

- क्या थोड़ा–बहुत धोखा देना ठीक है?
- क्या थोड़ा–बहुत झूठ बोलना ठीक है?
- क्या नशीली दवाओं का थोड़ा–बहुत सेवन ठीक है?
- क्या थोड़ी–बहुत चोरी करना ठीक है?
- क्या थोड़ा–बहुत नाजायज संबंध रखना ठीक है?

कुछ लोग बार–बार दलील देते हैं कि "मैं जब चाहूँ, तब इन बुराइयों को छोड़ सकता हूँ।" वे यह महसूस नहीं करते कि इच्छाशक्ति के मुकाबले बुरे असर ज्यादा ताकतवर होते हैं।

अतः इच्छाशक्ति से, पूरे मनोयोग से किए गए प्रयत्न ही असरदार होते हैं। मन में सफलता की तनिक आशंका आपके उद्देश्य को विफलता तक पहुँचाने में लगी रहती है इसलिए थोड़ा नहीं पूरा, शत प्रतिशत पूरा असरदार प्रयास (कोशिश) करना चाहिए। आपके द्वारा किए गए पूरे प्रयास आपको अपेक्षित एवं वांछित पूरे परिणाम ही देकर जाते हैं।

कर भला तो हो भला – लॉ ऑफ बूमरैंग

ऑस्ट्रेलिया में इस्तेमाल किया जाने वाला एक तरह का औजार, जो फेंके जाने पर फेंकने वाले के पास वापस चला जाता है, उसे बूमरैंग (BOOMERANG) कहते

हैं। बेंजामिन फ्रैंकलिन (Benjamin Franklin) ने कहा है, "जब आप दूसरों के लिए अच्छे बन जाते हैं, तो खुद के लिए और भी बेहतर बन जाते हैं।"

अच्छाई वापसी का रास्ता ढूँढ लेती है; यह प्रकृति का बुनियादी नियम है। अच्छा काम करते समय फल पाने की इच्छा रखने की जरूरत नहीं है। फल तो कुदरती तौर पर अपने आप मिलता है।

हमारे विचार हों, काम हों, या व्यवहार हों, आज नहीं तो कल वे उसी रूप में तेजी से वापस लौटते हैं। इसलिए जीवन में ऊपर उठते समय लोगों से अदब से पेश आएँ, क्योंकि नीचे गिरते समय आप इन लोगों से दोबारा मिलेंगे। रॉल्फ वाल्डो इमर्सन सही कहते हैं कि–

'जिंदगी की सबसे खूबसूरत नैमत यह है कि जब भी किसी का भला किया जाए तो अपना भला कुदरती रूप से अपने आप हो जाता है।'

स्वार्थ नहीं भलाई की सोचें

स्वार्थी होना नकारात्मक और बरबादी लाने वाला भाव होता है। यह रिश्तों को तोड़ता है, क्योंकि यह गलत मूल्यों पर आधारित होता है। स्वार्थी व्यक्ति पाने और खोने के सिद्धांत पर विश्वास करता है। दूसरी और अपनी भलाई की चिंता करना उचित है। इससे समृद्धि, मानसिक शांति, अच्छी सेहत और खुशियाँ बढ़ती है। अपनी भलाई चाहने की भावना सभी की जीत में विश्वास करती है।

केकड़ा वाली मानसिकता से बचना चाहिए (Avoid Crab Mentality)

नकारात्मक विचार हमारी ऊर्जा, शक्ति और विचारों को नकारात्मक रूप से प्रभावित करते हैं। हमें अपनी ऊर्जा सकारात्मक कार्यों में लगानी चाहिए। आर.ए.एस. की परीक्षा की तैयारी को हमें सकारात्मक रहकर अपने कैरियर में ही सोचना चाहिए, दूसरों के बारे में कदापि नहीं। हाँ, यह अवश्य है कि हम दूसरों की सफलता से प्रेरणा अवश्य ले सकते हैं। ईर्ष्या उस बाघ की तरह है, जो न केवल अपने शिकार को, बल्कि उस हृदय को भी चीर डालती है, जिसमें यह बसती है।

केकड़ा मानसिकता से सभी वाकिफ हैं। यदि आप केकड़ों को किसी खुले हुए बक्से में डाल दें, तो भी वे बक्से में ही रहेंगे। केकड़े रेंगते हुए आसानी से बाहर निकल कर आजाद हो सकते हैं, मगर ऐसा हो नहीं पाता, क्योंकि केकड़ों का स्वभाव ऐसा होने से रोकता है। जैसे ही कोई केकड़ा रेंग कर बाहर निकलने की कोशिश करता है, दूसरे उसे नीचे खींच लेते हैं, इस तरह से कोई भी केकड़ा

बाहर नहीं निकल पाता। वे सभी आजाद हो सकते हैं, लेकिन सोचिए, उनका क्या हश्र होता है?.....मृत्यु।

ईर्ष्या करने वाले लोगों पर भी यही बात लागू होती है। वे जीवन में कभी आगे नहीं बढ़ते और दूसरों को भी नहीं बढ़ने देते। जलन की भावना कमजोर स्वाभिमान का लक्षण है। यह सर्वव्यापी दुर्गुण है। सबसे बड़ी चुनौती उस समय आती है, जब जलन की भावना किसी देश के राष्ट्रीय–चरित्र का हिस्सा बन जाती है। तब देश पिछड़ने लगता है, आने वाली पीढ़ियों को इसके भयंकर नतीजे भुगतने पड़ते हैं। जलन की भावना लोगों को भ्रष्ट बना देती है।

किसी भी उद्देश्य की प्राप्ति के लिए यह आवश्यक है कि आप उस उद्देश्य के लक्ष्य पर अपना ध्यान केन्द्रित करें। अगर आपका भटकाव है तो आप कदाचित लक्ष्य भेदने में सफल नहीं हो पाएंगे। मेरे जीवन की कहानी भी कुछ इसी प्रकार है। मैंने जब केवल मात्र लक्ष्य को देखना शुरू किया और विश्वास तथा विश्वसनीयता के साथ पीछा किया तो अन्ततः उसे पा लिया।

राजस्थान प्रशासनिक सेवा जैसी परीक्षा में अव्वल आने के लिए कड़ी मेहनत की जरूरत है। आप लक्ष्य से इधर–उधर भटक नहीं सकते। जरा–सी भी चूक आपको मेरिट से बाहर कर सकती है। इस विश्वास और विश्वसनीयता के साथ लक्ष्य साधिए, आप अवश्य सफल होंगे।

जीवन के रास्तों पर चलते हुए अपनी दृष्टि लक्ष्य पर जमाए रहें। आम पर ध्यान दें, गुठली पर नहीं। ज्ञान आपको मंजिल तक पहुँचने में मदद करता है, बशर्ते कि आपको अपनी मंजिल का पता हो। प्राचीन भारत में एक ऋषि अपने शिष्यों को तीरंदाजी की कला सिखा रहे थे। उन्होंने लक्ष्य के रूप में एक लकड़ी की चिड़िया रखी, और अपने शिष्यों से उस चिड़िया की आँख पर निशाना लगाने को कहा। उन्होंने पहले शिष्य से पूछा, "तुम्हें क्या दिख रहा है?" शिष्य ने कहा, "मैं पेड़, टहनियाँ, पत्ते, आकाश, चिड़िया और उसकी आँख देख रहा हूँ।"

ऋषि ने उस शिष्य को इंतजार करने को कहा। तब उन्होंने दूसरे शिष्य से वहीं सवाल किया, तो दूसरे शिष्य ने जवाब दिया, "मुझे सिर्फ चिड़िया की आँख दिखाई दे रही है।" तब ऋषि ने कहा, "बहुत अच्छा, अब तीर चलाओ।" तीर सीधा जाकर चिड़िया की आँख में लगा। अगर हम अपने मकसद पर ध्यान नहीं लगाएँगें, तो अपने लक्ष्य का हासिल नहीं कर पाएँगे। अपने मकसद पर ध्यान लगाना एक मुश्किल काम है, मगर यह एक कला है, जिसे सीखा जा सकता है

उस चरवाहे लड़के की कहानी हम सभी जानते हैं जो 'भेड़िया आया, भेड़िया आया' चिल्लाता था। उस लड़के ने गाँव वालों को परेशान करके मजा लेने की

सोची और वह चिल्लाया, "बचाओ, बचाओ, भेड़िया आया।" गाँव वालों ने उसकी आवाज सुनी और उसे बचाने दौड़े। जब वे वहाँ पहुँचे तो उन्होंने देखा कि वहाँ कोई भेड़िया नहीं था ओर वह बच्चा उन पर हँसने लगा। वे सब चले गए। अगले दिन उस लड़के ने फिर वहीं चाल खेली। गाँव वाले फिर मदद के लिए दौड़े।

एक दिन, वह लड़का जब भेड़ों को चरा रहा था, तो उसने सचमुच एक भेड़िया देखा, और मदद के लिए चिल्लाया। गाँव वालों ने उस लड़के की आवाज तो सुनी, मगर उसकी मदद के लिए कोई नहीं आया। उन्होंने सोचा कि लड़का फिर वहीं चाल खेल रहा है। उन लोगों ने उस पर यकीन नहीं किया। नतीजे के तौर पर उसकी भेड़े खाई गईं, और उसका नुकसान हो गया।

इस कहानी से शिक्षा मिलती है कि–

- जब लोग झूठ बोलते हैं, तो अपनी विश्वसनीयता खो देते हैं।
- एक बार जब वे अपनी विश्वसनीयता खो देते हैं, तो सच बोलने पर भी कोई उनका विश्वास नहीं करता।

वाशिंगटन इरविंग ने लिखा है कि–

महान मस्तिष्क उद्देश्य से भरे होते हैं, और अन्य लोगों के पास केवल इच्छाएँ होती हैं।

लोग अकसर इच्छा या सपने को लक्ष्य समझने की भूल करते हैं। सपने और इच्छाएँ सिर्फ चाहत हैं। चाहतें कमजोर होती हैं। चाहतों में मजबूती तब आती है, जब वे इन बातों की बुनियाद पर टिकी होती हैं–

- दिशा (Direction)
- समर्पण (Dedication)
- दृढ़ निश्चय (Determination)
- अनुशासन (Discipline)
- समय–सीमा (Deadlines)

लक्ष्य पर नजर रखें
– अनुराग भार्गव आर.ए.एस. टॉपर 2001
(Keep Eyes upon the Goal)

अगर आप जीवन में कुछ करना चाहते है, बनना चाहते हैं, अपनी पहचान स्थापित करना चाहते हैं तो आपको अपने लक्ष्य पर नजर केन्द्रित करनी होगी। आर.ए.

एस. की परीक्षा में टॉपर बनने के लिए दिन–रात आर.ए.एस. ही दिखना चाहिए। इसी लक्ष्य के अनुरूप अपने आप को व्यवस्थित कर लें।

अगर आप लोगों से जिंदगी का कोई एक बड़ा मकसद बताने को कहें तो वे शायद आपको अस्पष्ट जवाब देंगे, जैसे कि, "मैं सफल होना चाहता हूँ, खुश रहना चाहता हूँ, अच्छा जीवन गुजारना चाहता हूँ" और यहीं पर रुक जाएँगे। ये सभी कोरे सपने हैं, इनमें से कोई भी लक्ष्य स्पष्ट नहीं है। हमारे लक्ष्य और उद्देश्य स्पष्ट, विशिष्ट और स्पेसिफिक होने चाहिए अर्थात् स्मार्ट (SMART) होने चाहिए–

- **S** – Specific (स्पष्ट) – मिसाल के तौर पर, "मैं वजन घटाना चाहता हूँ", यह सिर्फ एक इच्छा है। यह लक्ष्य तब बनता है, जब हम यह तय कर लेते हैं, "मैं 90 दिन में दस पाउंड वजन घटाऊँगा।"
- **M** – Measurable (मापा जा सके) – जिसकी सही माप की जा सके। अगर हम माप नहीं सकते, तो हम इसे हासिल भी नहीं कर सकते। मापना ही वह रास्ता है, जिससे हम अपनी तरक्की पर नजर रख सकते हैं।
- **A** –Achievable (हासिल करने के काबिल) – हासिल करने के काबिल होने से मतलब है कि चुनौती भरा और मुश्किल तो हो, लेकिन नामुमकिन न हो, क्योंकि असंभव लक्ष्य हमें निराश ही करेगा।
- **R** – Realistic (वास्तविक) – एक इंसान यदि 30 दिन में 50 पाउंड वजन घटाना चाहे, तो यह लक्ष्य बिलकुल अवास्तविक है।
- **T** – Time-bound (समयबद्ध) – काम के शुरू और अंत की एक निश्चित समय–सीमा होनी चाहिए।

लक्ष्य स्मार्ट और संतुलित बनाइए – मुकेश कुमार शर्मा, प्रतियोगी परीक्षा एक्सपर्ट

आर.ए.एस. परीक्षा में टॉप करने का लक्ष्य कठिन अवश्य है लेकिन असंभव नहीं। हमें इस लक्ष्य को संतुलित और समन्वित बनाना होगा। इसके लिए स्मार्ट लक्ष्य जरूरी है।

स्मार्ट लक्ष्य (Smart Goals)

लक्ष्य निर्माण के प्रथम स्वर्ण सूत्र को अंग्रेजी में **SMART Goals** कहते हैं। लक्ष्य हमेशा **Smart** होने चाहिए। **SMART** यानी **Specific** (विशिष्ट), **Measurable**

(मापनीय), **Achievable** (प्राप्य योग्य), **Realistic** (यथार्थवादी) व **Time Bound** (समयबद्ध)। आइए, इन पाँच सूत्रों का एक–एक कर के विवेचन करें।

1. **Specific (विशिष्ट)** : विशिष्ट लक्ष्यों का अर्थ सुनिश्चित, सुस्पष्ट व विशेष लक्ष्यों से है। कुछ लक्ष्य अस्पष्ट या अधूरे अपूरित रह जाते हैं। उदाहरण के लिए, "जीवन में सफल होना" एक बहुत ही अस्पष्ट लक्ष्य है। प्रथम तो सफलता को परिभाषित करना ही बहुत मुश्किल है फिर सफलता के क्षेत्र में ही, जो हमारा चयन हो, क्या वह सामाजिक व नैतिक दृष्टि से भी सही है या फिर एक आयाम केवल हमारे स्वार्थों की पूर्ति के लिए है। यह सब मंथन करना आवश्यक है।
2. **Measureable (मापनीय)** : मापनीय लक्ष्यों का अर्थ, लक्ष्यों को परिमाणिक **(Quantitative)** व गुणवत्ता **(Qualititative)** दोनों के आधार पर माप सकने योग्य होना है। उदाहरण के लिए यदि सफलता की भौतिक परिभाषा मापनीय परिमाणों में फ्रेम **(frame)** की जाए तो कुछ इस तरह होगी–

"एक सेग्मेंट सी कार", अपना स्वयं का खरीदा तीन कमरों का अच्छी कॉलोनी में घर व अंग्रेजी माध्यम के किसी अच्छी स्कूल में पढ़ते बच्चे।

या मानसिक स्तर पर अगले साल में कम–से–कम 10 अच्छी किताबें पढ़ना।

या व्यावसायिक क्षेत्र में 35 की उम्र तक फलाना पदवी या अमुक तनख्वाह पाना।

3. **Achievable (प्राप्य)** : लक्ष्य प्राप्त करने लायक या प्राप्त कर सकने वाले होने चाहिए। उदाहरण के लिए यदि आप सोचें कि जैसे ही मेरी पहली नौकरी लगेगी, मैं अपने लिए एक बड़ी–सी कार खरीदूंगा या घर बुक करवाऊंगा तो यह अधिकतर लोगों के लिए सामान्य परिस्थिति में, संभव नहीं है। प्राप्य लक्ष्य संसाधन व रणनीति **(Strategy)** के संदर्भ में होते हैं।
4. **Realistic (यथार्थवादी)** : यथार्थवादी लक्ष्य वो हैं, जो संभव हो सकें। यथार्थवादी लक्ष्यों की समझ केवल उसके विपरीतार्थक 'असंभवता' के विवेचन से आ सकती हैं। उदाहरण के लिए चन्द्रमा पर छुट्टी मनाना अधिकतर लोगों के लिए अभी असंभव है। प्राप्य फिर भी यथार्थवादी नहीं। जरूरी है कि आप प्राप्य, और यथार्थवादी लक्ष्यों में भेद कर सकें। अप्राप्य लक्ष्य संसाधन वध्या रणनीति में बदलाव से प्राप्य बन सकते हैं, पर असंभव लक्ष्य इनके बदलाव से भी संभव नहीं बन सकते। उदाहरण के लिए अगर एक तीन कमरों की कंक्रीट का घर 100 दिनों में बनता है, पर हम उसे 50 दिनों में बनाना चाहते हैं तो मजदूर, बजट आदि संसाधन बढ़ा कर 50 दिनों में लक्ष्य पूरा कर सकते हैं पर वहीं मकान 5 दिनों में किसी भी हालत

में नहीं बन सकता। कितने भी मजदूर, बजट संसाधन आदि बढ़ा दें, पांच दिनों में मकान बनाना असंभव है, यथार्थवादी नहीं है। छत डालकर तराई करने में समय तो लगेगा ही। हाँ, **Prefabricated** (प्रीफेब्रीकेटिड/पूर्व निर्मित) दीवारें, छत, खिड़कियाँ, दरवाजें आदि लेकर नट–बोल्ट से कस कर दो या तीन दिन में मकान बनाना प्राप्य भी है और यथार्थवादी भी।

यथार्थवादी लक्ष्यों का निर्धारण करने के लिए सबसे उपयुक्त है **SWOT** ढाँचे का प्रयोग करना। **SWOT** का अर्थ है–**Strengths** यानी शक्तियाँ, **Weaknesses** यानी कमजोरियाँ, **Opportunities** यानी अवसर, **Threats** यानी आशंकाएँ। यथार्थवादी लक्ष्य **SWOT** के संदर्भ में ही निर्धारित करने चाहिए।

5. **Time Bound (समयबद्ध)** : लक्ष्य समयबद्ध होने चाहिए। "मुझे अपना घर बनाना है" अच्छा लक्ष्य है, किन्तु "कब तक" अधिक महत्वपूर्ण है। हम में से कोई भी अनिश्चित तौर पर जीवित नहीं रहेंगे। इसलिए महत्वपूर्ण है कि हर एक लक्ष्य के लिए समय सीमा निर्धारित कर दी जाए तभी हम एक लक्ष्य पूरा कर के दूसरे लक्ष्य की ओर प्रयासरत् हो सकते हैं। अगर वस्तुनिष्ठ रूप में देखें तो यह समय सीमा ही बाकी सूत्रों के नींव में ही हम अन्य सूत्रों यथा वस्तुनिष्ठता, मापनीयता, प्राप्य व यथार्थवादिता का समावेश कर सकते हैं। समयबद्ध लक्ष्यों का तात्पर्य समय सीमा निर्धारण व विसामान्यता प्रबन्धन (Deviation Management) से है।

हमारी जिंदगी एक पहिए की तरह है जिसमें छह तीलियाँ लगी होती हैं –

1. पारिवारिक (**Family**) – हमारे प्रियजन ही हमारे जीने और जीविका कमाने का मकसद हैं।
2. आर्थिक (**Financial**) – हमारा कैरियर और वे चीजें; जिन्हें पैसों से खरीदा जा सकता है।
3. शारीरिक (**Physical**) – हमारी सेहत, जिसके बगैर किसी चीज के कोई मायने नहीं हैं।
4. मानसिक (**Mental**) – हमारा ज्ञान और हमारी बुद्धि।
5. सामाजिक (**Social**) – हर व्यक्ति और संगठन की कुछ सामाजिक जिम्मेदारियाँ हैं, जिनको पूरा न किए जाने पर समाज टूटने लगता है।
6. आध्यात्मिक (**Spiritual**) – हमारे जीवन मूल्य नैतिकता और चरित्र को दर्शाते हैं।

अर्ल नाइटिंगल कहते हैं कि–

अपने ऊपर इस डर को कभी हावी न होने दें कि किसी काम को करने में कितना समय लगेगा। वह समय किसी–न–किसी तरह बीत ही जाएगा, लेकिन हमें उस बीतने वाले समय का बेहतर–से–बेहतर उपयोग करने की कोशिश करनी चाहिए।

संघर्ष और सफलता की प्रेरणादायी कहानी

बनारस के रिक्शा चालक का बेटा गोविन्द जायसवाल बना आई.ए.एस.

अपने पिता के अपमान के एहसास ने गोविन्द जायसवाल को आई.ए.एस. बनाया। गोविन्द जायसवाल घोर गरीबी के अभाव से भरी जिन्दगी के बावजूद भारत की सबसे प्रतिष्ठित परीक्षा पास कर आई.ए.एस. बने। इनके पिता रिक्शा चालक बनारस की तंग गलियों में छोटे से कमरे में परिवार के साथ किराए में निवास करते थे। गोविन्द जी ने दिन–रात मेहनत कर के संघर्ष किया और अपने पिताजी का नाम रोशन किया। उन्होंने यह साबित किया कि एक रिक्शा चालक का बेटा भी संघर्ष और मेहनत के साथ देश की सर्वोच्च सिविल सेवा में सफलता प्राप्त कर सकता है।

गोविन्द ने कक्षा 8 से ही अपनी पढ़ाई के साथ–साथ ट्यूशन पढाना शुरू किया। जब कॉलेज में एडमिशन की बारी आई तो आवेदन शुल्क 500 रु. देकर इंजीनियरिंग का फॉर्म नहीं भरा और बनारस हिन्दू विश्वविद्यालय, जहाँ नाम मात्र की फीस थी, से स्नातक परीक्षा पास की और अन्ततः आई. ए.एस. बनकर अपने लक्ष्य को प्राप्त कर लिया। गोविन्द के अनुसार कठिन परिस्थितियाँ और भाषा इत्यादि लक्ष्य प्राप्ति में कभी बाधक नहीं बन सकती। बशर्ते आपको अपनी योग्यता और क्षमता पर भरोसा हो।

बच्चों के साथ खेलते हुए एक घटना ने गोविन्द को आई.ए.एस. की मंजिल तक पहुँचा दिया। जब गोविन्द बनारस की तंग बस्ती में बच्चों के साथ खेल रहा था, तो एक संभ्रांत परिवार के माता–पिता ने उन्हें अपने बच्चों के साथ खेलने से मना कर दिया। जब 12 साल के गोविन्द ने यह पूछा कि मैं आपके बच्चों के साथ क्यों नहीं खेल सकता? तो उन्होंने कहा की तुम्हारा बैकग्राउण्ड अच्छा नहीं है। तुम्हारे पिता रिक्शा चलाते हैं। तो गोविन्द ने पूछा कि ये बैकग्राउण्ड कैसे बदल सकता है? तो उन संभ्रांत माता–पिता ने गोविन्द से मजाक में कहा कि आई.ए.एस. बन जाओ, तुम्हारा बैकग्राउण्ड भी बदल जाएगा। तभी से गोविन्द ने आई.ए.एस. बनने की ठान ली और अन्ततः अपने लक्ष्य को प्राप्त करने में सफल रहा।

गोविन्द के संघर्ष की कहानी लाखों–करोडों युवाओं के लिए प्रेरणास्रोत और समर्पण की शिक्षा देने वाली कहानी है। गोविन्द के अनुसार दुनिया में मानवीय समाज क्षैतिज (Horizontal) रूप में स्थापित है। लेकिन समाज ने इसे भेदभावपूर्ण बनाकर लम्बवत (Vertical) बना दिया है। यह समाज की भ्रामक अनुभूति (False Perception) है। इसलिए अपनी क्षमताओं और योग्यताओं को पहचान कर समर्पण के साथ मेहनत करने से व्यक्ति कोई भी मुकाम हासिल कर सकता है।

अब हवाएँ ही करेंगी रोशनी का फैसला।

जिस दिये में जान होगी, वो दिया रह जाएगा। –महशर बदायूंनी

मम्मा एवं बाबा टेस्ट

नैतिक मूल्य हमारी विरासत हैं **–राष्ट्रपिता महात्मा गाँधी**

प्रशासनिक अधिकारी बनना ना केवल अधिकारों को प्राप्त करना होता है, अपितु जीवन में बहुत सारे उत्तरदायित्वों और कर्तव्यों की एक फेहरिस्त भी संभालनी होती है। प्रशासनिक सेवा परीक्षा की तैयारी के दौरान इन उत्तरदायित्वों और नैतिक मूल्यों का आत्मसात् हमारे व्यक्तित्व में होना आवश्यक है। नैतिक मूल्यों के बल पर ही हम सच्चे लोक सेवक बनकर देश की सेवा कर सकते है। नैतिक मूल्यों के संदर्भ में राष्ट्रपिता महात्मा गाँधी ने सात महापाप बताए हैं–

- बिना मेहनत किए दौलत कमाना (Wealth without work)
- सद्विवेक रहित आनंद (Pleasure without conscience)
- चरित्ररहित ज्ञान (Knowledge without character)
- नैतिकतारहित व्यापार (Commerce without morality)
- मानवतारहित विज्ञान (Science without humanity)
- त्यागरहित धर्म (Religion without sacrifice)
- सिद्धांतरहित राजनीति (Politics without principle)

इनमें से हर विकृति (perversion) मूल्यहीनता (Lack of value) दर्शाती है। हम अपने जीवन मूल्यों को किस तरह परखते हैं? शिव खेड़ा ने (जीत आपकी) इसकी दो कसोटियाँ बताई हैं – सबसे ऊँची कसौटी मम्मा टेस्ट (Mama test) कहलाती है। हम कुछ भी कर रहे हों, घर या बाहर, अकेले में या किसी के साथ, अगर मूल्यों का सवाल हो, तो खुद से पूछें, अगर मेरी माँ (Maa) देख रही होती

कि मैं क्या कर रहा हूँ, तो क्या वह गर्व करती और कहती 'शाबास मेरे बच्चे! या वह शर्म से सिर झुका लेती? आपके जीवन मूल्य तुरंत स्पष्ट हो जाएँगे। अगर हम मम्मा टेस्ट पास कर लें और दूसरे सभी टेस्टों में फेल हो जाएँ, तो भी हम पास हैं। और अगर हम मम्मा टेस्ट में फेल हो गए और बाकी सभी टेस्टों में पास हो गए तो हम फेल हैं।

अगर मम्मा टेस्ट से जवाब नहीं मिलता, तो हमारे पास एक और टेस्ट है, जिसे कहते हैं– बाबा टेस्ट (Baba Test)। हम कुछ भी कर रहे हों, घर या बाहर, अकेले में या किसी के साथ, अगर मूल्यों का सवाल हो, तो खुद से पूछें, "अगर मेरे बच्चे मुझे यह काम करता हुआ देखें, तो क्या मैं चाहूँगा कि वह इसे देखें, या मैं शर्मिंदा होऊँगा?" एक बार फिर शंका के बादल जल्दी ही छँट जाएँगे और आपको अपना जवाब मिल जाएगा। अगर ये दोनों टेस्ट किसी इंसान के जीवन मूल्यों को नहीं परख पाते, तब वह इंसान, इंसान नहीं है।

सुकरात (Socrates) ने प्लेटो (Plato) को शिक्षा दी; प्लेटो ने अरस्तू (Aristole) को पढ़ाया; अरस्तू सिकंदर महान (Alexander the Great) के शिक्षक बने। ज्ञान अगर एक–दूसरे को हासिल न हुआ होता तो वह मर चुका होता। हमारी सबसे बड़ी जिम्मेदारी एक ऐसी विरासत देना है जिस पर आने वाली पीढ़ियाँ गर्व कर सकें। गंध उपवन की विरासत है, इसे संचित न कर। बाँटने के सुख से अपने आपको वंचित न कर।

दृढ़ इच्छाशक्ति और आत्मविश्वास बड़ी ताकत – शिवपाल जाट (आर.ए.एस.)

शिवपाल जाट

- **37वां स्थान आर.ए.एस. – 2012**
- **जन्म तिथि** – 5 जून, 1978
- **निवास स्थान** – दातारामगढ़ (सीकर)
- **प्रयास** – चौथा
- **माध्यम** – हिन्दी
- **साक्षात्कार** – तीसरा
- **सेवाओं में प्राथमिकता** – आर.ए.एस., आर.पी.एस., लेखा सेवा
- **सकारात्मकता** – भावुकता (मेरा मजबूत पक्ष)

- **नकारात्मकता** – अंतर्मुखी
- **रुचि** – बैडमिटंन खेलना।
- **पसंदीदा व्यक्तित्व** – डॉ. ए.पी.जे. अब्दुल कलाम, स्वामी विवेकानंद
- **शैक्षणिक रिकॉर्ड** –
    - ❖ दसवीं (1996), राजकीय माध्यमिक विद्यालय, रूपगढ़ (सीकर), राजस्थान बोर्ड 79 प्रतिशत अंक।
    - ❖ बारहवीं (1998), राजकीय माध्यमिक विद्यालय, दातारामगढ़ (सीकर), राजस्थान बोर्ड 72 प्रतिशत अंक।
    - ❖ स्नातक (2002), राजस्थान विश्वविद्यालय से बतौर स्वयंपाठी 57 प्रतिशत अंक।
    - ❖ स्नातकोत्तर हिंदी (2008), राजस्थान विश्वविद्यालय से बतौर स्वयंपाठी।
    - ❖ स्नातकोत्तर राजनीति विज्ञान (2010), राजस्थान विश्वविद्यालय से बतौर स्वयंपाठी।
    - ❖ स्नातकोत्तर लोक प्रशासन (2013), राजस्थान विश्वविद्यालय से बतौर स्वयंपाठी।

पूर्व चयन

वर्ष 2005 से वर्ष 2011 तक तृतीय श्रेणी अध्यापक के तौर पर दातारामगढ़ के नजदीक एक छोटी ढ़ाणी में सेवा प्रदान की।

आर.ए.एस. परीक्षा – 2010 में राज्य अधीनस्थ सेवाओं के तहत सहकारी विभाग में बतौर इंस्पेक्टर सेवा प्रदान की। इस दौरान सीकर में नियुक्त रहे।

❖ प्रेरणा

मैं एक गरीब किसान परिवार से हूं और खेती–बाड़ी ही हमारी जीविका का एकमात्र साधन है। मेरा बचपन अभावों के बीच गुजरा। पैसों के अभाव में मैंने हर एक छोटी ख्वाहिश के साथ समझौता किया। जैसे–तैसे मैंने सरकारी स्कूल से अपनी स्कूली शिक्षा पूरी की। स्कूली शिक्षा पूरी होते ही मुझे जॉब की सख्त जरूरत थी, लिहाजा 12वीं कक्षा पास करते ही मैंने एस.टी.सी. कर ली और गांव के निजी स्कूल में पढ़ाने लगा। इस प्रकार मैं घर में थोड़ा बहुत सहयोग करने लगा था।

वर्ष 2005 में पैराटीचर भर्ती के तहत थर्ड ग्रेड टीचर बन गया और गांव के नजदीक एक ढाणी के राजकीय प्राथमिक स्कूल में पढ़ाने लगा। वर्ष 2007 में

पल्स पोलियों अभियान के तहत एक एस.डी.एम. हमारे स्कूल में आए थे, उस समय उनके रूतबे और प्रतिष्ठा को देखकर मैं प्रभावित हुआ। यही वो पल था जब पहली बार मेरे मन में आर.ए.एस. बनने का ख्याल आया। अब मैंने तय कर लिया था कि आर.ए.एस. बनने तक तैयारी करता रहूँगा। इस प्रकार आधी–अधूरी तैयारी के बीच मैं वर्ष 2007 की आर.ए.एस. परीक्षा में शामिल हुआ, लेकिन इस प्रयास में मेरा सफर मुख्य परीक्षा तक ही सीमित रहा।

प्रारंभिक परीक्षा के माध्यम से अभ्यर्थियों के ज्ञान के विस्तार और क्षमता की जांच की जाती है। जिससे यह ज्ञात किया जा सके कि कौन मुख्य परीक्षा के योग्य है। यदि आप भी इस परीक्षा में शामिल होने का मन बना चुके हैं या बना रहे है तो सबसे पहले इस परीक्षा के लिहाज से खुद की मौजूदा क्षमताओं की जांच करें। इस परीक्षा के अधिकतर सवाल 12वीं कक्षा के स्तर के होते हैं।

मैंने तैयारी जारी रखी और एक बार फिर आर.ए.एस. परीक्षा–2008 में शामिल हुआ, इस प्रयास के दौरान मुझे साक्षात्कार देने का मौका मिला, लेकिन उचित मार्गदर्शन के अभाव में अंतिम सूची में जगह बनाने में नाकामयाब रहा। खेती और स्कूल में पढ़ाने के बाद तैयारी के लिए बहुत कम समय बचता था।

मेरे इरादे बुलंद थे, लिहाजा मैंने हार नहीं मानी और एक बार फिर आर.ए. एस. परीक्षा–2010 में शामिल हुआ और राज्य अधीनस्थ सेवाओं के तहत सहकारी विभाग में बतौर इंस्पेक्टर चयनित किया गया। यह मेरे और मेरे परिवार के लिए बहुत बड़ी कामयाबी थी, लेकिन मेरा अंतिम लक्ष्य आर.ए.एस. अधिकारी बनना था।

अक्सर कुछ विद्वान मानते हैं कि मुख्य और प्रारंभिक परीक्षा की तैयारी अलग–अलग की जानी चाहिए। लेकिन मेरे मतानुसार यह उचित नहीं है। मैंने प्रारंभिक, मुख्य परीक्षा, साक्षात्कार यानी इस परीक्षा के तीनों चरणों की तैयारी एक साथ की थी। गौर से देखा जाए तो आर.ए.एस. परीक्षा के इन तीनों चरणों में गहरा अंतर्संबंध है। अलग–अलग तैयारी करने का मतलब है कि आप इस परीक्षा की मूल भावना को नहीं समझ पा रहे हैं।

इस परीक्षा को अलग–अलग टुकड़ों में बांटकर तैयारी करने का विचार आपके दिमाग को इस सुकून का एहसास तो करा सकता है कि अभी तो सिर्फ यह पढ़ना है या यह सब तो बाद में पढ़ लेंगे, लेकिन ऐसा करने पर आपको इस परीक्षा रूपी हाथी की असल ताकत और स्तर का सही अंदाजा नहीं हो पाएगा।

चौथी बार वर्ष 2012 की आर.ए.एस. परीक्षा में शामिल होकर अंततः मैंने अपने सपने को पूरा किया। कामयाबी के इस सफर के दौरान मैंने अनेक चुनौतियों

और परेशानियों का सामना किया, लेकिन इस दौर में मेरी दृढ़ इच्छाशक्ति और आत्मविश्वास ही मेरी सबसे बड़ी ताकत बनी, जिसकी बदौलत आज में इस मुकाम को हासिल कर पाया हूं।

मेरा मानना है कि तैयारी को घंटों के हिसाब से न बांधे, बल्कि टॉपिक के हिसाब से तैयारी करें। फिर चाहे कोई टॉपिक दो दिन में तैयार हो या दो घंटे में। प्रारंभिक परीक्षा के लिए आवेदन करने से 10–12 महीने पहले से ही तैयारी में जुट जाएं। एक सटीक रणनीति बनाएं, सबसे पहले पिछले पांच वर्षों के पेपर हल करें। इससे आपको इस परीक्षा का पैटर्न और खुद का स्तर समझ में आ जाएगा।

नकारात्मक प्रभावों से बचें और परफेक्ट बनें – राधिका (आर.ए.एस. टॉपर 2012)

आर.ए.एस. टॉपर राधिका देवी कहती हैं कि हमारे जीवन में दो प्रकार के उत्प्रेरक होते हैं – एक सकारात्मक प्रेरक और दूसरे नकारात्मक। नकारात्मक प्रेरकों (दुष्प्रेरकों) से बचना चाहिए।

गिर को कर ले कनथड़ा, हिरण कस्यो घी खाय।
आक चरै और पुन बघः, घोडा सु आगो जाय।।

हिरण घी नहीं खाता फिर भी आक और घास खाकर घोड़े से अधिक तेज दौड़ता है। इसलिए अपनी तैयारी और मेहनत को सफलता के मुकाम तक पहुँचाइए। किसी शायर ने कहा है कि–

माँझी तेरी कश्ती के तलबदार बहुत हैं,
इस पार कुछ, मगर उस पार बहुत हैं।
जिस शहर में खोली है तूने शीशे की दुकान,
उस शहर में पत्थर के खरीददार बहुत हैं।।

आर.ए.एस. टॉपर राधिका एक कहानी के माध्यम से परफेक्शन की बात करती हैं। एक बार एक दुकानदार दुकान बंद करने वाला था कि काउंटर पर पालतू कुत्ता आया जिसके मुंह में एक थैला लटका हुआ था। दुकानदार ने थैले को देखा उसमें सामान की एक पर्ची थी और पैसे थे। दुकानदार ने वांछित सामान थैले में रखा और पैसे काटकर बचे हुए पैसे वापस बैग में रखकर कुत्ते को दे दिया। दुकानदार सोच में पड़ गया कि इतना समझदार कुत्ता किसका है। यह पता लगाने के लिए वह कुत्ते के पीछे–पीछे चल पड़ा। कुत्ता बस स्टॉप पर रुका बस में बैठा, कन्डक्टर को थैला दिखाया उसमें पता लिखा था। कन्डक्टर ने टिकट

काटा, पैसे लिए और टिकट थैले में रखकर कुत्ते को दे दिया। स्टोपेज आने पर कुत्ता कंडक्टर के पास आया पूँछ हिलाई और बस रुकने पर उतर गया। अपने मालिक के घर पहुँचकर दरवाजा खटखटाया। दुकानदार भी कुत्ते के पीछे–पीछे वहाँ तक पहुँच चुका था।

मालिक ने दरवाजा खोला और एक डंडा लेकर कुत्ते को मारने लगा। दुकानदार ने उसे रोका और कहा कि आपका कुत्ता इतना समझदार है, अपने आप इतना सामान ले आया फिर भी आप इसे मार क्यों रहे हैं। मालिक बोला ये गधा है, गेट की चाबी साथ नहीं ले जा सकता था, मेरी नींद खराब कर दी इसने। दुकानदार हक्का–बक्का रह गया। इतने परफेक्शन की वांछनीयता है आजकल।

इस प्रकार आर.ए.एस. की तैयारी में भी आपको हर टॉपिक और विषय पर परफेक्शन लाना है इसके लिए कोई कसर नहीं छोड़नी है। (Don't Leave any stone Unturned)।

युवाओं को मेरा संदेश यही है कि जब सिविल सेवा और आर.ए.एस. की तैयारी में जलेबी की तरह उलझ ही गए हैं तो चासनी में डूबकर उसका पूरा मजा भी लीजिए। यह आपका हक है। अपनी मेहनत को मंजिल तक पहुँचाइए।

प्रभावी जीवन प्रबन्धन (Effective Life Management) – प्रो. आर.के. चौबीसा, हरिशचन्द्र माथुर, लोकप्रशासन संस्थान (ओ.टी.एस.) जयपुर

आर.ए.एस. परीक्षा पास करके, टॉप करके अधिकारी बनना एक बात है और इस सर्वोच्च प्रशासनिक सेवा में रहकर अपने आप को श्रेष्ठ निष्पादक के रूप में स्थापित करना (यानी सफल प्रशासक बनना) दूसरी बात। हरिशचन्द्र माथुर लोक प्रशासन संस्थान (ओ.टी.एस.) में वर्षों के लम्बे अध्यापन अनुभव से मैं यह कह सकता हूँ कि प्रभावी जीवन प्रबंधन के जरिये आप अपनी सफलता को चिर–स्थायी बना सकते हैं। यह आपको जीवन के प्रत्येक क्षेत्र में टॉपर बनाकर रखेगा।

- **अपनी काबिलीयत (Potential) को पहचानें** : क्या आप जानते हैं कि आप के दोनों कानों के बीच की छोटी–सी जगह, जिसे दिमाग कहते हैं, में इतनी जगह है कि संसार के सबसे बड़े दो पुस्तकालयों में संकलित ज्ञान उसमें समा जाए। यह अलग बात है कि हम अपने जीवनकाल में उसका 10 से 20 प्रतिशत, या उससे भी कम इस्तेमाल करते हैं। यदि हम इस ईश्वरीय

देन को चुनौतीपूर्वक स्वीकार कर लें तो हम अपने जीवन में बहुत कुछ सीख कर काफी उन्नति कर सकते हैं।

- **सकारात्मक सोच** : जीवन के प्रति सकारात्मक नजरिया हमारे व्यक्तित्व में सकारात्मक ऊर्जा का संचार करता है। चीनी दार्शनिक लाओत्से के अनुसार, जीवन ऊर्जा का 97% भाग तटस्थ होता है यानी **Neutral** केवल **1½** भाग ऐसा है जब हम बहुत खुश होते हैं, जैसे तरक्की मिलना, शादी होना, किसी के साथ अच्छा वक्त गुजारना, बच्चे के साथ खेलना या उसकी किलकारी से खुश होना, किसी का जन्म आदि। इसी प्रकार जीवन का **1½** समय ऐसा होता है जब हम बहुत दुःखी होते हैं। इसके कारण कई हो सकते हैं, जैसे–बीमारी, मृत्यु, कोई बहुमूल्य चीज, अवसर या रिश्ते का खो जाना। सोचिए, यदि हम 97% भाग **Neutral** समय को सकारात्मक या खुश समय में बदल लें तो 98.5% समय हमारा खुश समय में बदल जाएगा। अतः जीवन में सकारात्मक सोच को बढ़ाना ही सबसे बड़ा जीवन प्रबंधन है। और यही आपको आर.ए.एस. जैसी परीक्षाओं में सफलता दिलवाएगा।
- **आशावाद और आत्मविश्वास : सफलता की कुंजी** – मुस्कुराहट व्यक्तित्व का सबसे कान्तिपूर्ण पहलू है। कठिन से कठिन परिस्थिति में यदि कोशिश कर के मुस्कुराहट चहरे पर ला सकें तो हमें खराब परिस्थिति से निकलने का रास्ता दिखने लगेगा। मुस्कुराहट के बारे में अच्छी बात यह है कि मुस्कुराहट चाहे असली हो या नकली उसका असर एक–सा ही होता है। मुस्कुराहट सकारात्मक तरंगे पैदा करती है। एक मुस्कुराहट कई मुस्कुराहटें तरंगित कर देती है और अनेक विकारों को सही कर देती है। आपकी पढ़ाई के दौरान होने वाले तनाव (Depression) से उबरने का अचूक यंत्र मुस्कुराहट और हंसने की कला है। यह जीवन में आशावाद का संचार करती है, जो सफलता के लिए जरूरी है।

आत्मविश्वास की शक्ति से कठिन से कठिन काम भी साध्य हो जाते हैं। आत्मविश्वास के बारे में बहुत कुछ कहा व लिखा गया है। इसकी महत्ता बहुत उदाहरण व कहानियां इसकी रेखांकित करते हैं। आज हम आत्मविश्वास के व्यावहारिक पक्ष पर रोशनी डालने का प्रयास करते हुए कुछ ऐसे कारकों की चर्चा करेंगे जिनको जीवन में आत्मसात् करने से आप स्वयं को अधिक आत्मविश्वासी महसूस करेंगे। सबसे पहले यह जरूरी है कि हम सब समझ लें कि आत्मविश्वास पारिस्थितिकीय होता है, अर्थात् कुछ व्यक्ति कुछ विशेष परिस्थितियों में अधिक आत्मविश्वास का प्रदर्शन करते हैं तो कुछ किसी और परिस्थिति में, किंतु कुछ

व्यक्ति लगभग हर परिस्थिति में आत्मविश्वासी प्रतीत होते हैं व कुछ आत्मविश्वास रहित। ऐसा व्यक्ति की आंतरिक इच्छाशक्ति के आधार पर होता है।

पॉजीटिव मेन्टल एटीट्यूड (पी.एम.ए.) विकसित कीजिए – कौशल भारद्वाज, मार्गदर्शक एवं सिविल सर्वेण्ट

अपने बारे में सही सकारात्मक भाव तथा अपनी योग्यता एवं कौशल में आस्था व भरोसा सफलता के पूर्व संकल्प हैं। अपने बारे में ऐसी छवि रखना कि हम भी अपने क्षेत्र में सर्वश्रेष्ठ हैं व कुछ कर सकते हैं। निरंतर अपने विकास में लिप्त रहना एक ऐसा विश्वास है जो कठिन से कठिन परिस्थिति से भी पार लगा सकता है। ऐसा ही विश्वास रहा होगा अपनी काबिलीयत पर, अपने ज्ञान पर, अपनी जानकारी पर, अपने फन पर, कौशल पर व हुनर पर उन लोगों को जिन्होंने सिविल सेवा परीक्षाओं में टॉप किया।

अतः आत्मविश्वासी बनिए, भाग्य के बल पर नहीं, मेहनत के बल पर, ईश्वर की कृपा मांगिएं, दया नहीं, ज्ञान की राह लीजिए, कला के सागर में गोते लगाइए, अपने बारे में अच्छा सोचिए और बन जाइए इतने आत्मविश्वासी कि नेपोलियन की तरह 'असंभव' शब्द आपके शब्दकोश में ही न रहे। **डॉ. कलाम** के अनुसार ऐसे सपने देखो जो आपको सोने नहीं दें और आप अपने लक्ष्य को पाने का प्रयास सपने में भी करते रहें।

- **पी.एम.ए. – पॉजीटिव मेन्टल एटीट्यूड** को अपनाइये। इसके बिना व्यक्तित्व का समग्र विकास नहीं हो सकता। पी.एम.ए. आपकी सफलता के द्वार खोलने की क्षमता रखती है। अतः सकारात्मक मानसिक रवैए (PMA) की सहायता से आप अपना जीवन बदल सकते हैं।
- पूरे विश्वास के साथ अपनी भावनाओं, आवेगों, मूड, संवेदनाओं एवं मस्तिष्क को काबू में रखिए। इसे सदैव सकारात्मक मानसिक भाव के इरादे से निर्देशित कीजिए।
- अपने आपको भय और चिन्ता से मुक्त रखिए। अपना ध्यान उन चीजों पर केन्द्रित कीजिए। जो आप चाहते हैं तथा उनसे दूर रखिए जो आप नहीं चाहते हैं।
- दूसरों के साथ वैसा ही व्यवहार कीजिए जैसा कि आप दूसरों से अपने साथ किए जाने की अपेक्षा करते हैं।

- खुश रहिए और दूसरों को भी खुश रखिए यदि आप अपने आपको खुश रखने का प्रयास करते हैं तो आपके आस–पास के लोग भी खुश हो जाएंगे। आत्म निरीक्षण करके सभी नकारात्मक विचारों को निकाल दीजिए।
- अपने आपको सफल, आशावादी एवं सकारात्मक सुझाव दीजिए – प्रसिद्ध लेखक एवं मनोविज्ञानी **नेपोलियन हिल** (1883–1970) कहते हैं कि – मस्तिष्क जिस चीज की कल्पना कर सकता है और जिस पर विश्वास कर सकता है, उसे हासिल करने की क्षमता भी रखता है। **लियोनार्डो द विंसी** ने हवाई जहाज का काल्पनिक चित्र 1500 ई. में बनाया। उस कल्पना को 1903 में राइट ब्रदर्स के दिमाग ने साकार किया। सकारात्मक सोच (विचार) सकारात्मक परिणाम उत्पन्न करती है।
- प्रतिदिन अध्ययन कीजिए, सोचिए और योजना बनाइए। आर.ए.एस. की परीक्षा टॉप करने के लिए अपने मस्तिष्क को निरन्तर यह संदेश देते रहिए कि मेरे प्रत्येक पेपर में अव्वल नम्बर (Top Score) आएंगे। इस प्रकार टॉपर बनने की इस योजना को अपने कर्म से, उद्यम से, मेहनत से साकार करते जाइए। आप अवश्य सफल होंगे।
- लक्ष्य हमें जीवन का मकसद देते हैं। जीवन में दो तरह के मकसद होते हैं, लघु कालीन व दीर्घकालीन। इसी तरह लक्ष्य जीवन के सभी आयामों में होने चाहिए, यथा–शारीरिक स्वास्थ्य, मानसिक विकास, भावनात्मक परिपक्वता, आध्यात्मिक उत्थान, पारिवारिक श्रेष्ठता, सामाजिक सहभागिता व व्यावसायिक उत्कृष्टता। परन्तु जब आपका RAS जैसी चुनौतीपूर्ण परीक्षा में टॉप करने का लक्ष्य हो तो वह लक्ष्य स्मार्ट होना चाहिए।

आर.ए.एस. की तैयारी के लिए टाइम मैनेजमेंट जरूरी – यशपाल आहूजा, आर.ए.एस. टॉपर (रैंक–3) 2012

'समय–प्रबंधन' व्यवस्थित जीवन का पर्याय है। हम सब कुछ करते हैं, मेहनत भी, प्रयास भी किंतु फिर भी सफलता हाथ नहीं आती। इसका कारण सिर्फ यह होता है कि हम कार्यों को सही समय पर नहीं करते। आर.ए.एस. परीक्षा की तैयारी के लिए आपको अपनी प्रायरिटी तय करनी होगी और उसके अनुसार समय प्रबंधन करना होगा। समय प्रबंधन के बिना आप प्री, मैन एवं इन्टरव्यू के सभी पक्षों को तैयार नहीं कर सकते। मुख्य परीक्षा के महत्त्वपूर्ण टॉपिक्स को पर्याप्त टाइम देना होगा तभी आप सफलता के शिखर को छू सकते हैं।

जीवन जीने का अंदाज सबका अपना–अपना होता है। हर व्यक्ति अपनी सुविधा व खुशी को बनाए रखकर जिन्दगी जीने की चाह रखता है। किंतु यदि हम चाहते हैं कि हमारी अपनी कोई पहचान हो, हम भी किसी का आदर्श बनें, हम हमारा सपना पूरा कर सकें तो शुरुआत बस यहीं से है कि हम वक्त की कद्र करें। उसके साथ अपने कदमों की गति बनाएं, उसके अस्तित्व को स्वीकारें।

वक्त ने बड़े–बड़े लोगों को मात दी है और छोटे से छोटे लोगों को शोहरत दी है। जिन्होंने कद्र नहीं की वे डूब गए, जिन्होंने इसका लोहा माना वे तैर कर उस पार यानी सफलता तक पहुंच गए। इसलिए समय के एक–एक पल का सदुपयोग करना जरूरी है।

यह पुस्तक सिर्फ आपको यह सिखाती है कि यदि हम जरा–सा अपने–आप में बदलाव करें, जरा–सा वक्त के हिसाब से अपने–आपको ढाल लें तो किसी भी स्तर पर हमारा जीवन संघर्ष, सहजता व शालीनता से अपनी मंजिल पा सकता है। समय की पाबंदी सफलता का मूलमंत्र है।

हर गलती सुधारना मुमकिन है किंतु बीते वक्त को लौटा लाना मुमकिन नहीं। सिर्फ देखना ये है कि हम क्या करना चाहते हैं? किस तरह समय की कीमत का आकलन करते हैं? किस तरह उसका दुगुना दोहन कर पाते हैं? किस तरह हम समय–प्रबंधन करते हैं? इसके लिए महज हमें यह याद रखना चाहिए कि यह पल, यह क्षण दुबारा नहीं आएंगे। जो आज है वो कल नहीं होगा। हर लम्हे की कीमत का एहसास करना ही सफलता की प्रथम सीढ़ी है और समय प्रबंधन की नींव भी।

जब जागो तभी सवेरा
– अभिषेक चारण, आर.ए.एस. 2016

कभी भी जीवन में यह कहने का अवसर न आने दें कि ''मेरे पास एक अद्‌भुत अवसर था और उसे गंवाने के बाद मैंने उसका महत्व जाना।'' **विलियम वार्ड** की पंक्तियां इस ओर ही इशारा करती हैं–

जब सब सो रहे हों, तब अध्ययन करें। जब सब समय बर्बाद कर रहे हों, तब आप काम करें। जब दूसरे खेल रहे हों, तब तैयारी करें। जब दूसरे इच्छा कर रहे हों, तब सपने देखें।

समय कभी शुभ–अशुभ नहीं होता, लेकिन! जीवन की सतह पर घटनाएं शुभ–अशुभ हो सकती हैं, मगर ये कहना कि ''समय खराब है'' या ''वक्त बुरा चल रहा है'' कतई उचित नहीं। उसी तरह ''जब जागो तब सवेरा'' ये महान पंक्तियां जीवन का वक्त की दौड़ में शामिल करने को उत्साहित करती हैं। अतः हताशा,

निराशा, टालमटोल, लापरवाही की प्रवृति त्यागकर समय के मूल्य का आकलन करना ही बुद्धिमानी है।

आप कोशिश नहीं कर पा रहे हैं, आपकी तैयारी में ढीलापन है, आपमें समर्पण की कमी है तो दोषारोपण समय पर क्यूं? वह मूर्त नहीं वे महज पतवार है, नाव आपकी, खेने की मेहनत आपकी, फिर पतवार की हैसियत ही क्या है? अतः समय को भले हम ना बांध पाएं, मगर अपने समय–प्रबंधन से उससे होड़ अवश्य लगा सकते हैं? उपलब्धियां समय की मोहताज नहीं हैं याद रखें। जीवन प्रबंधन, समय–प्रबंधन, समर्पण, लक्ष्य, दृढ़ निश्चय हमारे मित्र हैं। अतः इन सबका वरण कर समय को नियन्त्रित कर लेना ही समय–प्रबंधन की प्रथम इकाई है।

मेसन कहते हैं–

सोने का प्रत्येक धागा जिस तरह मूल्यवान होता है उसी प्रकार समय का प्रत्येक क्षण भी मूल्यवान होता है। जब आप आर.ए.एस. या सिविल सेवा परीक्षाओं की तैयारी कर रहे होते हैं तो वक्त ही सबसे मूल्यवान होता है। जिसने इसका सदुपयोग कर लिया वह निश्चित ही अपने लक्ष्य को पाएगा, इसमें कोई संदेह नहीं।

आर.ए.एस. की तैयारी के संदर्भ में उक्त पंक्तियों चरितार्थ होती हैं। सिलेबस के प्रत्येक टॉपिक को प्राथमिकता के साथ तैयार करना चाहिए। समय का सहयोग सफलता के सूत्रधार का काम करता है। ''जहां चाह, वहां राह'' वास्तव में कितनी स्वाभाविक और प्रेरणास्पद पंक्तियां हैं कि हम चाहें तो क्या नहीं कर सकते? निराशा और हताश को दूर करने, उदासीनता से नाता तोड़ने का एकमात्र तरीका है वक्त का तकाजा महसूस करना। आपने जब तक किया सब ठीक था किंतु वक्त आज भी हमारे साथ कदम–दर–कदम चलने को तैयार है। अतः आइए। उसके कदमों की गति से अपनी गति मिलाने का आह्वान करें। अच्छे काम के लिए हर क्षण शुभ मुहूर्त है। हर पल इतिहास बनाने की क्षमता रखता है। अतः आज से और अभी से RAS टॉप करने की ओर अग्रसर होते हैं।

जॉन मैक्सवेल कहते हैं–

सफल और विजेता में ऐसे समय में काम करने का हौसला होता है जब बाकी लोग उस समय में काम करने से झिझकते हैं। हर सफल व्यक्ति व सम्माननीय व्यक्ति समय को अपने वश में करके ही सफलता के शिखर पर पहुंचा है। जयशंकर प्रसाद की ये पंक्तियाँ यहाँ समीचीन हैं–

इस पथ का उद्देश्य नहीं है, शान्त भवन में टिके रहना।
अपितु पहुँचना उस सीमा पर, जिसके आगे राह नहीं है।।

लक्ष्य का निर्धारण करें
– उपेन्द्र अनमोल, लेखक एवं सिविल सेवा एक्सपर्ट

❖ योग्यता के बजाए लक्ष्य की कमी के कारण ज्यादातर लोग असफल होते हैं।

दृढ़ता से लक्ष्य पालन करना व उसे पूरा करने के लिए जूझना, समय का सदुपयोग व बचत करने में हमारी मदद करता है। टालने की प्रवृत्ति, आलस्य प्रवृति हमारे लक्ष्यों को कमजोर बनाती ही है साथ ही वक्त भी धीरे–धीरे हमारे हाथ से निकलता जाता है। समय अमूल्य है। इसका पुनर्दोहन संभव नहीं है। यह निष्पक्ष है जिसने इसकी कीमत पहचानी उसी का हो जाता है। अतः वक्त के साथ अपने कार्यों को अंजाम देना ही सफल व्यक्ति की निशानी है। **डब्ल्यू. क्लीमेंट स्टोन** की पंक्तियां स्मरण रखें–

जब आप लक्ष्य बना लेते हैं तो आप प्रेरित होते हैं। इसकी बदौलत आप में उत्साह आ जाता है और कार्य करने की प्रबल इच्छा जाग उठती है।

आर.ए.एस. परीक्षा की तैयारी में लक्ष्य निर्धारण कर दृढ़ता के साथ लगना जरूरी है। यह धैर्य की भी परीक्षा है जिसे निरन्तर फॉलो करना आवश्यक है।

लक्ष्य निर्धारण से सोचने–समझने की गति दुगुनी हो जाती है साथ ही वातावरण भी उसी अनुकूल ढलने लगता है। अपने कार्य की गति बनाए रखने का सर्वश्रेष्ठ तरीका लक्ष्य बनाना व उसके आधार पर कार्य करना ही है। **विवेकानंद** की सुन्दर पंक्तियां प्रदर्शित करती हैं कि लक्ष्य क्या है–

जो अपने लक्ष्य के प्रति पागल हो गया है, उसे ही प्रकाश के दर्शन होते हैं। जो थोड़ा इधर, थोड़ा उधर हाथ मारते हैं वे लक्ष्य पूर्ण नहीं कर पाते। कुछ क्षणों के लिए वे बड़ा जोश दिखाते हैं किंतु फिर शीघ्र ठंडे पड़ जाते हैं।

सफलता का मूलाधार है–समय प्रबंधन और समय प्रबंधन की धुरी है लक्ष्य निर्धारण करना। जिसके इर्द–गिर्द सारे कार्य–कलाप घूमते हैं। लक्ष्य सुनिश्चित करना आपकी कार्यकुशलता तो दर्शाता ही है बल्कि आपके मन–मस्तिष्क पर उस लक्ष्य को प्राप्त करने की ऊर्जा का अर्जन भी करता है। लक्ष्य से हम पता लगाते हैं कि पूर्णता हासिल करने में अब कितना वक्त और कितनी गति की आवश्यकता है? किस तरह प्रयास के प्रवाह को बढ़ाना है? लक्ष्यों से हम प्रेरित होते हैं। हममें यह उत्साह बना रहता है और कर्म करने की इच्छा प्रबल हो उठती है। लक्ष्य अद्भुत तरीके से हमें मंजिल के करीब और करीब ले जाने में सेतु का काम करता है।

अपनी तैयारी के दौरान आप टॉपिक्स की महत्ता और प्राथमिकता (Priority) तय करें इससे यह तय हो जाएगा कि कौन–से विषय प्रायरिटी के हैं एवं अनिवार्य हैं? और किन विषय या टॉपिक की समय–सीमा कम है? इस तरह आप प्राथमिकता सूची बनाए। इससे दो फायदे होंगे एक तो वक्त आपके नियंत्रण में होगा और दूसरा आप सहज व शांत तरीके से अपने महत्वपूर्ण विषयों और टॉपिक्स को निपटा पाएंगे। व्यर्थ के या बाद में भी किए जा सकने वाले कार्यों से आप व्यथित नहीं होंगे। कार्यों की प्राथमिकता तय करना सहज बनाता है।

तैयारी के दौरान संभावित प्रश्नों पर चिंतन करना व प्रस्तावित कार्य–योजना बनाना, समय व तैयारी के मध्य अंतराल को स्पष्ट करता है। साथ ही यह भी तय करने में मदद करता है कि कब कौन–से टॉपिक में कितना वक्त लगना है और कौन–से टॉपिक महत्वपूर्ण व अच्छे मार्क्स दिलाने वाले हैं? जयशंकर प्रसाद ने सही लिखा है–

यदि छलाँग ही लगानी है, तो अंतरिक्ष में लगाएँ।

अगर हम गिरे भी तो सितारों के बीच होंगे।

अपने जीवन को व्यवस्थित रखने की आदत बनाएं – डॉ. योगेश शर्मा, सिविल सेवा परीक्षा एक्सपर्ट

अनुशासन का अर्थ क्या है? कार्यों को तब कर डालना जब उन्हें किए जाने की जरूरत है, जब उन्हें किया जाना होता है चाहे तब आपका मन उन्हें करने का हो या आराम करने का। अगर हमारा हृदय या मस्तिष्क भी आराम करने की भावना से ग्रस्त हो जाए तो क्या होगा.... कल्पना करें।

आर.ए.एस. जैसी सिविल सेवा की परीक्षा की तैयारी में सबसे महत्वपूर्ण पहलू है सिलेबस के सभी विषयों (टॉपिक्स) के मैटर को एकत्र कर उसे आत्मसात् करना। नियमित रूप से और निरन्तर रिवीजन भी स्कोर में अहम भूमिका निभाता है। अगर आपको टॉप करना है तो आप अपनी पाठ्य–सामग्री को व्यवस्थित रखते हुए उसे आत्मसात् करते रहें जिससे परीक्षा के समय वह सामग्री रिकॉल हो सकें।

जब हम समय के साथ जीवन जीते हैं, समय की महत्ता समझ उसका अनुसरण करते हैं तो वह हमारा मित्र, हमसफर, साथी सब कुछ बन हमारे अनुकूल परिणाम देने लगता है।

जीवन को नियम और अनुशासन के अधीन कर देना वास्तव में आलस्य, निराशा, अकेलेपन पर विजय प्राप्त कर लेना है। 'लटक कर' जीवन व्यतीत

कर देना चमगादड़ का स्वभाव है, निरन्तर श्रम करते रहना मधुमक्खी का। अब आप फैसला करें कि आप किस तरह का जीवन जी रहे हैं? कहीं ऐसा न हो कि जिन्दगी की अनावश्यक मगर आकर्षक इच्छाएं जिन्दगी के सबसे महत्वपूर्ण दायित्वों को खत्म कर दें। जीवन को भूलों–त्रुटियों में गंवा देना बुद्धिमानी नहीं। अपने–आपको, अपने जीवन को, अपने इर्द–गिर्द के माहौल को व्यवस्थित रखकर आप कई परेशानियों से मुक्ति पा सकते हैं।

'डेलीगेशन' यानी प्रतिनिधि नियुक्ति करना। कार्य सौंपना, जिम्मेदारी देना, अपने–आपको स्वतंत्र करने व उत्साह के साथ आगे बढ़ने का अचूक तरीका है। मानसिक तनाव, कामों का भार, समयाभाव का एकमात्र इलाज 'वर्क डेलीगेट' करना ही है। चाहे वह नोट्स बनाने का हो या कोई स्टडी मैटेरियल इकट्ठा करने का। ग्रुप में तैयारी करने से आपकी परफोरमेंस बढ़ती है। कार्य सौंपने से पूर्व सुनिश्चित करें कि किसे काम सौंपें? फिर उसे अपने अनुरूप तैयार करें। उसमें विश्वास व आत्मविश्वास जगाएं। अपने मनोभावों, सिद्धांतों, तौर–तरीकों से अवगत कराएं। फिर काम सौपें। तत्पश्चात् हस्तक्षेप की प्रवृति, व्यंग्य प्रवृति व नीचा दिखाने की प्रवृति से बचें। अपनी सरसरी निगाह अवश्य बनाए रखें।

यदि आप विद्यार्थी हैं तो आपका समय–प्रबंधन अत्यंत आवश्यक है ताकि आप पढ़ाई के दौरान भी अपने–आपको सहज रख सकें। आपका समय पाबंद होना आपकी आधी मुश्किलें कम कर देगा, बाकी आधी आपकी मेहनत पर निर्भर होंगी।

इसके साथ–साथ आपकी छवि अपने कार्यक्षेत्र में तब ही प्रभावशाली बन पाएगी जब आप इतने कार्यों के दौरान भी कभी आपा–धापी में नजर नहीं आएंगे। समय को दुगुना दोहन करने का तरीका है समय–सारणी बनाना व उसका पालन करना।

लक्ष्य निर्धारण, कार्य की प्राथमिकता आदि में एक महत्वपूर्ण इकाई का योगदान अत्यन्त आवश्यक है – वह है हमारी प्रत्येक कार्य से पूर्व उस पर बनाई गई 'कार्य योजना' (Action Plan) इसके अनुसार निरन्तर लगे रहें।

लक्ष्य सुनिश्चित करना आसान है मगर उसे पूरी तरह हासिल कर पाना आसान नहीं। मनोबल बढ़ाने या मात्र विचारशील होने या कल्पनाशील होने से मंजिल नहीं मिलती। सपनों को साकार करना असंभव नहीं तो आसान भी नहीं। कब, किस तरह हमें कार्य करना होगा? इसके लिए पूर्व योजना बनानी होगी। किस कार्य को किस विधि से किसके सहयोग से, किसके माध्यम से निपटाना है? यह तय करना होगा। सम्बन्धित कार्य में कितना वक्त लाजिमी है यह योजना में लेना होगा। जितना वक्त हमारे पास उस कार्य के लिए होगा काम उतना

ही फैलता जाएगा। अतः हर काम का एक वक्त होता है उसे उसी वक्त निपटा डालना ही बुद्धिमत्ता है।

पढ़ाई के दौरान साथियों से बातें करना तैयारी में बाधा उत्पन्न करता है। समय की महत्ता समझने वाले प्रायः काम गंभीरता व एकाग्रता से करना पसंद करते हैं और निश्चय ही वे सफल व संतुष्ट जीवन जीने में सफल होते हैं। और अपने उद्देश्य में कामयाब होते हैं।

वास्तविक व ठोस आनंद वहां है जहां अति ना हो। 'आनंद' यानी कार्य करने का या अध्ययन करने अथवा पढ़ने का आनंद, इसका स्रोत हमारे भीतर ही है, इसे अपने भीतर ही पाया जा सकता है।

आप समय की कीमत समझते हैं, उसके लिए प्रयासरत भी हैं, समझ नहीं पा रहे कि क्या करें? तो मात्र यह करें कि अपने जीवन को, दिनचर्या को व्यवस्थित करें। टू डू लिस्ट बनाकर पढ़ाई को टॉपिक्स या विषयों में बाँट सकते हैं।

अपनी आवश्यक वस्तुएं, मोबाइल, कपड़े, वाहन, फाइलें, आवश्यक दस्तावेज, पुस्तकें जो भी आपकी खास चीजें हैं उनका नियत स्थान बनाएं, उन्हें दुरुस्त रखने की आदत डालें। एक सर्विस चार्ट बना लें और उसे उस स्थान पर लगाएं जहां आपकी दृष्टि ज्यादा पड़ती हो। यदि किसी से अपाइंटमेंट है तो अपने साधन से पन्द्रह मिनट पूर्व या अन्य साधन में मार्जिन टाइम लेकर योजना बनाएं। अपने–आपको शांत–सहज बनाए रखें। ये सब आपकी सफलता की रफ्तार को तेज करने का काम करेंगे।

कन्फ्यूशस ने ठीक ही कहा है–

जो जान गया कि उससे भूल हो गई और फिर भी वह उसे ठीक नहीं करता, तो वह एक भूल और कर रहा है।

सफलता के लिए कुछ स्मरणीय बिन्दु

1. समय की कीमत का एहसास करना ही समय–प्रबंधन की शुरुआत है। समय ही धन है, इसके एक–एक अनमोल क्षण का सदुपयोग करें।
2. लक्ष्य निर्धारण कर आगे बढ़ने से कार्य करने की क्षमता को गति मिलती है।
3. कार्यों की प्राथमिकता तय करना ताकि महत्वपूर्ण कार्य पहले पूरे किए जा सकें। पढ़ाई में प्राथमिकता तय करें।
4. अपने जीवन को व्यवस्थित रखने की आदत जीवन को सहज बनाती है।

5. काम बाँटने (डेलीगेशन) की प्रवृति समय का दुगुना दोहन करने में सहायक होती है।
6. एक समय में दो कार्य करना हमारी क्षमता बढ़ाता है एवं समय की बचत करता है। महिलाओं की इस प्रवृति का अनुसरण करें।
7. समय–सारणी बनाकर अपने दिमाग को कचराघर बनने से बचाएं।
8. कार्य की शुरुआत से पूर्व उसके शुरू करने से लेकर खत्म करने तक की प्रस्तावित व लचीली कार्य–योजना अवश्य बनाएं।
9. बातें कम–काम ज्यादा की नीति हमेशा तैयारी (पढ़ाई) को सही रूप से सफल बनाने में मदद करती है।
10. अपने 'प्राइम टाइम' का एहसास कर महत्वपूर्ण टॉपिक्स को दोहराने के लिए उसका सदुपयोग करें।
11. आपकी पढ़ाई को प्रभावित करने वाली खास वस्तुओं व कामों को हमेशा पहले करें। विशेष रूप से अपने दिमाग और वाहन को हमेशा दुरुस्त रखें।
12. इंटरनेट, टी.वी., मोबाईल, फोन, समाचार पत्र–पत्रिकाएँ कैरियर के विकास में महत्वपूर्ण व सहायक सिद्ध हो सकते हैं परन्तु ये समय की बर्बादी का कारण भी बन जाते हैं अतः इनके उपयोग में मन को नियंत्रण में रखें।
13. सफल व्यक्ति परिणाम प्रदान करता है, असफल व्यक्ति बहाने बनाता है।
14. मानव के जीवन में सबसे कीमती सबसे महत्वपूर्ण है–समय।
15 मानव चाहे तो समय का सदुपयोग कर आसमान का चमकता सितारा बन सकता है, दुरुपयोग कर यह मानव शरीर की उपयोगिता खो सकता है, व्यर्थ गवां सकता है।
16. किसी भी कार्य को करने के लिए निम्न चरण स्वाभाविक हैं– प्रतिभा, योग्यता, काबिलीयत योजना, कल्पनाशक्ति, आत्मविश्वास अनुभव, धैर्य, साहस (जोखिम) साधन, संसाधन स्रोत टीम, नेतृत्व क्षमता कार्यान्वयन–परिणाम –संतुष्टि।
17. यदि दौड़ने में सक्षम हैं तो दौड़ें, चलने योग्य हैं तो चलें, नहीं चल पाएं तो भले ही रेंगे, परन्तु अपने लक्ष्य की तरफ हमेशा आगे बढ़ते रहें।
18. **चाणक्य के वचनों का पालन कीजिए** – आप दूसरों की गलतियों से सबक लें क्योंकि आपको अकेले ही सभी गलतियां करने का समय नहीं मिलेगा।

19. **हैनरी फोर्ड कहते हैं** – व्यक्ति जीवन में तभी सफल हो सकता है जब वह समय का पाबन्द और वायदे का पक्का होता है। यदि आप सच्चाई और वायदे को निभाना चाहते है तो बिना सोचे–समझे वायदा नहीं करें और यदि गलती से भी वायदा कर लिया तो किसी भी कीमत पर उसे अवश्य निभाएं।

20. महत्वपूर्ण यह नहीं कि देश, समाज या सरकार आपके लिए क्या कर रही है, बल्कि यह है कि आप देश, समाज या सरकार को क्या दे रहे हैं।

21. किसी सफल व्यक्ति के व्यक्तित्व से हीनभावना न लाएं। उसे अपना आदर्श बनाएं उसकी जीवन शैली, व्यवहार, संघर्ष का अध्ययन करें। उसके निकट सम्पर्क में रहें। उसका अनुसरण करें।
    (a) मित्रों के साथ गुणात्मक समय बिताएं – समय बर्बादी नहीं।
    (b) इस तरह के मित्रों के साथ अधिक समय गुजारें जो आपसे बेहतर हों, आपके समय की कीमत समझते हैं।
    (c) एक अच्छी पुस्तक सौ मित्रों के समान होती हैं, एक उत्साह बढ़ाने वाला मित्र लाइब्रेरी से अधिक प्रभावी होता है।

22. स्वामी विवेकानंद कहते हैं कि – अपने जीवन में जोखिम जरूर लो! यदि आप जीते तो नेतृत्व कर सकते हैं और यदि हारे तो मार्गदर्शन तो अवश्य करोगे।

□□

अध्याय-7

साक्षात्कार – अंतिम पड़ाव (Interview) – Final Halt)

परिचय

राजस्थान प्रशासनिक सेवा (R.A.S.) की त्रिस्तरीय परीक्षा प्रणाली (प्रारंभिक, मुख्य परीक्षा एवं व्यक्तित्व परीक्षण) में व्यक्तित्व परीक्षण अर्थात् साक्षात्कार का महत्वपूर्ण स्थान है। यद्यपि RAS मुख्य परीक्षा के 800 अंकों की तुलना में साक्षात्कार 100 अंकों का होता है, परन्तु अंतिम रूप से चयन और वरीयता–सूची में स्थान निर्धारण के क्रम में इसकी निर्णायक भूमिका होती है। उल्लेखनीय है कि यहाँ अंक–प्राप्ति के स्तर पर विभेदनकारी अंतर दिखाई देता है। मुख्य परीक्षा में बेहतर अंक प्राप्त अनेक अभ्यर्थी साक्षात्कार में 20–30 प्रतिशत अंक पाकर बाहर हो जाते हैं। जबकि मुख्य परीक्षा में कम नम्बर प्राप्त अभ्यर्थी साक्षात्कार में बेहतरीन अंक अर्जित कर अंतिम रूप से चयनित हो जाते हैं। स्पष्ट है कि इस स्तर पर सतर्कता के साथ किया गया सकारात्मक प्रयास आपके जीवन को सार्थक बना सकता है।

साक्षात्कार या व्यक्तित्व परीक्षण के माध्यम से राज्य के सर्वोच्च प्रशासनिक पदों पर आसीन होने वाले उम्मीदवारों की मानसिक सजगता, समीक्षात्मक दृष्टिकोण, स्पष्ट एवं तार्किक अभिव्यक्ति, नेतृत्व क्षमता, संतुलित निर्णय की शक्ति, रुचि की विविधता, सामाजिक संगठन की योग्यता, बौद्धिक एवं नैतिक ईमानदारी, आसपास के परिवेश में घटित हो रही घटनाओं के बारे में अभिरुचि एवं दृष्टिकोण इत्यादि के संबंध में जाँच की जाती है। यह जाँच एवं आकलन विभिन्न क्षेत्रों के अति अनुभवी, वरिष्ठ एवं निष्पक्ष विशेषज्ञों के द्वारा की जाती है।

साक्षात्कार बोर्ड का उद्देश्य आपके ज्ञानमात्र का परीक्षण करना नहीं होता। अतः कुछ प्रश्नों का उत्तर न देना साक्षात्कार के बिगड़ने का परिचायक नहीं है। पुनः सभी प्रश्नों का उत्तर दे देना ही एक अच्छे साक्षात्कार का प्रतीक नहीं है। यहाँ यह बात अधिक महत्वपूर्ण होती है कि आप अवधारणात्मक प्रश्नों के संदर्भ में कैसा दृष्टिकोण रखते हैं, प्रश्नों का उत्तर किस प्रकार से देते हैं, आपका शारीरिक हाव–भाव (Body Language) कैसा है? जैसे–कुछ नए अभ्यर्थी किसी प्रश्न का

उत्तर न जानने पर Sorry बोलते वक्त अपराध या ग्लानि की भावना से युक्त हो जाते हैं और यह उनके चेहरे से अभिव्यक्त होने लगता है। दूसरी ओर कुछ अति आत्मविश्वासी उम्मीदवार बेहतरीन प्रश्नों के संदर्भ में बिना किसी विनम्रता के, कठोरता के साथ 'सॉरी सर' बोल देते हैं। ये दोनों स्थितियाँ ठीक नहीं है।

साक्षात्कार में सबसे अहम बात यह है कि आप खुद के बारे में कितना जानते है? खुद के बारे में आपकी क्या राय है? इस बारे में साक्षात्कार में पहुंचने से पहले गंभीरता से आत्मविश्लेषण करने की जरूरत होती है। मुख्य परीक्षा का परिणाम घोषित होने के बाद लगभग एक या दो महीने बाद साक्षात्कार होता है। लिहाजा इस दौरान जो समय मिले, उसमें खुद के व्यक्तित्व को पहचानने की कोशिश करें।

साक्षात्कार की तैयारी हेतु अहम बातें

साक्षात्कार में अभ्यर्थी के मानसिक सजगता, समीक्षात्मक दृष्टिकोण, स्पष्ट व तार्किक अभिव्यक्ति, नेतृत्व क्षमता, निर्णयन क्षमता, रुचि की विविधता, सामाजिक संगठन की योग्यता, बौद्धिक व नैतिक ईमानदारी के अलावा आस–पास के परिवेष में घटित हो रही घटनाओं के बारे में अभिरुचि व उन्हें लेकर अभ्यर्थी के दृष्टिकोण के बारे में गहन जांच की जाती है। यह गहन जांच और आकलन विभिन्न क्षेत्रों के अनुभवी, वरिष्ठ और निष्पक्ष विषेषज्ञों द्वारा की जाती है।

कई ऐसी छोटी–मोटी बातें हैं, जिनका ध्यान रखते हुए आप साक्षात्कार की अच्छी तैयारी कर सकते हैं। साक्षात्कार की तैयारी के लिए आपको अन्य अभ्यर्थियों, मित्रों, परिजनों, अध्यापकों, चयनित प्रशासकों से विभिन्न मुद्दों पर व्यक्तिगत या सामूहिक वाद–विवाद करना चाहिए। इसके अलावा छद्म साक्षात्कार (Mock Interview) भी बहुत उपयोगी है। इस प्रक्रिया में आप कभी–कभी खुद बोर्ड के सदस्य के रूप में भी प्रस्तुत करें। इससे आपके आत्मविश्वास में बढ़ोत्तरी होगी।

मानसिक स्थिरता : साक्षात्कार की पूर्व आवश्यकता (Mental Stability : Pre-requisition for Interview) – प्रो. एस. एस. नाथावत (क्लीनिकल साइकोलॉजिस्ट एवं इंटरव्यू एक्सपर्ट)

आर.ए.एस. या आई.ए.एस. जैसी परीक्षाओं के अलावा भी लगभग प्रत्येक व्यक्ति को कभी न कभी व किसी न किसी जीवनमंच पर साक्षात्कार का सामना करना

पड़ता है। साक्षात्कार से पहले व उसके दौरान मानसिक अस्थिरता को काफी हद तक संयमित व अनुशासित प्रयास द्वारा नियंत्रित किया जा सकता है। साक्षात्कार के प्रकार व व्यक्तित्व के अनुरूप निम्नलिखित निर्देशों को किसी भी स्वरूप में ढ़ालकर व्यवहार में लाया जा सकता है–

1. **अपेक्षाएं सीमित रखते हुए स्वयं पर विश्वास रखिए**–याद रखिए आप जितना कुछ भावनात्मक रूप में साक्षात्कार से अपेक्षा रखेंगे, उतनी ही स्वयं से अपेक्षाएं बढ़ेंगी और उतनी ही अस्थिरता होगी। यह सोचिए कि आपके पास खोने के लिए कुछ भी नहीं है, बस पाने के लिए सब कुछ है।

   कम–से–कम प्रथम साक्षात्कार के लिए स्वयं को साक्षात्कार के फल से पृथक् रखें। ***prepare for the worst, expect the best*** में विश्वास रखिए। आर.ए.एस. परीक्षा के साक्षात्कार में येन केन प्रकरण (जैक और चैक) की चर्चाएं देखने को मिलती हैं। अफवाहों से बचिए और अपने आपको तैयार कीजिए। आपकी मन से की गई तैयारी आप में आत्मबल (Confidence) का संचार करेगी। सम्पूर्ण साक्षात्कार की प्रक्रिया को एक सीखने की क्रिया की तरह लें न कि एक फलीभूत होने वाली क्रिया की तरह।

   कम–से–कम लोगों को अपने साक्षात्कार के बारे में पहले से बताएं। खासकर उन्हें बताने से बचिए जिनके प्रति आप स्वयं को उत्तरदायी समझते हैं। इससे लोगों की अपेक्षाएं बहुत बढ़ जाती है। आपके ऊपर मनोवैज्ञानिक दबाव आ जाता है।

2. **मनोवैज्ञानिक रूप से स्वयं को साक्षात्कार के लिए तैयार करें (Psychological Preparation)**–जितना ज्यादा ज्ञान होगा, उतनी कम घबराहट होगी क्योंकि अधिकतर साक्षात्कारों के प्रश्नों के संबंध में कोई निश्चितता या पूर्वानुमान लगभग नामुमकिन है इसलिए निम्नलिखित तैयारी आवश्यक है–

   (i) स्वयं को जानिए। स्वयं की पृष्ठभूमि, योग्यताएं, अब तक के महत्वपूर्ण निर्णय व उनके कारण, अपनी शक्तियां, दुर्बलताएं, इच्छाएं, अनिच्छाएं आदि के बारे में सोचें व समझकर निर्णय करें।

   (ii) अपने अकादमी विषयों व कौशल से संबंधित विषयों का रिवीजन करिए।

   (iii) अपने दोस्तों के साथ (जिन्हें आपने साक्षात्कार के बारे में बताया हुआ है) संभावित प्रश्नों व उनके उत्तरों की एक सूची बनाएं। यह जरूरी नहीं कि आपसे वहीं प्रश्न पूछे जाएं जो आपने तैयार किए हैं या आप पूछे

जाने पर ही उत्तर दें जो आपने याद किए हैं, पर इस तरह की तैयारी निश्चित ही आपको विचार संग्रहण में मदद करेगी।

(iv) साक्षात्कार की पूर्व रात्रि को सोने से पहले साक्षात्कार की सम्पूर्ण प्रक्रिया को मानसिक चित्र बना स्वयं को साक्षात्कारी के रूप में रखकर पूर्वाभ्यास कीजिए। मानसिक चित्र के निर्माण के समय छोटी–छोटी बातों का भी ध्यान रखिए। अपने से संबंधित सकारात्मक पहलूओं पर विशेष ध्यान दें।

(v) अपने आप से कहिए – हाँ मैं कर सकता हूँ। (Yes I can do)

(vi) याद रखिए साक्षात्कार एक अन्योन्यक्रिया (इंटरेक्टिव प्रोसेस) है जहां आपको अपनी जिन्दगी के प्रियतम सदस्य यानी स्वयं के बारे में बात करनी है। तो फिर घबराहट कैसी?

(vii) जितना हो सके सकारात्मक पहलू या विचारों को प्रकट करें। आपके कथनों में आशावाद परिलक्षित होना चाहिए।

3. **साक्षात्कार की तैयारी का बाहरी पहलू** (External Aspect) – कहते हैं कि फर्स्ट इम्प्रेशन इज लास्ट इम्प्रेशन। इसलिए आपका पहला अपीयरेंस प्रभावी होना चाहिए। अपने पहनावे का ध्यान रखिए। आरामदेह पर औपचारिक पहनावे को चुनें। टाई का चुनाव मौसम और आदत पर निर्भर करता है। टाई व्यक्ति की संजीदगी को उभारती है। युवतियों के लिए साड़ी या सलवार–सूट जिसमें वे स्वयं को आत्मविश्वास से परिपूर्ण महसूस करें। आत्मविश्वास पूरे इन्टरव्यू की सफलता का आधार है।

4. **कुछ विशेष निर्देश**

(i) ईश्वर को सुबह एक और अच्छे दिवस के लिए धन्यवाद दीजिए।

(ii) माता, पिता व बड़ों का आशीर्वाद लीजिए व अन्य की शुभकामनाएं स्वीकार करें। अगर ऐसे शुभचिंतक जो आपकी जिंदगी में बहुत मायने रखते हैं, शुभकामना देना भूल जाएं तो आप आगे बढकर उनसे आशीर्वाद लें।

(iii) रोज व खासकर साक्षात्कार के दिन निस्वार्थ भाव से एक अच्छा काम करिए – आप अपने बारे में बेहतर महसूस करेंगे।

(iv) साक्षात्कार कमरे में सहज होकर अपना विश्वास संतुलित रूप से कायम कर मुस्कान के साथ प्रवेश करिए। कांफीडेन्स बनाए रखिए।

(v) साक्षात्कार में सफल होने के लिए पूर्व तैयारी अत्यावश्यक है। RPSC में इंटरव्यू के लिए जाने से पहले निम्न चेकलिस्ट का ध्यान रखें।

साक्षात्कार की तैयारी (चेकलिस्ट)

1. **स्वयं को जानिए :** सेल्फ असेसमेंट डॉक्यूमेंट जिसमें आपकी योग्यताएं कुशलताएं, उपलब्धियां एवं रुचियां दर्शित हों, बनाइए व दोहराइए। यह RPSC में आपसे भरवाया जाएगा तथा इसकी एक प्रति सभी सदस्यों के पास होती है।
2. **स्वयं के जीवन सार को जानिए :** आपके द्वारा आवेदित विस्तृत फार्मों को फिर से पढ़िए व उसकी विषय सूची दोहराएं, आपने उसमें जो हॉबी आदि दर्शाएं हैं, उनसे संबंधित विस्तृत तथ्यों की जानकारी को अपडेट करें।
3. **प्रशासनिक प्रक्रिया संरचना के बारे में जानिए :** जिस पद के लिए आपने आवेदन किया है उस पद की जिम्मेदारियों को जानिए व अपनी योग्यताओं का उनसे मिलान कर अपेक्षित प्रश्नों के उत्तर का पूर्वाभ्यास कीजिए। आर.ए.एस. एवं अन्य सेवाओं के कैडर और उसके कार्यों की पहले से ही जानकरी करने का प्रयास करें।
4. **याद रखिए आपके नॉन–वर्बल संकेत भी आपके बारे में बोलते हैं :** इसके लिए अपने शब्दों के साथ–साथ पहनावे आदि पर भी ध्यान दीजिए और अपनी बॉडी लैंग्वेज को ट्यून्ड रखिए। बोर्ड के सदस्यों के साथ तारतम्य बैठाने का प्रयास कीजिए। आपका सेंस ऑफ ह्यूमर इंटरव्यू को सहज बना सकता है।
5. **याद रखिए आपके बोलने का ढंग आपके बारे में काफी कुछ कह जाता है :** आपके बोलने का ढंग एक–सा न होकर विभिन्नता के लिए होना चाहिए। स्वर में आवश्यकतानुसार उतार–चढ़ाव व कथन की गति में विभिन्नता, नीरसता को कम करने में मदद कर संपूर्ण प्रक्रिया को रुचिपूर्ण बनाती है। आपका इंटरव्यू लेते वक्त सदस्यों को फील गुड होना चाहिए, इसके लिए आप चेहरे पर मुस्कान बनाए रखें।

साक्षात्कार बोर्ड से सामना (Facing Interview Board)

- आपके व्यक्तित्व के भौतिक विन्यास का भी साक्षात्कार में अहम योगदान रहता है। आपको पहनावे, चाल–ढाल, बातचीत के तौर–तरीके से गंभीर और सुलझा हुआ दिखना चाहिए। इसलिए पहनावा औपचारिक रखें। जरूरी नहीं कोट–वगैरह पहनें व टाई लगाकर जाएं, लेकिन आपकी वेशभूषा से

एक जिम्मेदार और गंभीर व्यक्तित्व झलकना चाहिए, क्योंकि पहला प्रभाव इसी का पड़ता है।

- साक्षात्कार बोर्ड के सदस्यों के समक्ष नम्र तथा सकारात्मक रूख (Positive Temperament) में पेश आएं।
- यदि आप साक्षात्कार बोर्ड के किसी सदस्य के विचार से असहमत हैं, तो अपनी असहमति को विनम्रता के साथ प्रस्तुत कर सकते हैं। संबंधित बात का सीधा विरोध करने से बचें।
- कई बार बोर्ड के किसी सदस्य द्वारा अभ्यर्थी को सवाल का जवाब नहीं आने की स्थिति में कुछ संकेत दिया जाता है, ऐसी स्थिति में उस सदस्य को धन्यवाद अवश्य दें। यह आपके कुशल व्यक्तित्व का परिचायक होता है।
- तथ्यात्मक सवालों के जवाब में सवाल पूछने वाले से नजरें मिलाए रखें। यदि जवाब लंबा हो तो आप अन्य सदस्यों की तरफ भी नजर डाल सकते हैं।
- यदि आपको किसी सवाल के जवाब की ठीक–ठाक जानकारी नहीं है या उसके संबंध में असमंजस की स्थिति हैं, तो आप सदस्यों से संकेत देने का निवेदन कर सकते हैं या फिर आपको जितनी जानकारी हैं, उसे सीधे–सीधे बोर्ड के समक्ष प्रस्तुत करके अपनी अपूर्णता के लिए बोर्ड से सहज भाव के साथ क्षमा मांग सकते हैं।
- आप तथ्यात्मक सवालों के जवाब तुरंत दे सकते हैं, लेकिन अवधारणात्मक या विवादास्पद मुद्दों से संबंधित सवाल के लिए थोड़ा विचार करके जवाब देना उचित माना जाता है।
- साक्षात्कार बोर्ड के सभी सदस्यों को समान रूप से सम्मान दें और जवाब देते समय सभी सदस्यों मे समान, दिलचस्पी दिखाएं। केवल अध्यक्ष को अतिरिक्त अहमियत देने के लिए अन्य सदस्यों को थोड़ा भी नकारने से अध्यक्ष सहित पूरे बोर्ड पर नकारात्मक प्रभाव पड़ सकता है।
- साक्षात्कार में अक्सर यह सवाल भी पूछा जाता है कि आप अपनी कमजोरियों के बारे में बताएं। ऐसी स्थिति में आप उन क्षेत्रों के बारे में बताएं, जिसमें आप सुधार करना चाहते हैं और उसके लिए लगातार प्रयास कर रहे हैं।
- साक्षात्कार के दौरान यदि आप किसी सवाल को ठीक प्रकार से नहीं समझ पाएं, तो बेझिझक सवाल दोहराने का निवेदन कर सकते हैं। कहें सॉरी सर। मैं प्रश्न को समझ नहीं पा रहा हूँ। यह बेबाकपन (Assertiveness) जरूर दिखना चाहिए।

साक्षात्कार के दौरान सकारात्मक व नकारात्मक आचरण – डॉ. सी.बी. यादव, सहा. आचार्य, राजस्थान विश्वविद्यालय (सिविल सेवा एक्सपर्ट)

❖ सकारात्मक – अपेक्षित आचरण (Positive - Desired Conduct)

1. **उत्साह, चेतना व रुचि दिखाइए** : आपके बैठने का तरीका, चेहरे के हावभाव, उत्तर देने का तरीका आदि सब उत्साहपूर्ण व ऊर्जायुक्त होने चाहिए।
2. **ईमानदार रहिए** : बिना किसी अतिशयोक्ति के, ईमानदारी के साथ, अपना मत रखें। यदि किसी विषय के बारे में आपको कुछ नहीं मालूम तो ईमानदारी से सहज होकर अज्ञानता जाहिर करें। गलत उत्तर बताने के बजाए सॉरी कहना उपयुक्त है।
3. **ध्यान से सुनें, एकाग्रचित रहें** : प्रश्नकर्ता को बीच में न टोकें, उनका कथन समाप्त होने से पहले विघ्न न डालें, समाप्त होने पर ही उत्तर शुरू करें और सोच–समझकर अपनी योग्यता, उपयुक्तता आदि प्रश्न से मिलाएं। अच्छे इंटरव्यू के लिए अच्छा श्रोता बनना जरूरी है।
4. **उत्तरों को छोटा रखें** : आप जितने पहलुओं पर परिचर्चा करेंगे उतनी ही ज्यादा प्रश्नकर्ता को आपके बारे में जानकारी मिलेगी, इसलिए छोटे किंतु अधिक पहलुओं पर उत्तर दें। वाक्य छोटे बोलें और स्पष्ट बोलें।
5. **विश्लेषण का गुण दर्शाइए** : अपने विचारों का इस तरह संयोजन करें कि प्रश्न का उत्तर शॉर्ट टर्म व लांग टर्म नतीजों पर रोशनी डाल सके। एनालिसिस में आशावादी एवं सकारात्मक रूख अपनाना चाहिए।
6. **अपने मौलिक रचनात्मक (नवाचार) सुझाव जरूर दें** : इंटरव्यू बोर्ड आपके नजरिये और सोच का विश्लेषण करते हैं। सदैव सकारात्मक दृष्टिकोण रखें और अपने मौलिक सुझाव जरूर दें।

❖ नकारात्मक – बचने योग्य आचरण (Negative – Avoidable Conduct)

1. **अशिष्टता** : क्रॉस लैग नहीं बैठें तथा बिना अनुमति के बीच में नहीं बोलें।
2. **अनर्गल शब्दों का प्रयोग** : अनर्गल शब्द या जार्गन या स्लैंग शब्दों का इस्तेमाल नहीं करें। इसका प्रयोग आपके नॉन–सीरियस एटीट्यूड का द्योतक हो सकता है।

3. **ओवर एग्रेसिव न बनें** : साक्षात्कार में पॉजिटिव अप्रोच रखें पर आक्रामक न बनें।

4. **प्रतिकूल कथन** : सकारात्मक पहलुओं पर केन्द्रित हों। सरकार और शासन की नीतियों कर आलोचना से बचें।

अब पूरे आत्मविश्वास के साथ साक्षात्कार के लिए जाइए। पूर्व तैयारी से सफलता का आधा मार्ग आपने तय कर लिया है और बाकी विजय भी आप पर ही निर्भर है। अपने ज्ञान और कौशल का विकास कीजिए यह आपके व्यक्तित्त्व में निखार लाएगा। संस्कृत में कहा गया है–

न चौर्यहार्य न च राजहार्य, न भ्रातृभाज्यम न च भारकारी

व्यये–ते वर्द्धतेव नित्यं, विद्या धनम् सर्वधन प्रधानम्।

अर्थात् जो न चोरों द्वारा चुराई जा सकती है, न राजा द्वारा बलपूर्वक छीनी जा सकती है, जो न भाइयों में बांटी जा सकती है और न ही भारी (बोझयुक्त) होती है – विद्या या हुनर वह सर्वोत्तम धन हैं। इसे जो जितना बांटे उतना ही बढ़ता जाता है, निरंतर बढ़ता जाता है। इसलिए ज्ञान को व्यावहारिक तौर पर अपनाते हुए प्रत्युत्पन्नमति विकसित कीजिए।

इंटरव्यू बोर्ड के समक्ष सावधानी (Due Care before Interview Board)

- साक्षात्कार कक्ष में आपके लिए निर्धारित कुर्सी पर बैठने के बाद आप अपनी स्थिति को बार–बार न बदलें। इससे बेचैनी, शिथिलता या आत्मविश्वास की कमी का आभास होता है।
- देश या राज्य की मौजूदा राजनीतिक व्यवस्था, प्रशासन और लोकतंत्र पर सीधे तरीके से अंगुली न उठाएं।
- साक्षात्कार के दौरान राजनीतिक विवादों में न उलझें। किसी जाति, समुदाय, धर्म या दल विशेष के प्रति पक्षतापूर्ण विचार अभिव्यक्त न करें।
- जब तक बोर्ड के सदस्य द्वारा पूछा गया सवाल पूरा न हो तब तक बीच में न बोलें, सवाल को पूरा होनें दें।
- सवाल के जवाब की जानकारी होने पर मुस्कुराना शुरू न करें। इससे बोर्ड सदस्य सवाल को घूमा भी सकता है।
- किसी सवाल का जवाब नहीं आने की स्थिति में चेहरे पर ग्लानि, हताशा, निराशा या अपराधबोध का भाव कतई नहीं आने दें। इसका खास ध्यान रखें,

क्योंकि इससे आपका आत्मविश्वास कमजोर होने के साथ–साथ बोर्ड सदस्यों पर भी नकारात्मक प्रभाव पड़ता है।

- किसी सवाल का जवाब नहीं आने की स्थिति में ईमानदारी से स्पष्ट बता दें कि आपको इस का जवाब नहीं आता है। घुमा–फिराकर जवाब देने की गलती बिल्कुल भी नहीं करें।
- चेहरे, बाल या शर्ट के बटन पर अपने हाथों को न फिराएं, इसके अलावा टाई को बार–बार ठीक करने का प्रयास भी न करें।
- साक्षात्कार बोर्ड की सहानुभूति हासिल करने के लिए जज्बाती न बनें और नहीं इसके लिए अपनी कमजोर पृष्ठभूमि की मदद लें।
- साक्षात्कार पूरा होने के बाद यदि बोर्ड के अध्यक्ष या सदस्य आपसे हाथ मिलाने के लिए अपना हाथ बढ़ाएं, तो आप हाथ मिला सकते हैं। लेकिन आप अपनी तरफ से हाथ न बढ़ाएं।
- साक्षात्कार कक्ष से बाहर जाते वक्त पीछे मुड़कर न देखें। अपना शिष्टाचार कक्ष से बाहर आने तक बनाए रखें।

साक्षात्कार – तैयारी की शुरुआत बायोडाटा से – रश्मि शर्मा (आर.ए.एस. टॉपर 1994)

'साक्षात्कार के प्रति डर का माहौल बनाकर कई लोग कोचिंग संस्थान ज्वॉइन करने की बात करते हैं, जबकि साक्षात्कार बहुत ही सहज और सरल प्रक्रिया है।' अपना मनोबल ऊँचा रखते हुए नैसर्गिक रूप से साक्षात्कार बोर्ड के समक्ष पेश होना चाहिए। कोचिंग संस्थान से आपको एक्सपोजर अवश्य मिलता है। इसलिए कॉन्फीडेंस बढ़ाने और अपने आपकी परफोर्मेंस का परीक्षण करने के लिए कोचिंग ज्वाइन की जा सकती है।

यह सही है कि साक्षात्कार, इस परीक्षा की पूरी प्रक्रिया का एक ऐसा अहम चरण है, जहां अभ्यर्थी की धड़कन तेज हो जाती है। क्योंकि इसमें कोई निश्चित सिलेबस या क्राइटेरिया नहीं होता। इंटरव्यू बोर्ड कुछ भी कोई भी प्रश्न पूछ सकता हैं।

साक्षात्कार असल में व्यक्तित्व का आकलन है, जिसमें आपका कार्य अनुकूलन, तत्परता, नैतिक और मौलिक योग्यता को परखा जाता है। साथ ही, उम्मीदवार के मनोविज्ञान का परीक्षण और मौजूदा घटनाओं के प्रति संवेदनशीलता व विवेकपूर्ण निर्णय लेने की क्षमता का समग्र परीक्षण होता है।

ऐसे बहुत से योग्य और मेधावी अभ्यर्थी होते हैं, जो लिखित परीक्षा में अच्छा करते हैं, लेकिन साक्षात्कार में असफल हो जाते हैं। साक्षात्कार को संकट नहीं समझना चाहिए, बल्कि यह सोचकर प्रसन्न रहें कि लंबे समय से किए गए परिश्रम और तैयारी का प्रमाण प्रस्तुत करने का सही समय आ गया है।

साक्षात्कार के सवालों का बहुत हद तक पूर्वानुमान किया जा सकता है। इसलिए दृढ़ इच्छाशक्ति, आत्मविश्वास, कठोर परिश्रम, धैर्य व संयम की बदौलत इस चरण को आसानी से सफल बनाया जा सकता है। इसकी शुरुआत अपने बायोडाटा से कर सकते हैं। अपने बारे में, आपके परिवेश, शहर, जॉब इत्यादि के बारे में कॉन्फीडेंस के साथ जवाब तैयार करें। कोई बनावटीपन नहीं रखें। नैसर्गिक रूप से अपने आपको पेश करें।

साक्षात्कार की तैयारी में सहायक बायोडाटा

साक्षात्कार लेने वाले लोगों के समक्ष आपकी पहचान के रूप में केवल आपका बायोडाटा होता है, इसलिए साक्षात्कार की तैयारी की शुरुआत बायोडाटा से करनी चाहिए। बायोडाटा से जुड़े सभी पहलुओं जैसे हॉबी, शिक्षण संस्थान, क्षेत्र आदि की पूरी जानकारी रखें।

अपनी व्यक्तिगत रुचि, पढ़ाई, सामयिक विषयों, निवास स्थान व राज्य की भौगोलिक स्थिति, पर्यटन की संभावना और इतिहास की जानकारी हासिल करें, क्योंकि बोर्ड में अक्सर ऐसे सवाल पूछे जाते हैं।

साक्षात्कार के लिए अच्छे शब्दकोष, उच्चारण, व्याकरण, सकारात्मक दृष्टिकोण, विश्लेषणात्मक दृष्टिकोण आदि पर अधिक ध्यान दें। साक्षात्कार के दौरान शब्दों के दोहराव से बचें।

साक्षात्कार के लिए शुरुआत से ही अनुभवी लोगों के अनुभव का फायदा लें। सफल अभ्यर्थियों के साक्षात्कार पढ़ें।

साक्षात्कार बोर्ड का सामना करने से पहले मानसिक रिहर्सल कर लें। इसके निरंतर अभ्यास से व्यक्तित्व मजबूत बनता है और इससे साक्षात्कार में सफलता के अवसर बढ़ जाते हैं।

किसी परिचित सीनियर व्यक्ति से मॉक साक्षात्कार लेने को कहें, वह गंभीरतापूर्वक आपसे सवाल पूछे और उसी गंभीरता से आप जवाब दें। प्रत्युत्पन्नमति (Presence of Mind) साक्षात्कार में अहम भूमिका निभाती है।

साक्षात्कार में आपके मौलिक चिंतन, स्मरणशक्ति और बौद्धिक क्षमताओं को प्रशासकीय कसौटी पर परखा जाता है, इसलिए अभिव्यक्ति की क्षमताओं का विस्तार करें। अभ्यास जरूरी रखें।

समाचार पत्र, पत्रिकाओं, समाचार चैनलों को ध्यान लगाकर पढ़ना और सुनना चाहिए। चर्चित राष्ट्रीय और अंतरराष्ट्रीय महत्व के प्रासंगिक या ज्वलंत मुद्दों पर खास ध्यान देते हुए अपनी मित्रमंडली से इसकी चर्चा करें।

डायरी बनाकर सभी पहलुओं को ध्यान में रखते हुए महत्वपूर्ण घटनाक्रमों और मुद्दों को लिखें और उसका अध्ययन करते रहें।

साक्षात्कार – महत्वपूर्ण तथ्य (Interview – Important Facts)

साक्षात्कार की तैयारी के संदर्भ में आप अन्य अभ्यर्थियों, मित्रों, परिवारजनों, अध्यापकों, चयनित प्रशासकों से विभिन्न मुद्दों पर व्यक्तिगत या सामूहिक वाद–विवाद (Group Discussion) कर सकते हैं। इस क्रम में छद्म साक्षात्कार (Mock Interview) भी दें। इस प्रक्रिया के क्रम में आप कभी स्वयं को बोर्ड के सदस्य के रूप में प्रस्तुत करें, तो कभी साक्षात्कार देने वाले उम्मीदवार के रूप में। इससे आप अपने भीतर तेज गति से परिवर्धन कर सकते हैं, अपने आत्मविश्वास को बढ़ा सकते हैं।

साक्षात्कार की तैयारी आप चार भागों में बाँटकर कर सकते हैं–

1. नाम एवं पृष्ठभूमि (Name and Background)
2. बायोडाटा (Bio-data)
3. अकादमिक विषय (Academic Subject)
4. समसामयिकी (Current Affairs-National and International)

बायोडाटा (Bio-data)

- **नाम एवं पृष्ठभूमि** (Name and Background)
  - अपने नाम का अर्थ, नाम से संबंधित कोई व्यक्तित्व, समानता और विषमता के बारे में जानकारी रखें। एक गुण, जो आपसे लेना चाहिए।
  - अभ्यर्थी का नाम यदि किसी ऐतिहासिक या धार्मिक महत्व का हो या किसी प्रमुख व्यक्तित्व से संबंधित है, तो फिर उस पर प्रश्न बन सकता है।
- **जन्म तिथि**
  - जन्म, दिनांक के सम्बंध में महत्वपूर्ण जानकारी, जैसे– कोई दिवस या जयंती। उस वर्ष यदि कोई विशेष घटना घटी हो उसकी जानकारी।

- **व्यक्तित्व से संबंधित जानकारी**
  - आप में कौन–सा ऐसा गुण है कि आपको प्रशासक बना दिया जाए?
  - आप प्रशासक क्यों बनना चाहते हैं?
  - अपनी तीन कमजोरियाँ बताएँ।
  - वरीयता क्रम और उसके निर्धारण का आधार बताइए।
  - RAS, RPS की वर्तमान परिप्रेक्ष्य में कार्य एवं भूमिका में क्या बदलाव आ गया है?
  - अपना परिचय दें या अपने बारे में बताइए। (1 मिनट में)
- **पैतृक ग्राम से संबंधित जानकारी**
  - प्रमुख समस्याएँ (जैसे पेयजल, इन्फ्रास्ट्रक्चर, इत्यादि) एवं समाधान के उपाय।
  - प्रमुख विशेषताएँ, संभावनाएँ।
  - आस–पास के चर्चित स्थल–घटना।
  - ग्रामीण विकास के प्रमुख कार्यक्रम (केन्द्र–राज्य)
  - सामाजिक–आर्थिक दशाएँ, आजीविका के साधन।
- **गृह जिला से संबंधित जानकारी**
  - जिले का नामकरण एवं ऐतिहासिक संदर्भ।
  - अन्य जिलों या प्रेदशों की सीमाएँ।
  - प्रमुख विशेषताएँ (भौगोलिक, सामाजिक, आर्थिक, राजनीतिक, सांस्कृतिक आदि)।
  - समस्याएँ तथा संभावनाएँ।
  - जनसंख्या, लिंगानुपात, साक्षरता, घनत्व, वृद्धि दर, कार्यशील जनसंख्या, SC/ST जनसंख्या एवं उनके विकास से संबंधित कार्यक्रम उनकी खामियां एवं उपाय। आप जनजातीय जिले में DM/SDM बनने पर उनके विकास के लिए क्या काम करेंगे?
  - चर्चित घटना, प्रमुख व्यक्तित्व।
  - अपने जिले के SDM/DM बनने पर जिले के लिए कौन–से तीन काम सबसे पहले करेंगे?
  - जिला स्तरीय विकास कार्यक्रम एवं उसमें आपकी भूमिका।
  - जिले की सामाजिक–आर्थिक स्थिति।

– कोई नया कार्य हो रहा हो, उसे ध्यान रखें, जैसे–राजस्थान में बाड़मेर में रिफाइनरी की स्थापना हो रही है तो उसके जिले को क्या फायदे होंगे? आदि।

- **गृह राज्य**
  – अन्य प्रदेशों या देशों की सीमाएँ तथा प्रमुख विशेषताएँ।
  – प्रदेश की प्रमुख समस्याएँ।
  – आपके राज्य में क्या संभावनाएँ हैं?
  – राज्य के विकास के लिए अनुकूल परिस्थितियां क्या हैं?
  – चर्चित घटना, चर्चित व्यक्तित्व।
  – राज्य स्तरीय विवाद–सीमा संबंधी, जल बंटवारा संबंधी, कर संबंधी आदि (अन्य राज्यों से)।
  – आंतरिक विवाद के वर्तमान मुद्दे जैसे–शराबबंदी, चिकित्सा व विद्युत क्षेत्र में निजी भागीदारी, राजस्थान के संदर्भ में गूर्जर आरक्षण, पंचायतों में शैक्षणिक योग्यता का मामला, रिफाइनरी, जल संसाधन का बंटवारा आदि।
  – राज्य की सामाजिक–आर्थिक–राजनीतिक स्थिति।
  – राज्य की विकास योजनाएं एवं उनकी असफलता या धीमी गति के कारण।
  – क्या आपके राज्य को 'विशेष राज्य का दर्जा' मिलना चाहिए, क्यों और कैसे तथा इसके फायदे?
  – राजस्थान विधान परिषद् होनी चाहिए अथवा नहीं, धर्म स्वातंत्र्य बिल लाया जाना चाहिए या नहीं?
  – राजस्थान के संदर्भ में भामाशाह योजना, नारी सशक्तिकरण कैसे?

- **पूर्व एवं वर्तमान सेवाएं** : साक्षात्कार में पूर्व और वर्तमान नौकरी से संबंधित सवाल बहुत अधिक मात्रा में पूछे जाते हैं। इस प्रकार के सवालों में आपकी जिम्मेदारियां, आपका अधिकार क्षेत्र, समस्याएं, आपके द्वारा किए गए नए बदलाव के अलावा किसी भी विशिष्ठ योगदान जैसे विषयों को शामिल किया जाता है। संबंधित कंपनी या विभाग को ज्वॉइन करने और इस्तीफा देने के कारणों के बारे में पूछा जाता है। इसलिए पूर्व और वर्तमान जॉब से संबंधित सभी बातों को स्पष्ट जरूर करें।

- **सामान्य सवाल** : आर.ए.एस. क्यों बनना चाहते हैं? आप में ऐसा कौन–सा गुण है? कि आपको आर.ए.एस. बना दिया जाए? अपनी काई भी तीन

कमजोरियां व मजबूत पक्ष के बारे में बताएं? वरीयता क्रम और उसके निर्धारण का आधार क्या रहा? बहुत कम समय में आपसे परिचय भी मांगा जा सकता है। इसलिए इस संबंध में आपकी जानकारी स्पष्ट होनी चाहिए।

- **काल्पनिक सवाल** : साक्षात्कार के दौरान अक्सर अभ्यर्थी की निर्णयन क्षमता और सूझबूझ का परीक्षण करने के लिए काल्पनिक स्थितियों पर भी सवाल पूछे जाते हैं। मिसाल के तौर पर यदि आपको किसी जिले का कलेक्टर बना दिया जाए और किसी कारणवश शहर में बड़े दंगों की स्थिति में आप क्या करेंगे या आपको प्रधानमंत्री बना दिया जाए, तो देश की कौन–सी समस्याओं पर अधिक ध्यान देंगे आदि। इस प्रकार के सवाल आपको उलझा सकते हैं। इसलिए एक प्रशासक के तौर पर सोचना आरंभ करें।

अन्य विविध प्रश्न

- इस कक्ष का वर्णन करें।
- यदि आप किसी सरकारी या निजी क्षेत्र में कार्यरत हैं, तो फिर आपसे आपकी नौकरी, कार्य क्षेत्र व उसकी समस्याएं, उसके निदान के उपाय, व्यक्तिगत अनुभव और उसे छोड़ने के कारण पर प्रश्न पूछे जा सकते हैं।

शैक्षणिक योग्यता

- एकेडमिक कैरियर (अगर एकेडमिक कैरियर में कोई गैप हो तो उसका कारण क्या है?)
- आपके स्कूल या कॉलेज का Motto क्या है?
- एक क्षेत्र को छोडकर दूसरे क्षेत्र में क्यों जाना चाहते हैं?
- शोध विषय–मैथेडोलॉजी–डेटाकलेक्शन, परिकल्पना।
- उच्च शिक्षा की स्थिति–गठित प्रमुख आयोग और उनकी सिफारिशें (उच्च शिक्षा से संबंधित अभ्यर्थी इस पर ध्यान दे)।
- यू.पी.एस.सी. या आर.पी.एस.सी. में न्यू पैटर्न में नया क्या है? क्या यह पैटर्न पुरानी व्यवस्था से अच्छा है, कैसे?

हॉबी

- आपकी 'हॉबी' प्रशासन में किस तरह मददगार होगी?
- अच्छी तैयारी करें और सभी संभावित पक्षों पर सोच लें।

- 'हॉबी' से संबंधित उत्तर केवल तथ्यात्मक होने के बजाय बौद्धिक एवं व्यावहारिक भी (Intellatual Orientation) भी होने चाहिए।

साक्षात्कार का दिन

- यदि कोई विशेष दिवस हो तो उससे संबंधित जानकारी। साक्षात्कार के दिन का अखबार (सभी राज्यस्तरीय एवं प्रमुख राष्ट्रीय अखबार) ध्यानपूर्वक पढ़े।

कल्पनात्मक दार्शनिक प्रश्न

- आपके रोल–मॉडल कौन हैं? (जैसे–स्वयं, माता–पिता, गुरु कोई महापुरुष आदि)
- आपके जीवन का दर्शन क्या है?
- कोई अच्छा काम जो आपने किया है?
- अगर आपको आपके राज्य का मुख्यमंत्री या देश का प्रधानमंत्री बना दिया जाए तो कौन–से तीन काम पहले करेंगे?
- एक तरफ कुआँ है और दूसरी तरफ खाई है, किसमें गिरना पसन्द करेंगे?
- गाय और भैंस में क्या अंतर है?
- गाय के सम्बंध में कुछ वैज्ञानिक तथ्य बताइए।
- यदि आप किसी जिले के एस.डी.एम. हैं और आपकी कार को प्रदर्शनकारियों की भीड़ ने घेर लिया है तो ऐसी स्थिति में आप क्या करेंगे?
- यदि आप किसी जिले के एस.डी.एम. हैं और वहां बाल विवाह सती प्रथा जैसी घटना हो रही है तो आप उसे रोकने के लिए क्या कदम उठाएंगे?
- एक चार दीवारों वाला घर है। सभी दीवारों का फेस दक्षिण में है। सभी दीवारों पर एक–एक खिड़की है। एक भालू एक खिड़की में से चलता है तो बताएं कि भालू का रंग क्या है?
- जवाब होना चाहिए कि सभी दीवारें दक्षिण की ओर हैं यानी घर उत्तरी ध्रुव पर है। इसलिए भालू जो उत्तरी ध्रुवीय है, उसका रंग सफेद ही होगा।
- क्या है जो आधे कटे सेब जैसा दिखता है? दूसरा आधा कटा सेब।
- वह क्या है जो ब्रेकफास्ट में नहीं लेते?
- लंच और डिनर।
- आदमी बिना सोए आठ दिन कैसे रह सकता है?
- कोई बात नहीं, वो रात में सो लेगा।

निर्णय क्षमता की जाँच

- एक जिराफ को आप फ्रिज में कैसे रखते हैं? आसान है। फ्रिज खोलो, जिराफ को डाला और फ्रिज का दरवाजा लगा दो।
- फिर आप हाथी को फ्रिज में कैसे रखेंगे? फ्रिज खोलो, जिराफ को बाहर निकालो हाथी को अंदर रखो और दरवाजा लगा दो।
- शेर ने जंगल में एक कॉन्फ्रेंस रखी सारे प्राणी वहां पहुंचे एक को छोड़कर, वह कौन? हाथी उसे आपने फ्रिज में रख दिया था।
- मगरमच्छ वाली नदी पार करनी है पर नाव नहीं है कैसे करेंगे? तैरकर जाएंगे, क्योंकि सारे मगर तो शेर की कॉन्फ्रेंस में गए हैं।

वेशभूषा

- शालीन, स्वच्छ व गरिमामय वस्त्र पहने। ऐसे वस्त्र न पहने जिनमें आप असहज महसूस करें।
- कुछ महिला उम्मीदवार जिन्होंने कभी साड़ी नहीं पहनी या बहुत कम पहनी हो उन्हें कुछ अनुभवहीन अध्यापक साड़ी पहनने का विचार दे देते हैं। अब वे साड़ी को संभाले या स्वयं को यह संकट सामने आ जाता है। अतः ऐसे विचार को त्याग ही दें। जिन पुरुष उम्मीदवारों ने जीवन में टाई नहीं पहनी या कोट–पेंट रूटिन में नहीं पहना, वे भी ऐसा न करें अन्यथा अजीब स्थिति पैदा हो जाएगी।

इंटरव्यू बुक्स पढ़ें

- मोटिवेशनल बुक्स पढ़ने में आपके भीतर आत्मविश्वास आएगा। आपको कुछ सामान्य सवालों के जवाब और इंटरव्यू के दौरान शांत रहने के नोटिस भी मिलेंगे। इससे जब आप इंटरव्यू देने जाएंगे तो आपको लगेगा कि आपको कई सवालों के जवाब पहले से पता हैं और आप नर्वस नहीं होंगे।

अभ्यास एवं तैयारी

- अभ्यास एवं तैयारी का मुकाबला कोई नहीं कर सकता। इससे जितना आत्मविश्वास आता है और किसी चीज से नहीं आ सकता। समसामयिक मुद्दों व विषय के बारे में जानना, साक्षात्कार में सफलता की तैयारी का एक हिस्सा है। इसके अलावा साक्षात्कार में पूछे जाने वाले सवालों की तैयारी भी शीशें के सामने खड़े होकर करते रहें। इससे आपको पता लगेगा कि इंटरव्यू के दौरान आपकी बॉडी लैंग्वेज कैसी होनी चाहिए। आप अपने किसी खास जानकर को इंटरव्यू लेने वाला बना कर उसके सामने भी तैयार कर सकते हैं।

प्रभावी संप्रेषण क्षमता

- अच्छी संप्रेषण क्षमता एवं प्रभावी कौशल (कम्यूनिकेशन स्किल्स) से आप शानदार सफलता प्राप्त कर सकते हैं और अपनी इमेज बेहतर बना सकते हैं, लेकिन इसके लिए थोड़ी मेहनत करनी पड़ेगी। अगर आप कम्यूनिकेशन स्किल्स सुधारना चाहते हैं तो कुछ खास बातों का ध्यान रखना होगा। कम्यूनिकेशन कई तरह से होता है। बोलकर, लिखकर या फिर बॉडी लैंग्वेज से होने वाला कम्यूनिकेशन। कम्यूनिकेशन स्किल में सुधार के लिए जरूरी है कि आप सबसे पहले यह पता करें कि आप किस तरह के कम्यूनिकेशन में सुधार करना चाहते हैं। यह हो सकता है कि आपकी बॉडी लैंग्वेज अच्छी हो, पर बोलने में गड़बड़ी हो। इसलिए अपनी कमजोरी पहचानना जरूरी है।
- आपको बातचीत के दौरान अपने हाथ, सिर और शरीर की मूवमेंट पर काफी ध्यान रखना चाहिए। अगर बॉडी लैंग्वेज और शब्दों में तालमेल होगा तो कम्यूनिकेशन बेहद सफल होगा।
- कम्यूनिकेशन स्किल्स को मजबूत बनाने के लिए जरूरी है कि आप बातचीत के दौरान सही शब्दों का इस्तेमाल करें। अगर आप सही शब्दों का प्रयोग नहीं करेंगे तो बोर्ड आपकी बात को ज्यादा महत्व नहीं देगा।
- शब्दों का सही उच्चारण सफल कम्यूनिकेशन के लिए बेहद जरूरी है। गलत उच्चारण के कारण आप हंसी के पात्र भी बन सकते हैं। आपको बातचीत के बीच में तकिया–कलाम से भी बचना चाहिए।

साक्षात्कार में क्या करें तथा क्या नहीं (Do's and Don'ts in Interview)

- इंटरव्यू बोर्ड के सदस्यों के समक्ष नम्र तथा सकारात्मक रुख अपनाए। यदि आप बोर्ड के किसी सदस्य के विचार से असहमत हैं तो आप अपनी असहमति को विनम्रता के साथ प्रस्तुत करें। सीधे विरोध करने से बचें।
- कई बार बोर्ड के किसी सदस्य द्वारा अभ्यर्थी को कुछ संकेत दिया जाता है, ऐसी स्थिति में उस सदस्य को धन्यवाद दें।
- तथ्यात्मक प्रश्नों के उत्तर में प्रश्नकर्ता से नजरें अवश्य मिलाए रखनी चाहिए। यदि प्रश्न का उत्तर लंबा हो, तो फिर आप को अन्य सदस्यों की तरफ भी नजर डालनी चाहिए।
- एक सौम्य मुस्कान कठोर से कठोर साक्षात्कारकर्ता का दिल पिघला सकती है। इंटरव्यू के दौरान अपने चहेरे पर नम्र मुस्कान रखें। इससे न केवल आप

खुश रहेंगे, बल्कि यह आसपास के वातावरण को भी हल्का करेगी। याद रखें आपकी मुस्कान सौम्य होनी चाहिए, इसे फूहड़ हंसी में बदलने से बचें।

- अगर आप पहली बार इंटरव्यू देने जा रहे हैं तो हो सकता है कि आप काफी नर्वस हो चुके हैं। यदि आपको लगता है कि आप जल्दी–जल्दी बोल रहे हैं और वाक्यों के बीच में आपसी सांस भरने की आवाज आ रही है तो आप थोड़ा धीमा हो जाएं। वैसे भी इंटरव्यू देने वाला थोड़ा नर्वस होता ही है। इसलिए एक गहरी सांस लें और अपने आपको रिलैक्स करें। ऐसा करने से आप दोबारा रीफोकस हो पाएंगे। सवालों के जवाब बेहतर तरीके से दे पाएंगे।
- कई बार आप किसी सवाल का बस कुछ भी जवाब दे देते हैं, क्यों आपको लगता है कि उत्तर देना बहुत जरूरी है। ऐसा अक्सर होता है। इंटरव्यू लेने वाले ऐसे सवाल जानबूझकर पूछते हैं, ताकि वे उम्मीदवार के मिजाज को परख पाएं। आप गलत जवाब देने या गलत जवाब को सही साबित करने के चक्कर में न आएं। इसके बाद आप माफी मांगे और कहें कि मैंने फला सवाल का जवाब उस तरह से नहीं दिया, जिस तरह से मैं देना चाहता/चाहती थी। हो सकता है कि इंटरव्यू लेने वाला आपको फिर से जवाब देने का मौका दे दे।
- हो सकता है कि आप बहुत योग्य हों और आपको अपने ऊपर पूरा विश्वास हो, लेकिन इंटरव्यू में इस तरह दिखाने की कोशिश न करें कि आप इसे बहुत आसान समझ रहे हैं। आपको इंटरव्यू के दौरान पूरी तरह से गंभीर बने रहना चाहिए।
- इंटरव्यू देते समय कॉन्फिडेंट रहें। अगर आप कॉन्फिडेंट नहीं रहेंगे तो आपकी सही बात का भी गलत असर होगा। इसके साथ ही आपका ऊर्जावान होना भी बेहद जरूरी है। ऐसा नहीं होना चाहिए कि आप थके–थके नजर आ रहे हों।
- यदि आपको किसी प्रश्न के उत्तर की पूर्ण जानकारी नहीं है या द्वंद्व की स्थिति में है तो फिर वैसी स्थिति में आप संकेत देने के लिए निवेदन कर सकते हैं, अनुमान लगाने की अनुमति मांग सकते हैं, या फिर आप जितना जानते हैं, उतना सीधे–धीरे बोर्ड के समक्ष प्रस्तुत कर सकते हैं और अपनी अपूर्णता के लिए बोर्ड से क्षमा माँग सकते हैं।
- अगर आपका इंटरव्यू सफल हो रहा हो या नहीं हो तो भी ऐसी स्थिति में आप अंतिम समय तक धैर्य को बनाए रखें। अगर आप अंतिम समय तक

सकारात्मक रूप से बोर्ड के समक्ष विनयशीलता के साथ टिके रह जाते हैं, तो फिर वैसी स्थिति में बेहतरीन अंक पाने की संभावना प्रबल हो जाती है, भले ही आपने कई प्रश्नों का जवाब पूरा न दिया हो या सॉरी बोला हो।

- तथ्यात्मक प्रश्नों का उत्तर तुरन्त दें। परन्तु यदि कोई अवधारणात्मक प्रश्न हो या विवादास्पद मुद्दे से संबंधित कोई प्रश्न हो, तो फिर वहां थोड़ा समय अवश्य लें। इससे ऊपर की रूपरेखा बनाने में आसानी होती है।
- सभी सदस्यों को समान रूप से सम्मान दें एवं विभिन्न सदस्यों को उत्तर देने के क्रम में समान रूप से दिलचस्पी दिखाएं। केवल चैयरमेन के प्रति विशेष रूप से लगाव न दिखाएं। इसका नकारात्मक प्रभाव हो सकता है।

इनसे बचें

- जब तक बोर्ड के सदस्य द्वारा पूछा गया प्रश्न पूरा न हो, बीच में न बोलें, टोका–टोकी न करें। प्रश्न को पूरा होने दें। यदि आप प्रश्न को न समझ पाएँ तो एक बार आप प्रश्न को दोहराने के लिए सदस्य से निवेदन कर सकते हैं। प्रश्न के उत्तर की जानकारी होने पर मुस्कुराना प्रारंभ न कर दें।
- यदि आप किसी प्रश्न का उत्तर नहीं जानते हैं तो फिर आप ईमानदारी का परिचय देते हुए स्पष्ट बता दें। घुमा–फिराकर जवाब देने का प्रयास न करें। बोर्ड को गलत या गड़बड़ उत्तर देकर भ्रमित करने का प्रयास न करें।
- राजनीतिक विवादों में न उलझें। किसी जाति, समुदाय, धर्म या दल विशेष के प्रति पक्षपातपूर्ण विचार अभिव्यक्त न करें।
- कभी भी चैयरमेन या सदस्यों के साथ कुतर्क न करें। अगर आप बोर्ड के किसी सदस्य की बात से असहमत हैं तो आप अपनी असहमति को विनम्रता के साथ प्रस्तुत करें।
- चेहरे, बाल, शर्ट के बटन पर अपने हाथों को न फिराएँ। टाई को बार–बार ठीक करने का प्रयास न करें।
- साक्षात्कार बोर्ड की दया या सहानुभूति हासिल करने के लिए जज्बाती न बनें या अपनी गरीबी या ग्रामीण पृष्ठभूमि आदि को बताकर सहानुभूति लेने का प्रयास न करें।
- प्रश्नों का उत्तर न जानने पर चेहरे पर ग्लानि का भाव, हताशा, निराशा या अपराधबोध का भाव न झलके। आप विनम्रता के साथ 'सॉरी' बोल सकते हैं।
- कुर्सी पर बैठने के बाद आप अपनी स्थिति को बार–बार न बदलें। इससे बेचैनी, शिथिलता एवं आत्मविश्वास की कमी का पता चलता है।

- बोर्ड को हल्का न ले या स्वयं को अधिक–से–अधिक न आंके।
- अगर आपसे पूछे गए प्रश्न का उत्तर आपसे न आए तो उसका उत्तर बोर्ड से कदापि न पूछे। यदि बोर्ड उसका उत्तर देता है तो उन्हें धन्यवाद अवश्य दें।
- कभी–कभी बोर्ड के सदस्य इंटरव्यू के बीच में आपस में बातचीत करने लग जाते हैं और यह दर्शाने का प्रयास करते हैं कि जैसे आप वहां उपस्थित ही नहीं है। इस बीच आप शांत भाव से बैठे रहें, न आप उनसे कहें कि क्या आपको और कुछ पूछना है अथवा क्या मेरा इंटरव्यू पूरा हो गया है? यदि आप ऐसा करते हैं तो आप गलत है, क्योंकि वह भी इंटरव्यू का एक पार्ट है, हो सकता है कि वे आपके धैर्य की परीक्षा ले रहे हों।
- कम बोलें या तकिया कलाम से बचें –मतलब कि, Actually, Basically, you know, sorry, I think, Like etc.

साक्षात्कार के बाद

- यदि चेयरमैन आपसे हाथ मिलाने के लिए अपना हाथ बढ़ाए तो आप हाथ मिला सकते हैं। आप अपनी तरफ से हाथ न बढ़ाएँ।
- चेयरमैन द्वारा अनुमति दिए जाने पर आप सहज रूप से उठें और मन्द मुस्कान के साथ सभी को धन्यवाद कहकर बाहर आएँ।
- कक्ष से बाहर जाते वक्त पीछे मुड़कर न देखें।
- अपना शिष्टाचार कक्ष से बाहर जाने तक बनाए रखें। कोई विशेष शारीरिक गतिविधि न करें। दरवाजे को बंद करने का प्रयास न करें।

संदेश (Message)

आप अपना ध्यान नम्बर पर न लगाकर अपने कर्म पर केन्द्रित करें। प्रयास करें कि साक्षात्कार में कोई गलती न हो। कोई ऐसी चीज न बोले जो बोर्ड के सदस्यों को नागवार लगे। आप यह ध्यान रखें कि साक्षात्कार में अंतिम समय तक सकारात्मक दृष्टिकोण से युक्त होकर रहना है।

प्री, मैन एवं इंटरव्यू हेतु महत्वपूर्ण समसामयिक विषय, मुद्दे एवं टॉपिक्स (Important Current Issues and Topics for RAS Pre, Main and Interview)

- प्रधानमंत्री जन धन योजना : राष्ट्रीय वित्तीय समावेशी मिशन–सबका साथ, सबका विकास

- श्रमेव जयते कार्यक्रम : श्रम सुधारों की एक नई पहल
- स्वच्छ भार मिशन : एक कदम स्वच्छता की ओर
- सांसद आदर्श ग्राम योजना : स्वराज को सुराज में बदलने की पहल
- मेक इन इण्डिया : विदेशी निवेश बढ़ाना व आयात घटाना
- डिजिटल इण्डिया : सम्पूर्ण भारत मोबाइल पर
- गंगा सफाई अभियान : एक मृग मरीचिका
- वस्तु एवं सेवा कर (GST) : सशक्त संघ का एक विकल्प

राजनीतिक मुद्दे (Political Issues)

- संसद एवं विधानसभाओं के चुनाव एक साथ कराए जाने के क्या फायदे हैं?
- वर्तमान परिप्रेक्ष्य में संसदीय व्यवस्था में विपक्ष की भूमिका
- क्या राज्यसभा का चुनाव भी जनता को करना चाहिए?
- भ्रष्टाचार : एक आवश्यक बुराई
- राजनीति का अपराधीकरण : सुप्रीम कोर्ट से आशा की किरण
- राजनीति और नैतिकता
- अल्पमत सरकार : कितनी अच्छी?
- नक्सल समस्या : एक गंभीर चुनौती
- चुनाव सुधार : उच्चतम न्यायालय की भूमिका
- लोकपाल : भ्रष्टाचार निवारण की एक युक्ति
- वर्तमान परिप्रेक्ष्य में राज्यपाल के पद की प्रासंगिकता

सामाजिक मुद्दे (Social Issues)

- क्या पोर्न साइट प्रतिबंधित की जानी चाहिए?
- महिला आरक्षण : 'सार्थक' या 'बेबुनियाद'
- किशोर न्याय अधिनियम, 2015 कितना सार्थक
- पदोन्नति में आरक्षण : नाम से या काम से
- बाल विवाह : एक अभिशाप
- बालश्रम : समाज पर एक कलंक
- मानवाधिकार

- कन्या भ्रूण हत्या
- महिला सशक्तिकरण
- धारा 309 : आत्महत्या एक अपराध
- धारा 377 : समलैंगिकता
- धर्म निरपेक्षता एवं पंथनिरपेक्षता

अंतर्राष्ट्रीय मुद्दे (International Issues)

- एन.एस.जी. में भारत के प्रवेश का मुद्दा
- यू.एन.ए. सुरक्षा परिषद् में भारत की स्थायी सदस्यता का मुद्दा
- एम.टी.सी.आर. में भारत के प्रवेश के निहितार्थ
- मोदी की ताशकंद यात्रा के निहितार्थ
- दक्षिण चीन सागर : एक विवादित क्षेत्र
- चीन : एक चुनौती के रूप में
- रूस : बदलते परिप्रेक्ष्य में नए समीकरण

आर्थिक मुद्दे (Economic Issues)

- कॉर्पोरेट सोशल रिस्पॉन्सिबिलिटी (CSR) की भारत के लिए उपयोगिता
- क्या आय आधारित सब्सिडी भारत में आर्थिक न्याय प्रदान करेगी
- काला धन और करारोपण अधिनियम 2015 क्या सही अर्थों में विकास में सहायक होगा
- टी.सी.एस. : क्या बढ़ेगा इंस्पेक्टर राज?
- क्या गरीबी उन्मूलन कार्यक्रम अब गांवों की बजाए शहरों की ओर फोकस होना चाहिए?
- एन.पी.ए. की समस्या का क्या समाधान हो सकता है?
- खुदरा व्यापार में विदेशी प्रत्यक्ष निवेश कितना सही कितना गलत?
- राष्ट्रीय खाद्य सुरक्षा प्रदान करना एक गंभीर चुनौती
- भारत में सब्सिडी की समस्या
- भारतीय अर्थव्यवस्था एवं काला धन
- आर्थिक सुधारों का निर्धनता पर प्रभाव

- भारत के आर्थिक विकास में प्रादेशिक असमानताएं
- विकास का पब्लिक–प्राइवेट–पार्टनरशिप

विविध मुद्दे (Miscellaneous Issues)

- ड्रोन हमारी जिंदगी में नई क्रांति कैसे लाएगा
- नेट न्यूट्रिलिटी में बेसिक्स सभी के लिए समान होने चाहिए
- इंटरनेट का भारतीय संस्कृति पर प्रभाव
- निजी क्षेत्र में आरक्षण कितना सही कितना गलत?
- शिक्षा का निजीकरण : उचित या अनुचित
- लोकतंत्र में एन.जी.ओ. की भूमिका
- वर्तमान परिस्थितियों में भारत–पाक वार्ता जारी रहनी चाहिए इत्यादि।

R.A.S. 2015, 2016, & 2017 के साक्षात्कार में पूछे गए कुछ महत्वपूर्ण प्रश्न

1. राष्ट्रीय आजीविका मिशन क्या है?
2. नीति आयोग क्यों बनाया गया?
3. भारत व राज्य में लिंगानुपात क्या है व इसे बढ़ाने के लिए क्या प्रयास करें?
4. LOC, LAC & POK बाघा बार्डर के बारे में बताइए।
5. सौर ऊर्जा हेतु क्या–क्या प्रयास करने चाहिए?
6. सरकार जो योजनाएं संचालित कर रही है, उनमें क्या कमी है?
7. राजस्थान की जनसंख्या कितनी है?
8. श्वेत क्रांति कब शुरू हुई?
9. राजस्थान को विशेष राज्य का दर्जा मिलना चाहिए या नहीं?
10. नक्सलवाद की समस्या क्या है? रेड कारिडोर किन राज्यों को कहा जाता है?
11. राजस्थान के विकास के लिए अनुकूल परिस्थितियां क्या हैं?
12. GSP क्या है?
13. न्यायिक नियुक्ति आयोग की आवश्यकता क्यों पड़ी? क्या कॉलेजियम व्यवस्था उपर्युक्त नहीं थी?
14. अरावली पर्वत श्रृंखला के लाभ व हानि क्या हैं?

15. जापान अरावली विकास योजना के लिए इतनी भारी धनराशि क्यों दे रहा है?
16. सांसद आदर्श ग्राम योजना क्या हैं?
17. क्रूड ऑयल की कीमत गिरने के कारण व प्रभाव क्या हैं?
18. मायड़ भाषा को मान्यता मिलनी चाहिए या नहीं?
19. राजस्थान के पांच स्वतंत्रता सेनानियों के नाम बताइए?
20. ttorney General व CAG में क्या अंतर है?
21. FRI एवं CAZRI के बारे में बताइए।
22. क्रिकेट में आज भारत का स्कोर क्या रहा (जिस दिन इंटरव्यू था उस दिन का)?
23. वर्ल्ड क्रिकेट के फास्ट बॉलर का नाम बताइए।
24. क्या भारत वर्ल्ड कप जीत पाएगा?
25. डेरा सच्चा सौदा पर क्या आरोप लगे हैं? (400 साधुओं को नपुंसक बना दिया)
26. यदि आप SDM बन जाते हैं तथा कोई जनप्रतिनिधि आपके ऑफिस में बदतमीजी करें तो आप क्या करेंगे?
27. राजस्थान की पाँच प्राइवेट University के नाम (Deemed University) जो अपने Campus में ही कॉलेज चला रही हैं?
28. क्या गांधीजी अराजकतावादी थे?
29. नरेन्द्र मण्डल के बारे में बताइए।
30. नेताओं की सुरक्षा की श्रेणियाँ कौन–कौन–सी हैं?
31. मंदी एवं मुद्रास्फीति में क्या अंतर है?
32. राष्ट्र गान एवं राष्ट्र गीत में क्या अंतर है?
33. कार्बन क्रेडिट क्या है?
34. राजनयिक को परिभाषित कीजिए।
35. साइबर क्राइम से आप क्या समझते हैं?
36. नीति आयोग क्या है?
37. ओवरसीज सिटिजन (OCI), PIO और NRI में अंतर बताइए।
38. इतिहास का पुनर्लेखन क्या है? यह हाल ही में क्यों चर्चित रहा?

39. हाल ही में दिए गए नोबेल पुरस्कारों के बारे में बताइए।
40. रेपो और रिवर्स रेपो दर क्या हैं? इनके फायदे और नुकसान क्या हैं?
41. श्री योजना के बारे में बताइए।
42. गरीबी मापन के सूचकांक क्या हैं?
43. कन्या भ्रूण हत्या रोकने के उपाय बताइए।
44. मानसून पर अल–निनो का प्रभाव बताइए।
45. FDI क्या है? यह क्यों चर्चित है।
46. 3G और 4G की विशेषताएं बताइए तथा दोनों में अन्तर स्पष्ट कीजिए।
47. जौहर क्या है?
48. राजस्थान में शिक्षा के आंकड़े विशेषकर महिला शिक्षा के बारे में क्या हैं?
49. भारत–पाकिस्तान संबंधों के बारे में बताइए।
50. भारतीय संस्कृति के वर्तमान परिप्रेक्ष्य में आए परिवर्तन क्या हैं?
51. आप प्रशासन में क्यों आना चाहते हैं?
52. मेक इन इंडिया, मेक फॉर इंडिया और मेड इन इंडिया में अंतर बताइए।
53. बाल शिक्षा का तरीका कैसा होना चाहिए?
54. राजस्थान में जनजाति महिला शिक्षा के बारे में बताइए।
55. कम्प्यूटर का बच्चों पर प्रभाव बताइए।
56. क्या मतदान न करना एक अपराध है?
57. आर्थिक आधार पर आरक्षण होना चाहिए या नहीं?
58. क्या शिक्षा का निजीकरण होना चाहिए?
59. राजनीति में आयु सीमा निर्धारित होनी चाहिए?
60. निजी क्षेत्र में आरक्षण होना चाहिए या नहीं?
61. NGO का लोकतंत्र में क्या योगदान है?
62. "स्वच्छ अभियान एवं महात्मा गांधी"
63. क्या भौतिक तत्व हमारी संस्कृति को नष्ट कर रहे हैं?
64. विकास का चायना मॉडल क्या भारत के लिए उपयुक्त है?
65. स्वच्छ भारत अभियान भारत के औद्योगिक विकास में किस प्रकार सहायक हो सकता है?

66. भामाशाह योजना महिला सशक्तिकरण में किस प्रकार सहायक है?
67. भामाशाह योजना निर्धनता उन्मूलन के लिए कितनी कारगर है?
68. क्या राजनीतिज्ञों के लिए न्यूनतम शैक्षणिक योग्यता निर्धारित की जानी चाहिए?
69. आर.टी.आई. कितना सफल रहा?
70. आर.टी.आई. कार्यकर्त्ता क्या ब्लैकमेलिंग का काम कर रहे हैं?
71. आर.टी.आई. में सुधार हेतु सुझाव बताइए?

साक्षात्कार आपके सम्पूर्ण व्यक्तित्व का परीक्षण है। ईमानदारी से अपने आप का अवलोकन करें (आत्मावलोकन)।

इन्टरव्यू बोर्ड रामायण के पात्र बाली की तरह होता है, जो आपकी आधी शक्ति को खींच लेता है। इसलिए सहज रहें और अपने Confidence को बनाए रखें।

साक्षात्कार - कुछ स्वाभाविक प्रश्न और उनके परफेक्ट उत्तर

प्रश्न – आप ऑलरेडी जॉब में हैं, उसे छोड़कर आर.ए.एस. क्यों बनना चाहते हैं?

मॉडल उत्तर – सर, हर व्यक्ति अपने कैरियर में टॉप पर पहुंचना चाहता है, और अपनी समृद्धि (Betterment) के लिए काम करता है। मैं भी अपनी समृद्धि (Betterment) के लिए कर रहा हूँ। आर.ए.एस. राज्य की सर्वोच्च सेवा है इसलिए इसके लिए प्रयास कर रहा हूँ और उसी क्रम में आपके सामने हूँ।

प्रश्न – भारतीय लोगों की मानसिकता के बारे में कोई टिप्पणी।

मॉडल उत्तर – हम हमारे कर्तव्यों–दायित्वों के स्थान पर अधिकारों के प्रति अधिक सजग हैं। अगर प्रत्येक नागरिक अधिकार के स्थान पर मौलिक कर्तव्यों–दायित्वों (अनुच्छेद–51क) को पूरा करे, तो सभी समस्याओं का समाधान हो सकेगा। धर्म, अर्थ, काम एवं मोक्ष। धर्म (Virtue) – कर्तव्य, उत्तरदायित्त्व। यह हमारे जीवन का प्रथम लक्ष्य (पुरुषार्थ) है।

प्रश्न – SDM और SDO में अन्तर?

मॉडल उत्तर – SDM – Sub Division Magistrate : जब आप आपराधिक प्रक्रिया संहिता (CrPc, 1973) के अन्तर्गत कार्यपालक मजिस्ट्रेट के रूप में धारा 151, 107, 116, 122 इत्यादि के तहत पुलिस की मदद से कानून व्यवस्था

(LawAnd Order) बनाए रखने हेतु काम करते हैं, तो आप SDM की भूमिका में हो। सी.आर.पी.सी के तहत मजिस्ट्रेट की पावर माननीय उच्च न्यायालय के परामर्श से राज्य सरकार द्वारा दी जाती हैं। परन्तु जब आप राजस्व अधिकारी (Revenue officer) के रूप में राजस्थान काश्तकारी अधिनियम, 1955 तथा राजस्थान भू–राजस्व अधिनियम 1956 के तहत राजस्व न्यायालय के क्षेत्राधिकार का प्रयोग करते हुए राजस्व मुकदमों/अपीलों/प्रार्थना–पत्रों पर सुनवाई करते हैं। तब आप जिला कलेक्टर के प्रतिनिधि के रूप में काम करते हैं इस समय आप उप–जिला कलेक्टर या उपखंड अधिकारी (SDO – Sub-division officer) की भूमिका में होते हैं।

इस प्रकार जिला कलेक्टर एव जिला मजिस्ट्रेट (District CollectorAnd District Magistrate) के प्रतिनिधि के रूप में आप उपखंड स्तर पर उप–जिला कलेक्टर एवं उपखंड मजिस्ट्रेट (SDOAnd SDM) दोनों होते हैं।

प्रश्न – वर्तमान स्थिति में आपको प्रशासन में कौन–सी खामी नजर आती है?

मॉडल उत्तर – दरअसल सरकार की काफी कल्याणकारी योजनाएं एवं अच्छे कार्यक्रम लागू हैं। लेकिन फील्ड में कहीं न कहीं अन्तर–विभागीय समन्वय एवं कन्वर्जेंस का अभाव नजर आता है।

प्रश्न – आपकी ओर से सुशासन हेतु कोई सुझाव?

मॉडल उत्तर – सभी लोक सेवकों को अधिकारों की बजाए अपने उत्तरदायित्वों और मौलिक कर्तव्यों का बखूबी पालन करना चाहिए।

साक्षात्कार का अभ्यास – मॉक इन्टरव्यू
Practice of Interview – Mock Interview)

प्रश्न : आप अपने बारे में कुछ बताएं।

उत्तर : सर, मेरा नाम राम सिंह है। मेरे पिता श्री श्याम सिंह कृषि विभाग में कार्यरत हैं। मैंने राजस्थान यूनिवर्सिटी से बी.एस.सी.की डिग्री प्राप्त की है। मुझे आशा ही नहीं वरन् पूर्ण विश्वास है कि मैं अपनी लगन, मेहनत व कर्तव्यनिष्ठा द्वारा इस पद के लिए उपयुक्त उम्मीदवार साबित होऊँगा।

प्रश्न : आपके जीवन का लक्ष्य क्या है?

उत्तर : सर, प्रत्येक इंसान की इच्छा होती है कि वह बड़े पद पर आसीन हो। वह दुनिया की सारी सुख–सुविधाएँ पाना चाहता है। मैं भी उन इंसानों से अलग

नहीं हूँ। लेकिन मैं कोई भी पद अपनी लगन, मेहनत और कर्तव्यनिष्ठा, ईमानदारी और कठिन परिश्रम से पाना चाहता हूँ।

प्रश्न : आपके जीवन में सफलता का क्या अर्थ है?

उत्तर : किसी व्यक्ति की सफलता उसके परिश्रम, आशा और मनोबल पर निर्भर करती है। मेरा मानना है कि जीवन में आप तभी सफल होते हैं, जब आप अपने लक्ष्य को प्राप्त कर लेते हैं। प्रत्येक व्यक्ति के लक्ष्य अलग–अलग होते हैं, उनकी सफलता के अर्थ भी अलग होते हैं। व्यक्ति को सदैव आशावादी होना चाहिए।

प्रश्न : आप किस तरह के लोगों का नापसंद करते हैं?

उत्तर : सर, जो व्यक्ति अपनी जुबान से मुकर जाए, मैं उस तरह के व्यक्तियों से दूर रहना अच्छा समझता हूँ। इस तरह के व्यक्तियों से मेरी मुलाकातें हुई है और अब मैं उन्हें आसानी से पहचान लेता हूँ। मैं इस तरह के व्यक्तियों से दूरी बनाए रखना उचित समझता हूँ।

प्रश्न : आजकल अंग्रेजी का बोलबाला है, भाषा और अंग्रेजी सभ्यता को हमारे देश के नौजवान अपना रहे हैं, आपकी क्या राय है?

उत्तर : सर, आज हमारे देश में अंग्रेजी का अंधानुकरण किया जा रहा है। अपनी भाषा और संस्कृति हम भूलते जा रहे हैं। विदेशी भाषा एवं साहित्य को आज का युवा वर्ग श्रेष्ठ समझता है। उनकी जीवन–पद्धति और जीवन–दर्शन ने हमारे देश को आवश्यकता से अधिक प्रभावित कर रहा है, जिससे हम अपनी संस्कृति से दूर होते जा रहे हैं। हम इसे गौरव की बात मानने लगे हैं, जो दुर्भाग्यपूर्ण है।

प्रश्न : क्या दूसरों की भाषा और संस्कृति को सीखना और समझना गलत है?

उत्तर : नहीं सर, दूसरों से सीखना कदापि गलत नहीं है। हमें दूसरों से अवश्य सीखना चाहिए, किंतु हमेशा यह ख्याल रखना चाहिए कि ज्ञान के आधार पर पृष्ठभूमि हमारी अपनी ही रहे। हमारी संस्कृति की जड़ें मजबूत हैं और इसकी अनेक विशेषताएँ भी है। यह महान है, दूसरी किसी भी सभ्यता से अधिक प्राचीन एवं प्रामाणिक है। अन्य पुरानी सभ्यताएँ तथा संस्कृतियाँ नष्ट हो गईं, किंतु हमारी सभ्यता व संस्कृति आज भी जीवंत है, अतः उससे श्रेष्ठ तत्त्वों को लेकर हमें अपने जीवन का आधार बनाना चाहिए।

प्रश्न : हमारे देश की पृष्ठभूमि संत–महात्माओं, ऋषि–मुनियों की रही है, क्या भक्ति मार्ग द्वारा समाज का कल्याण संभव है, आप क्या सोचते हैं?

उत्तर : हमारा देश संत–महात्माओं का देश रहा है, जिन्होंने पूरे विश्व को हमेशा सही मार्गदर्शन दिया है; किंतु यह भी सत्य है कि भक्ति–भाव से व्यावहारिक जगत् की समस्याओं से हमें निजात नहीं मिल सकती, परंतु इससे समस्याओं को सुलझानें का मार्ग अवश्य प्रशस्त होता है। तुलसीदास, कबीरदास, कालिदास, सूरदास आदि संत–महात्माओं ने भक्ति मार्ग अपनाकर ज्ञान, कर्म व अध्यात्म का जो दीपक हमारे समाज में प्रज्ज्वलित किया, उससे हमारा जीवन आज भी प्रकाशमान है। उन्होंने इन चीजों के समन्वय पर बल दिया, जो कि चरित्र–निर्माण में अपनी महत्वपूर्ण भूमिका अदा करते हैं, श्रेष्ठ चरित्र वाला व्यक्ति किसी भी तरह की कठिनाई का आसानी से सामना कर सकता है और समाज तथा देश के कल्याण में सहायक सिद्ध हो सकता है।

प्रश्न : 'आरक्षण' के विषय में आपकी राय क्या है?

उत्तर : आरक्षण का मुद्दा बहुत जटिल है। आवश्यक प्रतीत होता है क्योंकि हमारे समाज के कुछ वर्ग अत्यधिक पिछड़े हुए हैं। सामाजिक न्याय की स्थापना हेतु आरक्षण संरक्षणमूलक प्रावधान सामाजिक न्याय की धुरी हैं। उन्हें विकास के पर्याप्त अवसर नहीं मिले हैं। आरक्षण के माध्यम से उनकी स्थिति में सुधार हो सकता है और वे मुख्यधारा में आ सकेंगे। लेकिन इसकी भी सीमा हमारे संविधान में सुनिश्चित की गई है, अतः आरक्षण भी संविधान के अनुसार होना चाहिए, न कि राजनेताओं के व्यक्तिगत स्वार्थ अथवा वोट बैंक के अनुसार। सामाजिक न्याय, जाति व धर्म के आधार पर नहीं अपितु पात्रता के आधार पर सुनिश्चित किया जाना चाहिए।

प्रश्न : क्या आप सहमत हैं कि एक ही कार्य के लिए महिलाओं को पुरुषों से कम वेतन मिलता है?

उत्तर : सर, मैं इससे बिल्कुल भी सहमत नहीं हूँ कि समान कार्य के लिए महिलाओं को कम वेतन दिया जाए। हमारे संविधान में इसका उल्लेख भी है कि समान कार्य के लिए सभी को समान वेतन मिलना चाहिए। दुर्भाग्य से निजी कंपनियों में इस व्यवस्था का अनुपालन नहीं हो पा रहा है, लेकिन सरकारी कंपनियों और नौकरियों में सरकार ने इस व्यवस्था का लागू किया हुआ है, जिसके समुचित परिणाम देखने को मिल रहे हैं और महिला–सशक्तीकरण हो रहा है।

प्रश्न : 'रिसेशन' का क्या अर्थ है और अर्थव्यवस्था पर इसका क्या असर पड़ता है?

उत्तर : रिसेशन से तात्पर्य मंदी से है, जब वस्तुओं की पूर्ति की तुलना में माँग कम हो तो रिसेशन की स्थिति उत्पन्न होती है। ऐसी स्थिति में धनाभाव के कारण

लोगों की क्रय शक्ति कम होती है और उत्पादित वस्तुएँ बिकती नहीं। इससे उद्योग को बंद करने की प्रक्रिया प्रारंभ होती है, फलस्वरूप बेरोजगारी बढ़ जाती है। सन् 1930 के दशक में विश्वव्यापी रिसेशन की स्थिति उत्पन्न हुई थी, विश्व के सभी देशों पर उसका प्रतिकूल प्रभाव पड़ा था।

प्रश्न : हीनार्थ प्रबंधन (Deficit Financing) का क्या अर्थ है?

उत्तर : जब सरकार का बजट घाटे का होता है, अर्थात् आय कम होती है और व्यय अधिक होता है तो व्यय के इस आधिक्य को केंद्रीय बैंक से ऋण लेकर अथवा अतिरिक्त पत्र मुद्रा निर्गमित कर पूरा किया जाता है। यह व्यवस्था घाटे की वित्त व्यवस्था अथवा हीनार्थ प्रबंधन कहलाती है। सीमित मात्रा में ही इसे उचित माना जाता है। हीनार्थ प्रबंधन को स्थायी नीति बना लेने के परिणाम किसी भी राष्ट्र के लिए अच्छे नहीं होते।

प्रश्न : अर्थव्यवस्था में अवमूल्यन का क्या तात्पर्य है?

उत्तर : यदि किसी मुद्रा का विनियम मूल्य अन्य मुद्राओं की तुलना में जान–बूझकर कम दिया जाता है तो इसे उस मुद्रा का अवमूल्यन कहते हैं। यह अवमूल्यन परिस्थितियों के अनुसार सरकार स्वयं करती है।

प्रश्न : विमुद्रीकरण (Demonetisation) का अर्थव्यवस्था पर क्या प्रभाव पड़ता है? क्या इससे देश को क्षति होती है?

उत्तर : जब काला धन बढ़ जाता है और अर्थव्यवस्था के लिए खतरा बन जाता है, तो इसे दूर करने के लिए विमुद्रीकरण की विधि अपनाई जाती है। इसके अंतर्गत सरकार पुरानी मुद्रा को समाप्त कर देती है और नई मुद्रा चालू कर देती है, जिनके पास काला धन होता है, वे उसके बदले में नई मुद्रा लेने का साहस नहीं जुटा पाते हैं और काला धन स्वयं ही नष्ट हो जाता है। मोदी सरकार द्वारा 8 नवम्बर, 2016 को विमुद्रीकरण की घोषणा की गई थी।

प्रश्न : भारत के संविधान की विशेषताएँ क्या हैं?

उत्तर : भारत का संविधान विश्व के सभी संविधानों का निचोड़ है। इसकी प्रमुख विशेषताएं हैं–

1. जनता का, जनता द्वारा एवं जनता के लिए शासन,
2. मूल अधिकार, नीति–निदेशक तत्व एवं मूल कर्तव्य,
3. सरकार की गणतंत्रीय प्रणाली,
4. देश की एकता व अखंडता का सुदृढ़ केंद्र,

5. समस्त नागरिकों को समता व न्याय,
6. पिछड़े वर्गों के लिए प्रावधान,
7. समाजवाद एवं पंथनिरपेक्षता।

प्रश्न : नागरिकों के मौलिक अधिकार कौन–से हैं?

उत्तर : हमारे मौलिक अधिकार संविधान के भाग – 3 (अनुच्छेद 12 से 35) में वर्णित हैं।

1. समता का अधिकार,
2. शोषण के विरुद्ध अधिकार,
3. स्वतंत्रता का अधिकार,
4. सांस्कृतिक व शैक्षिक अधिकार,
5. धर्म की स्वतंत्रता का अधिकार,
6. संवैधानिक उपचार प्राप्त करने का अधिकार,

प्रश्न : नीति–निदेशक तत्वों (DPSP) से क्या अभिप्राय है?

उत्तर : ये केंद्र एवं राज्य सरकार के लिए आधुनिक राज्य के उद्देश्य बताते हैं। जो संविधान के भाग – 4 (अनुच्छेद 36 से 51) में उल्लेखित हैं। ये सिद्धांत किसी भी न्यायालय द्वारा लागू नहीं किए जा सकते हैं।

1. भारत में कल्याणकारी राज्य की स्थापना,
2. स्त्री व पुरुष को समान कार्य के लिए समान वेतन मिले,
3. संपत्ति का केंद्रीकरण मुट्ठी भर लोगों के हाथ में न हो,
4. कुटीर उद्योगों को प्रोत्साहन,
5. निःशुल्क विधिक सहायता,
6. 6 से 14 वर्ष के बच्चों को अनिवार्य एवं निःशुल्क शिक्षा,
7. मद्यपान पर प्रतिबंध,
8. पूरे देश में एक समान नागरिक आचार संहिता,
9. अंतरराष्ट्रीय शांति को बढ़ावा देना,
10. अंतरराष्ट्रीय विधि एवं दायित्वों का आदर करना,
11. अंतरराष्ट्रीय विवादों के समाधान को बढ़ावा देना।

प्रश्न : राज्यसभा और लोकसभा से क्या अभिप्राय है?

उत्तर : राज्यसभा के दो–तिहाई सदस्य प्रति दो वर्षों में सेवानिवृत होते रहते हैं। राज्यसभा में ढाई सौ सदस्य होते हैं, जिनमें राज्यों व केंद्र–शासित प्रदेशों के प्रतिनिधि होते हैं और 12 सदस्यों को राष्ट्रपति अपने विवेक से मनोनीत करता है। ये व्यक्ति कला, साहित्य, संस्कृति, विज्ञान या समाज–सेवा के क्षेत्र में प्रतिष्ठित हस्ताक्षर होते हैं। यह भारतीय संसद का उच्च सदन है जिसमें अवधि 6 वर्ष होती है। लोकसभा संसद का निम्न सदन है, जिसमें जनता द्वारा चुने गए प्रतिनिधि होते हैं। इसमें अधिकतम सदस्यों की संख्या 545 होती है। इनमें से 525 प्रतिनिधि राज्यों से निर्वाचित होते हैं और 20 केंद्र शासित प्रदेशों से। लोकसभा की अवधि पाँच वर्ष होती है।

❑❑

अध्याय-8

हरिशचन्द्र माथुर लोक प्रशासन संस्थान (ओ.टी.एस.) की मधुर स्मृतियां (Sweet Memories of Harish Chandra Mathur Institute of Public Administration (OTS)

राजस्थान प्रशासनिक सेवा को जीवन का लक्ष्य बनाने वाले युवाओं के लिए हरिशचन्द्र माथुर का लोक प्रशासन संस्थान (HCM RIPA, OTS) ड्रीम डेस्टीनेशन के समान है। आर.ए.एस. परीक्षा देने वाले हर एक युवा का सपना होता है कि वह ओ.टी.एस. में आए और आर.ए.एस. की यहाँ ट्रेनिंग लें। इस तरह ओ.टी.एस. उन युवाओं के लिए सबसे बड़ा तीर्थ है, आराधना स्थल है, सपनों का साधना स्थल है। इसी पवित्र स्थली की मधुर, अमिट स्मृतियाँ मेरे भी अन्तर में स्थायी रूप से समाई हुई हैं। क्योंकि यहीं हमारे सपने साकार हुए और उन्हें यथार्थ में मूर्त रूप मिला। स्मृतियां व्यक्ति के जीवन का अभिन्न अंग होती हैं और अच्छे पलों की स्मृतियां तो अनायास ही मन में उमंग भर देती हैं। राज्य प्रशासनिक सेवा में आना हम सबके जीवन का लक्ष्य था परन्तु इस सेवा में आगमन के साथ ही 'प्रशासनिक अधिकारियों का मक्का' कहे जाने वाले हरिश्चन्द्र माथुर राजस्थान राज्य लोक प्रशासन संस्थान से हमारा नाम जुड़ा। हम तराशे गए और चमक बिखेरने के लिए उद्यत हुए।

इस ख्यातिलब्ध संस्थान के साथ जुड़कर बिताए लगभग एक वर्ष से अधिक समय ने हमारे जीवन को सर्वाधिक अभिभूत करने वाली मधुर स्मृतियां दी। इस संस्थान के कण–कण के साथ जीवन को आनन्दित कर देने वाला गुणात्मक समय हम सबने व्यतीत किया। परीक्षा में सफलता प्राप्त कर एक साधारण व्यक्तित्व के साथ हम सबने इस संस्थान में प्रवेश किया और समाज तथा प्रशासन के महत्वपूर्ण दायित्व की समझ और ऑफिसर लाइक क्वालिटीज (OLQ) के साथ

यहाँ से प्रस्थान किया। ओ.टी.एस. जैसे प्रतिष्ठित संस्था की स्मृतियाँ और प्रभाव, सभी आर.ए.एस. अधिकारियों के व्यक्तित्त्व में सदैव बना रहता है।

❖ आर.ए.एस. 2012 की टॉपर राधिका एक सुपर जीनियस शख्सियत

आर.ए.एस. 2012 की टॉपर राधिका एक सुपर जीनियस शख्सियत हैं। उन्होंने "ओ.टी.एस. के सिंहद्वार से" अद्‌भुत कविता लिखी है–

1. ओ.टी.एस. के सिंहद्वार से – राधिका काकड़ा, टॉपर आर.ए.एस. बैच 2012

   अपने श्रम की समिधा, अध्ययन की आहूति से,
   लक्ष्य की लौ और धैर्य की धूप से,
   मेहनत के महायज्ञ को सफल सिद्ध कर के,
   स्वप्नों के पंखों में ऊँची उड़ान लिए,
   जमीन से जुड़ी जड़ें, नजरों में आसमान लिए,
   पहुँचे हम प्रतिभागी, प्रशासन के संस्थान में।
   विश्वसनीय और विशाल, भव्य और महान,
   अनवरत् प्रयत्नशील, ऐसा यह संस्थान,
   परिष्कृत कर संवेगों को व्यक्तित्व को कर विकसित,
   बुनियादी ज्ञान, कौशल और क्षमता भी,
   बन संरक्षक इसके किया है सवंर्द्धित।
   भटकाव की भूख को चिंतन से एकाग्र कर,
   धैर्य को अध्यात्म से धीरज धरा कर
   विश्वास को आस्था से सींचते सतत,
   दिशा भ्रम को मार्गदर्शन से संपोषित कर,
   बनाया है प्रशासक, बनाया है सहायक,
   सृजन और नेतृत्व से अपने, बनाया है लोक सेवक।
   अब पथ प्रशस्त,
   लक्ष्य उन्नत,
   और गति है अबाध!
   कुछ नवीन–मौलिक अभिकल्पों को लिए,
   संवेदी, सजग प्रशासन के संकल्पों को लिए,

राष्ट्र विकास की कल्पना को आतुर हम,
कर्तव्यनिष्ठ, समर्पित, समन्वित साधक हम,
ओ.टी.एस. के सिंहद्वार से प्रस्थान करें अब
सुन्दर सशक्त राजस्थान, निर्माण करें हम।।

❖ आओ संकल्प करें – सुरेन्द्र सिंह पुरोहित, आर.ए.एस. (ओ.टी.एस. की स्मृतियाँ)

बड़े भाग मानुष तन पावा। सुर दुर्लभ सब ग्रन्थनिगावा।
परहित सरिस धर्म नहीं माई। पर पीड़ा सम नहीं अधमाई।। (रागचरितमानस)

धर्म शास्त्रों में मनुष्य शरीर को दुर्लभ बताया गया है। हमारा सौभाग्य है कि मनुष्य शरीर के साथ–साथ आपको ऐसा पद मिलने जा रहा है जिससे बहुत से अधिकार तथा कर्तव्य जुड़े हैं। अतः सभी मिलकर संकल्प करें कि हम–

- निष्पक्ष, न्याय प्रिय रहेंगे।
- मानव मात्र, विशेष रूप से गरीब, वंचित, असहाय एवं पीड़ित की सेवा आवश्यक रूप से करेंगे।
- अपने समस्त कर्तव्यों का संपादन मानवीयता की भावना रखते हुए करेंगे।
- अपने दैनिक जीवन में दया, करुणा, प्रेम युक्त व्यवहार रखते हुए पर्यावरण का संरक्षण करेंगे तथा अपने जन्म दिन पर पेड़ अवश्य लगाएंगे।
- अपने पद की गरिमा बनाए रखते हुए देश के विकास व उन्नति हेतु सदैव प्रयास करेंगे।

आर.ए.एस. प्रारम्भिक एवं मुख्य परीक्षा तथा साक्षात्कार की समग्र तैयारी हेतु महत्वपूर्ण पुस्तकों (Source Books) की सूची

- योग – स्वस्थ जीवन की राह (एन. सी. ई. आर. टी.)
- केन्द्रीय बजट (Central Budget)
- मंथन का अतिरिक्तांक
- द्वितीय प्रशासनिक सुधार आयोग की रिपोर्ट – IV
- शिक्षा मनोविज्ञान – पी. डी. पाठक
- हिन्दी निबंध – मंथन विशेषांक

- हिन्दी व्याकरण – डॉ. हरदेव बाहरी
- सिविल सर्विसेज क्रॉनिकल (मासिक) – (हिन्दी एवं अंग्रेजी माध्यम)
- विश्व का इतिहास – जैन एवं माथुर
- विधिशास्त्र एवं विधि सिद्धांत – डॉ. विजय नारायण मणि त्रिपाठी
- विज्ञान एवं प्रौद्योगिकी – स्पेक्ट्रम, विवास पेनोरमा
- विज्ञान एवं प्रौद्योगिकी – उपेन्द्र अनमोल
- निबंध दृष्टि – डॉ. विकास दिव्यकीर्ति एवं निशांत जैन
- भारत एवं विश्व का भूगोल – मजीद हुसैन (हिन्दी एवं अंग्रेजी माध्यम)
- भारत 2018 (संदर्भ ग्रंथ) – प्रकाशन विभाग भारत सरकार
- भारत की विदेश नीति – जे. एन. दीक्षित
- भारत का भूगोल – डॉ. डी.आर. खुल्लर
- भारत का संविधान – बी.के. शर्मा
- भारतीय राजव्यवस्था – के. लक्ष्मीकांत (मैकग्रा हिल प्रकाशन), हिन्दी एवं अंग्रेजी माध्यम
- भारतीय राजनीतिक व्यवस्था – बी. एल. फड़िया (साहित्य भवन, आगरा)
- भारतीय संस्कृति – पुष्पा बिष्ट सिन्हा
- भारतीय समाज– श्यामाचारण दुबे
- भारतीय अर्थव्यवस्था – प्रो. लक्ष्मी नारायण नाथूरामका
- भारतीय अर्थव्यवस्था (Indian Economy) – रमेश सिंह (मैक्ग्रा हिल प्रकाशन) (हिन्दी एवं अंग्रेजी माध्यम)
- भूगोल – सविन्दर सिंह
- भूगोल–सिविल सेवा हेतु – महेश वर्णवाल
- पर्यावरण – शंकर आई.ए.एस. बुक्स (हिन्दी एंव अंग्रेजी माध्यम)
- प्रबंधन एवं नीतिशास्त्र – पी. डी. शर्मा (हिन्दी एवं अंग्रेजी माध्यम)
- प्रतियोगिता दृष्टि अर्थव्यवस्था विशेषांक
- प्रतियोगिता दर्पण (मासिक) (PD – Monthly) – (हिन्दी एवं अंग्रेजी माध्यम)
- प्रतियोगिता दर्पण का अतिरिक्तांक (इतिहास)
- प्राचीन भारत का इतिहास – झा एवं श्रीमाली

- राजस्थान एटलस – मनोहर सिंह कोटड़ा (पिंक सिटी पब्लिसर्स)
- राजस्थान बजट (Rajasthan Budget)
- राजस्थान की अर्थव्यवस्था – प्रो. लक्ष्मी नारायण नाथूरामका (हिन्दी एवं अंग्रेजी माध्यम)
- राजस्थान का भूगोल – हरिमोहन सक्सेना
- राजस्थान का भूगोल – डॉ. एल. आर. भल्ला (हिन्दी एवं अंग्रेजी माध्यम)
- राजस्थान का सांस्कृतिक इतिहास – डॉ. गोपीनाथ शर्मा (राजस्थान हिन्दी ग्रन्थ अकादमी)
- राजस्थान का स्वतंत्रता संग्राम – बी. एल. पनगड़िया (हिन्दी ग्रन्थ अकादमी)
- राजस्थान की कला एवं संस्कृति – जय सिंह नीरज
- राजस्थान की भाषा, साहित्य एवं संस्कृति–हर्षदान हर्ष (आशीर्वाद पब्लिकेशन)
- राजस्थान पत्रिका ईयर बुक
- राजस्थान सुजस संचय – प्रकाशन विभाग राजस्थान सरकार
- राजस्थान अध्ययन – माध्यमिक शिक्षा बोर्ड अजमेर (कक्षा – 9,10,11 एवं 12) भाग – 1 से 4
- राजस्थान आज तक – डॉ. दिनेश शर्मा एवं पुष्पा शर्मा (आचमन प्रकाशन, अजमेर)
- शुद्ध हिन्दी (पॉकेट बुक) – डॉ. हरदेव बाहरी
- समकालीन राजस्थान – कला एवं संस्कृति – डॉ. एल. आर. भल्ला
- समाजशास्त्र – डी. डी. शर्मा एवं एम. एल. गुप्ता (साहित्य भवन, आगरा)
- समाजशास्त्र (आर.ए.एस. मुख्य परीक्षा हेतु) – डॉ. जी. एल. शर्मा (सुगम च्यवन प्रकाशन)
- सामाजिक मुद्दे – डॉ. जी. एल. शर्मा (आर.ए.एस.), रावत पब्लिकेशन
- सामान्य हिन्दी – डॉ. राघव प्रकाश
- सामान्य विज्ञान – शीलवन्त सिंह
- सामान्य विज्ञान – उपेन्द्र अनमोल
- सामान्य विज्ञान एवं प्रौद्योगिकी – स्पेक्ट्रम
- स्वास्थ्य एवं शारीरिक शिक्षा (एन. सी. ई. आर. टी.)

- सुजस पत्रिका (प्रकाशन विभाग, राजस्थान सरकार)
- दृष्टि (The Vision) (मासिक) – (हिन्दी एवं अंग्रेजी माध्यम)
- NCERT की पुस्तकें
- व्यावहारिक हिन्दी – डॉ. इन्दिरा अशोक
- नीतिशास्त्र के मूल सिद्धांत – वी.पी. शर्मा
- आधुनिक भारत का इतिहास – बी. एल. ग्रोवर एवं विपिन चन्द्र
- आर्थिक समीक्षा भारत (Economic Survey India)
- आर्थिक समीक्षा राजस्थान (Rajasthan Economic Survey)
- आन्तरिक सुरक्षा – अशोक कुमार एवं विपुल (टाटा मैक्ग्रा हिल)
- अन्तर्राष्ट्रीय संबंध – पुष्पेश पंत
- अन्तर्राष्ट्रीय क्रॉनोलॉजी (मासिक पत्रिका) – पी. एम. सी. पब्लिकेशन, भरतपुर
- लोक प्रशासन – पी. डी. शर्मा
- लोक प्रशासन एवं प्रबंधन – राजकुमार कस्वां (आर.ए.एस.)
- लेखांकन एवं अंकेक्षण (एन. सी. ई. आर. टी.)

अंग्रेजी माध्यम की पुस्तकें (English Medium Books)

- Accounting and Auditing (NCERT) Class – 12th
- Ancient History – R. S. Sharma (NCERT)
- Contemporary Rajasthan – Dr L. R. Bhalla
- English – Arihant Publication
- Fundamentals of Accounting and Auditing – M. C. Shukla (IC SI)
- General English for RAS – B. K. Rastogi
- Health and Physical Education (NCERT)
- India After Gandhi – Ramchandra Guha
- Indian art and Culture – Nitin Singhania
- Jurisprudence and Legal Theory – Dr. N. V. Paranjape
- Maths and Reasoning – R.S.Agrawal
- Medieval History – Satish Chandra (NCERT)
- Modern History – Vipin Chandra (NCERT)

- PCP Encyclopedia of Rajasthan
- RajasthanAajtak – Dr. Dinesh Sharma (Achaman Parkashan, Ajmer)
- RajasthanAdhyayan – Part I to IV (RBSE, Ajmer)
- Rajasthan History and Culture – Prof. K. G. Sharma (Rajasthan University)
- Rajasthan Land Revenue Act, 1956 (Diglot BareAct)
- Rajasthan Tenancy Act, 1955 (Diglot BareAct)
- World History – B. V. Rao
- Yoga – A Healthy way of living (NCERT)

प्रेरणादायी कथन

- तुम मुझे एक बार धोखा देते हो तो तुम पर लानत है, अगर तुम मुझे दुबारा धोखा देते हो तो मुझ पर लानत है।
- अनुशासन के बिना आजादी बरबादी हो जाती है।
- पढ़ो ऐसे, जैसे तुम्हें सदा ही जीना है; जीओ ऐसे, जैसे तुम्हें कल ही मर जाना है। **–महात्मा गांधी**
- छोटी–छोटी बातें पूर्ण बनाती हैं और परिपूर्णता कोई छोटी चीज नहीं है। **–माइकेल एंजेलो**
- जब आप दूसरों के लिए अच्छे बन जाते हैं, तब आप खुद के लिए बेहतर बन जाते हैं। **–बैंजामिन फ्रैंकलिन**
- बाधा जितनी बड़ी होगी, अवसर उतना ही बड़ा होगा।
- छोटी बातें ही बड़ा फर्क डालती हैं और बड़ा होना कोई छोटी बात नहीं।
- हर मौका जीवन में एक बार ही आता है।
- अगर आप कोई जोखिम नहीं लेते तो वह अपने आप में सबसे बड़ा जोखिम है। **–एरिका जोंग**

सफलता कोई संयोग नहीं

- 'प्रतीक्षा न करें। समय कभी आपके हिसाब से नहीं चलेगा। आप जहाँ खड़े हैं, वहीं से और जो भी साधन आपके हाथ में हैं, उसी से शुरू कर दें। जब आप आगे बढ़ेंगे तो उससे बेहतर साधन आपके पास आ जाएगा।' **– नेपोलियन हिल**

अपनी यात्रा की तैयारी करें

- 'क्या आप अनिर्णय की स्थिति में हैं तो अभी इसी वक्त इसे समाप्त करें। मजबूत इच्छा–शक्ति में ताकत है, मजबूती में जादू है। व्यस्त रहें, खुद को व्यस्त रखें, दिमाग में हलचल पैदा होगी और यह तेजी से काम करेगा। बस, शुरू हो जाएँ, लक्ष्य तो पूरा होना ही है, होकर रहेगा।'
–जोहान वोल्फगैंग वॉन गोथे

भरोसा और हौसला

- 'जहाँ भरोसा नहीं, वहाँ हौसला नहीं। और आधी लड़ाई इसी की है कि आप वहीं कर सकते हैं, जो करते हैं।' **– स्वेट मार्डेन**
- 'अगर मुझसे कोई सलाह माँगी जाए तो संपूर्ण मानवता के लिए एकमात्र सर्वाधिक उपयोगी सलाह मैं यहीं दूंगा कि मानकर चलें कि कठिनाइयाँ जीवन में अवश्यंभावी हैं। जब भी ये सामने आए, मस्तक ऊँचा और सीधा करें, आँखों में झाँकें, दृढ़ता से कहें–मैं तुमसे बड़ा हूँ, तुम मुझे पराजित नहीं कर सकतीं।' **–एन लैंडर्स**

लगातार त्रुटि सुधार करते रहें

- 'हमारे काम में देर–सबेर संकट आते ही हैं। सफलता और आनंद इस पर निर्भर है कि हम उस संकट का सामना कैसे करते हैं। समय की शुरुआत के साथ ही संकट भी शुरू होता है। जीवन का कोई क्षेत्र संकट से अछूता नहीं है। इसका सामना किए बिना और इससे निजात पाए बिना आप कुछ हासिल नहीं कर सकते।' **–रॉबर्ट कॉलियर**

अवचेतन मन को सक्रिय बनाएँ

- 'जो व्यक्ति अपने आपको पहचान लेता है और अपने अंदर की अवचेतन बौद्धिक वृद्धि से एकात्म स्थापित कर लेता है, उसका मन साधारण मनुष्य से अधिक तीव्र गति से काम करने लगता है। विवेक की उस शाश्वत शक्ति से आत्मसात् होने के बाद ही व्यक्ति जान सकता है कि वह अपने अंदर कैसा महसूस करता है।' **–राल्फ वाल्डो ट्राइन**

  मैदान में हारा हुआ जीत सकता है, लेकिन मन से हारा हुआ इंसान कभी नहीं जीत सकता।।

  जब तक किसी काम को किया नहीं जाता, तब तक वो असंभव लगता है।

- कुछ लोगों के पास EXCUSE होते हैं और कुछ के पास RESULTS.

- हमें खुद में वो बदलाव लाना चाहिए जो बदलाव हम संसार में देखना चाहते हैं।
- मेहनत इतनी खामोशी से करो कि सफलता शोर मचा दे।
- इस दुनिया में असंभव कुछ भी नहीं, हम वो सब कुछ कर सकते हैं जो हम सोच सकते हैं।
- और हम वो सब कुछ सोच सकते हैं, जो हमने आज तक नहीं सोचा।।

अपनी शंकाओं पर काबू पाएँ

- 'शंका की काट है – हिम्मत। यह शंका या डर को खत्म करना नहीं, उस पर विजय प्राप्त करना है।' **–मार्क ट्वेन**
- असफलता केवल यह सिद्ध करती है कि सफलता का प्रयत्न पूरे मन से नहीं हुआ। **–श्रीराम शर्मा आचार्य**
- जो अवसर को पकड़ ले, वहीं सफल व्यक्ति है। **–गेटे**
- कई लोग असाधारण अवसरों की राह देखा करते हैं, परन्तु वास्तव में कोई भी अवसर छोटा अथवा बड़ा नहीं होता। छोटे–से–छोटे अवसर का उपयोग करने से, अपनी बुद्धि व शक्ति को उसमें भिड़ा देने से वहीं छोटा अवसर बड़ा हो जाता है। **–स्वेट मार्डेन**
- सफलता प्राप्त करना चाहते हो तो अपनी शक्तियों को पहचानो। जीवन में अनेक विघ्न–बाधाएं आती हैं, इनसे संघर्ष करने के लिए आत्मविश्वासी होना चाहिए। **–अथर्ववेद 19/13/5**
- ॰ जिस व्यक्ति में सफलता के लिए आशा और आत्मविश्वास है, वहीं व्यक्ति जीवन की सभी कठिनाइयों को झेलते, हंसते–हंसते जीवन के उच्च शिखर पर पहुंच जाते हैं। **–स्वेट मार्डेन**
- सफलता का गूढ़ रहस्य यह है कि आपको अपने विषय की पूरी जानकारी हो जो केवल निरन्तर अध्ययन से ही प्राप्त होती है। **– डिजरायली**
- समय हाथ से निकल जाने के बाद केवल पश्चाताप ही हाथ लगता है। **– स्वेट मार्डेन**
- धरती के सारे खजाने भी एक खोया हुआ क्षण वापस नहीं ला सकते। **– फ्रांसीसी लोकोक्ति**

- 'भाग्य केवल संयोग पर निर्भर नहीं होता, बल्कि हम उसे अपने लिए चुनते हैं। वह इंतजार करने की नहीं, बल्कि हासिल करने की चीज है।'
  – विलियम जेनिंग्स ब्रायन
- 'सेहत, खुशी और सफलता, हर आदमी के जूझने की क्षमता पर निर्भर होती है। बड़ी बात यह नहीं है कि हमारी जिंदगी में क्या घटित होता है, बल्कि यह है कि जो घटित होता है, हम उसका सामना कैसे करते हैं।'
  – जार्ज एलेन
- जिंदगी का केवल यही मकसद हो सकता है कि हम जो बनने लायक हैं, वह बन जाएँ। **–बेनेडिक्ट स्पिनोजा**
- दुनिया की सबसे अच्छी और सबसे सुंदर चीजों को न तो देखा और न ही छुआ ही जा सकता है। उन्हें दिल से महसूस किया जाना चाहिए।
  –हेलन कीलर
- 'जिंदगी में लंबे कदम बढ़ाना भले मुश्किल हो, पर इंच–इंच बढ़ना आसान हैं।' **–जीन गॉर्डोन**
- 'जिसे उड़ना सीखना हो, उसे पहले खड़ा होना, चलना, और दौड़ना आना चाहिए।' **–फ्रेडेरिक नित्जे**
- 'महानता की कीमत जिम्मेदारी है।' **–विंस्टन चर्चिल**
- 'बुराई की जड़ जमाने के लिए इतना काफी है कि अच्छे लोग कुछ न करें, और बुराई जड़ पकड़ लेगी।' **– एडमंड बर्क**
- 'इंतजार करने वालों को अच्छी चीजें मिलती तो हैं, पर केवल ऐसी चीजें ही मिलती हैं, जिन्हें कोशिश करने वाले छोड़ देते हैं।'' **– अब्राहम लिंकन**
- ' किसी व्यक्ति के जीवन की क्वालिटी उसके बेहतर काम करने की कमिटमेंट पर निर्भर करती है, फिर चाहे उसका कार्यक्षेत्र कोई भी हो।'
  – विंस लॉम्बार्डी
- 'सिर्फ सफल होने की कोशिश न करें, बल्कि मूल्य–आधारित जीवन जीने वाला मनुष्य बनने की कोशिश कीजिए।' **–अल्बर्ट आइंस्टीन**
- 'बड़ी सफलताएँ हासिल करने वाले लोग अपना वक्त व्यर्थ, जटिल किस्म के, या विनाषकारी विचारों में उलझ कर नष्ट नहीं करते। वे रचनात्मक (Constructive) ढंग से सोचते हैं, और उन्हें मालूम होता है कि उनके सोचने का तरीका ही उनकी कामयाबी को तय करेगा।' **–डॉ. सेमौर एपस्टीन**

- 'अगर आप सचमुच सफल होना चाहते हैं, तो उन कामों को करने की आदत डालिए, जिन्हें असफल लोग नहीं करना चाहते।'
- ''मूल्यवान लक्ष्य की लगातार प्राप्ति का नाम ही सफलता है।''
  –अर्ल नाइटिंगेल
- 'जो सफलता आत्मसंतुष्टि न दे, वह खोखली होती है।
- 'मुझे नहीं मालूम की सफलता या कामयाबी पाने की कुँजी क्या है, पर हर आदमी को खुश करने की कोशिश करना ही नाकामयाबी की कुँजी है।'
  – बिल कॉस्बी
- 'असफल होने पर आप निराश हो सकते हैं, लेकिन अगर आपने कोशिश ही नहीं की, तो आपका नाश हो जाएगा।' **–बेवली सिल्स**
- जीतने वाले कोई अलग काम नहीं करते, वे हर काम अलग ढंग से करते हैं
  –शिव खेड़ा (जीत आपकी)
- 'सफलता का मतलब सिर्फ असफल होना नहीं है, बल्कि सफलता का सही अर्थ है अपने असली मकसद को पाना। इसका मतलब है पूरा युद्ध जीतना न कि छोटी–मोटी लड़ाइयाँ जीतना। **–एडविन सी. ब्लिस**
- 'निरंतर अभ्यास से पंगु भी हिमालय को लाँघ सकता है।' **–वेदव्यास**
- 'पढ़ते समय सारी दुनिया को एक ओर रख दो और पुस्तकों में, लेखक की विचारधारा में डूब जाओ। यही तुम्हारी समाधि है। यही तुम्हारी उपासना है और यही तुम्हारी पूजा है।' **–पं. मदन मोहन मालवीय**
- 'अँधेरे को कोसने से बेहतर है कि एक दीया जलाया जाए।'
  – उपनिषद्
- ''निगाहों में मंजिल थी, गिरे और गिर के संभलते रहे। हवाओं ने बहुत कोशिश की, मगर चिराग आँधियों में भी जलते रहे।।''
- 'मानव का मानव होना ही उसकी जीत है, दानव होना हार है और महामानव होना चमत्कार।' **– डॉ. एस. राधाकृष्णन**
- 'प्रलय होने पर समुद्र भी अपनी मर्यादा को छोड़ देते हैं, लेकिन सज्जन लोग महाविपत्ति में भी मर्यादा को नहीं छोड़ते।' **–चाणक्य**
- 'बेहतर जिंदगी का रास्ता बेहतर किताबों से होकर जाता है।' **–शिल्पायन**
- 'जिसे पुस्तकें पढ़ने का शौक है, वह सब जगह सुखी रह सकता है।'
  –महात्मा गांधी

- एक सबसे अच्छी बात जो शेर से सीखी जा सकती है, वह यह है कि व्यक्ति जो कुछ भी करना चाहता है उसे पूरे दिल से एक जोरदार प्रयास के साथ करे **–चाणक्य**
- 'जो यह सोचकर भयभीत रहता है कि कहीं हार न जाए, वह निश्चित रूप से हारेगा।' **–नेपोलियन**
- 'नवयुवकों के लिए मेरा संदेश तीन शब्दों में है– परिश्रम, परिश्रम, परिश्रम।' **–बिस्मार्क**
- 'लक्ष्य पर एकाग्रता से ही विजयश्री मिलती है।' **–स्वामी विवेकानंद**
- 'हताश न होना ही सफलता का मूल है और यही परम सुख है।' **– महर्षि वाल्मीकि**
- 'आलस्य मनुष्य का सबसे बड़ा शत्रु है और उद्यम सबसे बड़ा मित्र, जिसके साथ रहने वाला कभी दुखी नहीं होता।' **–भर्तृहरि**
- 'जो पुरुषार्थ नहीं करते, उन्हें धन, मित्र, ऐश्वर्य, सुख, स्वास्थ्य, शांति और संतोष प्राप्त नहीं होते। पुरुषार्थ सफलता का समानुपाती है।' **–वेदव्यास**
- 'अपने सामने एक ही साध्य रखना चाहिए। उस साध्य के सिद्ध होने तक दूसरी किसी बात की ओर ध्यान नहीं देना चाहिए। रात–दिन सपने में भी उसी की धुन रहे, तभी सफलता मिलती है।' **–स्वामी विवेकानंद**
- ''लक्ष्य निर्धारित करके चलने वाले लोग सफल होते हैं, क्योंकि वे जानते हैं कि वे किस दिशा में जा रहे हैं।'' **–अर्ल नाइटिंगेल**
- ''सफलता की पहली अपेक्षा है कि आप में शारीरिक व मानसिक ऊर्जा को निरंतर, बिना थके एक समस्या या लक्ष्य की ओर लगाने की योग्यता होनी चाहिए।'' **–थॉमस अल्वा एडिसन**
- ''मानव सेवा से ऊँचा कोई धर्म नहीं है। सामूहिक हित के लिए काम करना ही सबसे बड़ा धर्म होता है।'' **–अल्बर्ट श्वीत्जर**
- ''जीवन में आपकी सफलता का निर्धारण किसी अन्य तत्त्व की अपेक्षा श्रेष्ठता के प्रति आपकी वचनबद्धता की गहराई पर अधिक निर्भर करेगा, आपने चाहे कोई भी क्षेत्र क्यों न चुना हो।'' **–विंस लॉम्बार्डी**
- 'जिस प्रकार रात्रि का अंधकार केवल सूर्य दूर कर सकता है, उसी प्रकार मनुष्य की विपत्ति को केवल ज्ञान दूर कर सकता है। **–महर्षि नारद**

- 'मेहनत करने से दरिद्रता नहीं रहती, धर्म करने से पाप नहीं रहता, मौन रहने से कलह नहीं होता और जागते रहने से भय नहीं होता।' **–आचार्य चाणक्य**
- 'जैसे सूर्योदय के होते ही अंधकार दूर हो जाता है, वैसे ही मन की प्रसन्नता से सारी बाधाएँ शांत हो जाती हैं।' **–अमृतलाल नागर**
- 'कोई भी आपकी इजाजत के बगैर आपको हीन (छोटा) महसूस नहीं करा सकता।' **–एलीनोर रूजवेल्ट**
- 'धीरज से आत्मविश्वास, दृढ़ता और समझदारी भरा नजरिया पैदा होता है, जिससे आखिरका।र कामयाबी हारिल होती है।' **–ब्रिआन ऐडम्स**
- 'सच्ची दोस्ती धीरे बढ़ने वाले पौधे की तरह है, और उसे यह दोस्ती का दर्जा पाने से पहले मुश्किलें सहने के बावजूद खड़ा रहना पड़ेगा।' **–जॉर्ज वाशिंगटन**
- सफलता की पहली अपेक्षा है कि आप में शारीरिक व मानसिक ऊर्जा को निरंतर, बिना थके एक समस्या या लक्ष्य की ओर लगाने की योग्यता होनी चाहिए **–थॉसस अल्वा एडिसन**
- कष्ट ही तो वह प्रेरक शक्ति है, जो मनुष्य को कसौटी पर परखती है और आगे बढ़ाती है **–दामोदर विनायक सावरकर**
- दूसरे के अंदर प्रवेश करने की शक्ति और अन्य को संपूर्ण रूप से अपना बना लेने का जादू ही प्रतिभा का सर्वस्य एवं वैशिष्ट्य है **–रवीन्द्रनाथ टैगोर**
- जय उन्हीं की होती है जो अपने आपको संकट में डालकर कार्य संपन्न करते हैं। कायरों की जय कभी नहीं होती **–जवाहरलाल नेहरू**
- पुष्प की सुगंध वायु के विपरीत कभी नहीं जाती, लेकिन मानव के सद्‌गुणों की महक सब ओर फैल जाती है **–गौतम बुद्ध**
- आपका कोई भी काम महत्वहीन हो सकता है, पर महत्वपूर्ण यह है कि आप कुछ करें **–महात्मा गांधी**
- यह बोध होना कि तुम अज्ञानी हो, ज्ञान की ओर एक बड़ा कदम है **– आचार्य श्रीराम शर्मा**
- किताबें ऐसी शिक्षक हैं जो बिना कष्ट दिए, बिना आलोचना किए और बिना परीक्षा लिए हमें शिक्षा देती हैं **–गणेश शंकर विद्यार्थी**
- पराजय के क्षणों में ही नायकों का निर्माण होता है। अतः सफलता का सही अर्थ महान् असफलताओं की शृंखला में ही निहित है **–महर्षि अरविंद**

- हजार योद्धाओं पर विजय पाना आसान है, लेकिन जो अपने ऊपर विजय पाता है, वहीं सच्चा विजेता है। **–गौतम बुद्ध**
- ज्ञानी जन विवेक से सीखते हैं, साधारण मनुष्य अनुभव से; अज्ञानी पुरुष आवश्यकता से और पशु स्वभाव से **–आचार्य कौटिल्य**
- दूसरों की गलतियों से भी सीख लेनी चाहिए क्योंकि अपने ही ऊपर प्रयोग करने पर तुम्हारी आयु कम पड़ जाएगी **–चाणक्य**
- प्रत्येक विचार, प्रत्येक कर्म का फल अवश्य मिलता है। अच्छे का अच्छा और बुरे का बुरा। यही प्रकृति का नियम है। इसमें देर हो सकती है, पर अंधेर नहीं। इसलिए अगर आप सफल होना चाहते हैं, तो अच्छे विचार रखिए, सद्कर्म करिए और निस्स्वार्थ भाव से जरूरतमंदों की सहायता तथा सेवा करिए। मार्ग में आने वाली कठिनाइयों, बाधाओं और दूसरों की कटु आलोचनाओं से अपने मन को अशांत न होने दीजिए **–स्वेट मार्डेन**
- Nothing is impossible, the word itself says "I'm possible"! —Audrey Hepburn
- I've learned that people will forget what you said, people will forget what you did, but people will never forget how you made them feel. —Maya Angelou
- Perfection is not attainable, but if we chase perfection we can catch excellence. —Vince Lombardi
- Life is 10% what happens to me and 90% of how I react to it. —Charles Swindoll
- If you look at what you have in life, you'll always have more. If you look at what you don't have in life, you'll never have enough. —Oprah Winfrey
- I can't change the direction of the wind, but I can adjust my sails to always reach my destination. —Jimmy Dean
- The only way to do great work is to love what you do. —Steve Jobs
  Limitations live only in our minds. But if we use our imaginations, our possibilities become limitless. —Jamie Paolinetti
- Everything has beauty, but not everyone can see. —Confucius
- We can't help everyone, but everyone can help someone. —Ronald Reagan

- Worry is a total waste of time. It doesn't change anything. All it does is steal your joy and keep you very busy doing nothing.
- लाखों किलोमीटर की यात्रा एक कदम से ही शुरू होती है।
- आत्मविश्वास सफलता का प्रमुख रहस्य है तथा संतुष्टि सुख का।
- दुनिया आपको मुफ्त में कुछ नहीं देती। सफलता जैसी बेशकीमती चीज तो बिलकुल नहीं। अतः सफलता का पकवान चखने के लिए कड़ी मेहनत करनी होगी।
- बारिश के दौरान सारे पक्षी आश्रय तलाश करते हैं लेकिन बाज बादलों के ऊपर उड़कर बारिश को ही अवॉयड कर देते हैं। समस्याएँ कॉमन हैं, लेकिन आपका एटीट्यूड इनमें डिफरेंस पैदा करता है।
- कार्य उद्यम से सिद्ध होते हैं, मनोरथों से नहीं।
- जीतने का मजा तब ही आता है, जब सभी आपके हारने का इंतजार कर रहे हो।
- जो पढ़ते हो, उसे अमल में लाना सीखो, यही उन्नति और सफलता का मार्ग है।
- भागने में Risk है, रुके रहने में तो उससे भी बड़ा Risk है तो करना क्या है? धीरे–धीरे चलते रहना है। चरेवैति चरेवैति.....
- अपने जीवन का लक्ष्य निर्धारित करो। और सभी दूसरे विचारों को अपने दिमाग से निकाल दो यही सफलता की पूंजी है। **–स्वामी विवेकानंद**
- हमेशा अपना Best करो। जो तुम अभी बोते हो उसकी फसल बाद में काटते हो।
- हमारी सबसे बड़ी कमजोरी है कि हम छोड़ देते हैं सफलता का एक ही रास्ता है कि एक बार और प्रयास किया जाए। निरन्तरता ही जीवन है।
- कठिन परिश्रम का कोई विकल्प नहीं है। **–थॉमस एडिसन**
- हमारे जीवन का उद्देश्य प्रसन्न रहना है, प्रसन्नता ही हमें कुछ करने हेतु प्रेरित करती है। **–दलाईलामा**
- आपकी सबसे बड़ी Mistake ही आपको Future में अच्छे निर्णय लेने में सहायता करती है। **–बिल गेट्स**
- अपने दिल की सुनिए उसे पता होता है कि आप सच में क्या बनना चाहते हैं। **–स्टीव जॉब्स**

- तुम्हारा सबसे बड़ा दुश्मन तुम्हें उतना नुकसान नहीं पहुँचा सकता जितना तुम्हारे खराब विचार। **–गौतम बुद्ध**
- तुम कभी नहीं जीत सकते जब तक तुम शुरू नहीं करते। **–हेलेन रोलैंड**
- इस बात से फर्क नहीं पड़ता कि तुम कितनी गलती करते हो या कितने धीरे बढ़ रहे हो, उन लोगों से बहुत आगे हो जो try ही नहीं करते। **–टोनी रॉबिस**
- मेरी कोई Policy नहीं है मैं हर दिन अपना बेस्ट Try करता हूँ। **–अब्राहम लिंकन**
- न भूत की सोचो न भविष्य की चिंता करो, अपने दिमाग को वर्तमान में लगाओ **–गौतम बुद्ध**
- आज में जो भी हूँ अपने Failure की वजह से हूँ। **–संदीप माहेश्वरी**
- कभी न खत्म होने वाली खुशी को पाने का कोई शॉर्ट कट नहीं है। शिद्दत से आगे बढ़ते चलो। **–निकोलस जैम्स**
- जिस पेड़ की छाँव में आप बैठे हैं, उसे पहले किसी ने लगाया है। जीवन में लोगों को शुकून देने का काम जरूर करें। **–वारेन बफेट**
- जब तक किसी काम को किया नहीं जाता तब तक वह असंभव लगता है। **–नेल्सन मंडेला**
- महान कार्य को करने का एक तरीका है, जो आप कर रहे हैं उसे आप दिल से पसंद करें। **–स्टीव जॉब्स**
- अगर तुम सच में कुछ करना चाहते हो तो रास्ता निकाल लोगे, वरना न करने का बहाना निकाल लोगे।
- सफलता तक पहुंचने का कोई शॉर्टकट नहीं है तुम्हें सभी सीढ़ियां चढ़नी पड़ेंगी।
- सफलता का सही रहस्य है उत्साह का होना। उत्साह के बिना सफलता का स्वाद नहीं मिलता।
- जब सफलता तुम्हारे लिए इतनी जरूरी हो जाएगी जितनी जरूरी साँस लेना है तो तुम्हें सफलता मिलकर रहेगी।
- असफल होना जिंदगी का एक हिस्सा है अगर तुम असफल होते हो, तो तभी सीखते हो।

- सफल होने का सीधा तरीका है दूसरों से ज्यादा मेहनत करों, दूसरों से ज्यादा जानो, और दूसरों से कम उम्मीद रखो।
- अपने भाग्य के खुद निर्माता बनो, न कि अपनी समस्याओं के गुलाम।
- अगर तुम सीखने की इच्छा नहीं रखते तो कोई तुम्हें सिखा नहीं सकता। और अगर तुम सीखना चाहते हो तो कोई तुम्हें नहीं रोक सकता।
- सफल वो होते हैं जो अपने ऊपर फेंके गए पत्थर से भी इमारत बना लेते हैं।
- चिन्ता समय की बर्बादी है, इससे कोई बदलाव संभव नहीं है। यह आपके आनंद और उत्साह का नाश करती है और आपको जाम (Jam) कर देती है।
- आज का पुरुषार्थ ही कल का भाग्य है। **–पाल शिरट**
- भाग्य पर वह भरोसा करता है जिसमें पौरुष नहीं होता। **–मुंशी प्रेमचन्द**
- हाथ की लकीरों के मुकाबले हाथ के छाले बेहतर हैं।
- जब मैं अपने कदम पीछे लेता हूँ, यह मेरी लम्बी छलांग के लिए होता है। **–बेन जॉनसन**
- वास्तव में समस्या नाम की कोई चीज नहीं होती, यह तो महज उन्हें सुलझाने के विचारों और योजनाओं का अभाव मात्र है।
- जरा दरिया की तह तक पहुँच जाने की हिम्मत कर, तो फिर ऐ डूबने वाले किनारा ही किनारा है। **–माहिर. उल कादरी**

❑❑

Printed in the USA
CPSIA information can be obtained
at www.ICGtesting.com
LVHW090454170924
790964LV00009B/987

9 789352 669295